KB065476

다이제스트 명리요결

선산(鮮山) 김승동(金勝東)
前 부산대학교 철학과 교수.
저서 :
　　『철학개론(공저)』,
　　『한국철학사상』,
　　『道敎思想辭典』,
　　『易思想辭典』,
　　『佛敎 · 印度思想辭典』,
　　『儒敎 · 中國思想辭典』,
　　『불교사전』外 다수.
논문 :
　　「論語에 나타난 孔子의 仁 思想」,
　　「소태산의 회통사상」, 外 다수.

중원(中垣) 민영현(閔泳炫)
哲學博士. 부산대학교 교수.
저서 :
　　『仙과 한』,
　　『仙 · 生命 · 造化』,
　　『한국 · 한국인 · 한국학』,
　　『삶과 동양철학』, 外
논문 :
　　「道敎의 지평에서 본 '命理의 學과 術'」,
　　「삶의 이해, 道德과 倫理로서의 命理」,
　　「남북한 민족동질성 檀君學의 의미」,
　　外 다수.

다이제스트 명리요결
- 易의 윤리학

초판 인쇄 / 2021년 3월 5일
초판 발행 / 2021년 3월 10일
편저자 / 김승동 감수, 민영현 편저
펴낸곳 / 도서출판 말벗
펴낸이 / 박관홍
등록번호 / 제 2011-16호
주소 / 서울 영등포구 문래로4길 4 (204호)
전화 / 02)774-5600
팩스 / 02)720-7500
메일 / mal-but@naver.com

ISBN : 979-11-88286-18-8 (03180)

다이제스트
명리요결

易의 윤리학

김승동 監修
민영현 編著

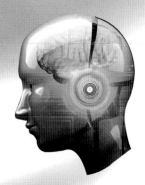

머 리 말

　역(易)이란 무엇인가? 전문가가 아닌 세상 사람들이 알기로는
역이라 하면 한낱 점복을 위주로 하는 그런 책이요, 그래서 이를
깨치면 점술과 예언에 도통하는 그 무엇으로 알려져 있기도 하
다. 그러나 역은 결코 단순한 그런 것만이 아니다.
　일찍이 공자도 세 번이나 철을 하여 읽고 공부했다는 역은 원
래 쉽다는 뜻을 가지고 있으며, 회의 · 상형으로는 일월(日月)의
결합 즉 음양을 의미한다고 알려져 있다. 그리고 역은 바꾼다는
변역(變易)의 뜻과 변하지 않는다는 불역(不易)의 뜻을 동시에 지
니고 있다. 하지만 "진역자(眞易者)는 불변서(不變筮)라"는 '참으
로 역을 아는 자는 점치지 아니한다'는 말도 있듯이 역은 천지
사물의 운동과 세태의 정상을 간파하는 주요한 도구로서 천지의
이치를 담고 있는 것으로 학자들 사이에서 회자되어 온 것이다.

따라서 이는 단순히 점복의 책이나 점성의 수단이 아니라, 인간이 자신의 운명을 알고 이를 개척하는 데 필요한 하나의 학문적 도구이며 그 원리이다.

그럼에도 불구하고 이것이 단순히 점치는 책으로 알려져 온 것은 아마도 진시황이 분서갱유를 단행할 때, 그 분서의 참화를 점복서라는 이유로 모면한 사실로부터 대개 기인한다는 설이 있다. 동시에 이를 다루는 많은 사람들에 의해 운명과 길흉화복을 점치는 수단으로 사용됨으로써, 실제로 이것이 지니는 과학성과 학문성에도 불구하고 일련의 사술 혹은 방술의 수단으로 오해되어 온 것이다.

그러나 오늘날 이를 연구하는 많은 학자들에 의하면, 주역은 중국 고대 우주만물의 변화상을 연구한 자연철학서적으로 중국 문화의 한 구획을 긋는 위대한 저작이라고 한다. 곧 주역은 태극으로 氣일원론의 우주관을 구성하고 있는데, 象 · 數 · 理로 그 사유형식과 방법을 제시하고 음양학설로 만물의 통일적 이론 형식을 제공하여 왔다. 다시 말해 서양의 과학과 달리 오랜 옛날부터 동양인들에 의해 연구 · 이해되어 온 동양의 자연과학이 바로 주역이라는 얘기이다.

사주추명(四柱推命)이란 무엇인가.

어떤 사람이 세상에 태어나는 것과 어떤 제품이 만들어질 때를 비교하면 여기에는 일련의 유사성이 있다. 예컨대 요즘은 어떤 상품이든 소위 바코드가 붙여져 그 제품을 구별하고 분류하는 기준이 되는데, 이를 사람에게 적용시킨다면 과연 무엇이 될 것인가. 그것은 다름 아닌 생년월일과 시간이 되는 것이다. 물론 여기에도 다양한 정보가 들어가겠지만 그 기본적인 분류 기호는 이미 자연으로부터 여기에 주어지는 것이다.

곧 사주란 한 인간에게 근본적으로 주어진 생년월일시를 각각의 기둥으로 삼는 것이다. 그리고 이를 토대로 집짓는 것을 한 인간의 삶이라 보며, 다만 이러한 중에 인간의 삶은 기본적으로 하늘로부터 받은 자신의 命이 있다고 보는 것이 동양의 전통적인 사유였다. 마침내 여기에서 과연 그런 명이 무엇인지 규명해 보려는 염원이 뒤따랐던 것이다.

바로 이 점에서 근본적으로 자연에서 주어진 그 천명(天命)을 추(推)하고 측(測)하려는 입장에서 제기된 개념이 추명이요, 이를 위하여 제공된 기본적인 자료가 곧 사주이다. 다시 말해 사주추명이란 한 인간이 자연으로부터 받은 기본적인 자료를 토대로 그의 명을 추리하고 측량하는 것을 일컫는다.

그리고 사람은 이러한 사주에 더해 자신의 이름으로 자신을 드러내므로 그 성명이 중시되고, 결정적으로 자신의 관상(觀相)과 심상(心相) 등이 결합하여 한 개인의 정체(正體)를 구성한다. 이로부터 우리는 다종다양의 무수한 사람을 나름대로 판별 · 구분하는 경험치를 갖고 이런 축적된 자료를 분석함으로써, 동양에서는 예로부터 자기의 삶을 설계하는 하나의 참고로 활용해 왔다.

그리고 이를 일러 『명(命)과 리(理)』, 즉 하늘이 내게 준 사명과 그 이치에 관한 학술이라 하여 명리학(命理學)이라고 하였다. 동양에서는 하나의 정리된 체계로 이들을 총괄하여 사주추명학(四柱推命學)이나 역학(易學) 등으로 부르면서 기술 · 방법적인 인생의 지침으로 사용해 왔다.

그러나 최근 우리는 과학의 시대라는 이름에 걸맞게 합리적

이성의 작용만 최고로 삼는 일련의 흐름을 따라 이런 동양 전통의 여러 학술 방법들을 무조건 미신이나 불합리로 간주하는 경향이 있다. 그리고 동양의 여러 철학사상 중 일반으로부터 멀어지고 괜히 심유한 분야로 알려지거나 배척되는 그 첫 번째 제물이 바로 명리학(命理學)이다.

하지만 생각해 보라. 과연 인생에서 합리적인 것만으로 구성되어 있는 것이 얼마나 있는지……. 인생은 근본적으로 부조리하다고 외친 숱한 서구의 지식인들도 있지만, 우리네 인간의 삶이란 이성으로는 한 치 앞을 알 수 없는 캄캄한 암흑과 같다. 바로 이래서 인간은 스스로의 힘으로 미래를 예측하고 개척하려는 소망을 가지기도 한다. 또한 미래를 예측하는 다종다양한 방법 중 동양 최고의 기술적 지위를 갖추고 있는 것이 바로 역(易)과 결부된 명리학(命理學)이다.

본서는 이러한 역학(易學)과 명리학(命理學)의 여러 분야 중 가장 핵심적인 부분만 간추려 도해한 것이다. 이는 존경하는 은사님께서 수십 년의 공부와 개인적으로 터득하신 방법, 또 다년간 강단에서 강의하신 것을 중심으로 새롭게 엮어본 것이다.

아직도 초학자에 불과한 편자로서는 감히 스승님의 근처에도 이르지 못하는 천학비재(淺學非材)를 절감하고 있거니와, 다만 은사님께서 평생을 통해 터득하신 명리학의 비방들이 그냥 초야에 묻히는 것이 개인적으로 참기 힘들어 힘에 부치는 것을 알면서도 감히 무례를 무릅쓰고 출판을 결심한 것이다.

요컨대 본서가 미래를 예지해 보고자 하는 수많은 초학자나 초심자에게 올바른 명리학의 일대 지표로서 하나의 참고가 될

수 있었으면 한다. 더불어 최선을 다해 살펴보았음에도 불구하
고, 본서의 구성 중 혹 잘못된 것이 있다면 그것은 전적으로 편
자에게 그 잘못이 있음을 밝혀둔다.

1996. 8.

용호동에서 宇

책을 다시 엮으며

　처음 책의 원고를 접하고 서둘러 편집하여, 대학에서 〈역사
상 특강〉이란 철학과 전공 선택 강좌의 강의교재로 사용한 것이
어언 30년이 다 되어 간다. 이후 새롭게 편집하고 보강된 자료
를 주교재로 삼아 세상과 만나온 것이 또 10여 성상을 넘겼다.
　그런데 최근 본서에 기초하여 출판된 자료들이 이제는 더 이
상 재고가 남아 있지 못하다는 대학출판부의 연락을 받았다. 이
같이 훌륭한 자료가 사장되는 것을 참기 힘들어 몇 달간 대책을
강구 하던 중, 다행히 이를 아신 은사님의 허락을 얻어 다시금
이 책을 출간하게 되었다.
　숱한 命理學 관련 저서들은 지금도 책방의 易學 코너를 가득
채우고 있다. 하지만 이 책과 같은 형태로 구성된 자료는 만나기
쉽지 않다. 이 책은 역학의 기본원리를 포함하여 사주를 뽑는 기

10

초 방법부터 실제 통변, 명리학과 성명학의 방대한 내용들을 단한 권의 짧은 지면 안에 압축한 것이 특징이다.

단순히 통변이나 용신·격국론 등의 일부분에 특화된 것이 아니라 學人들이 처음으로 동양의 학문을 접할 때 필요로 하는 음양오행과 역학의 기초에서부터 사주추명의 오행 간지술, 성명학 등에 이르는 방대한 분량의 내용을 압축적으로 포함한 것이다.

특히 圖解를 중심으로 거의 모든 해설을 간략하게 정리하였다. 따라서 이는 명리를 이해하기 위한 공부에서 입문편이나 중·고급의 분류를 할 필요 없이 언제나 활용 가능한 것임을 미리 밝혀둔다.

일찍이 강증산은 '술수해원의 시대'를 말한 바 있다. 곧 정통적인 학문의 영역에서 배척되어 단지 일련의 方術이나 術數 정도로 취급되어 온 동양 전통의 세계관·인생관으로서의 명리 관련 지식이 새롭게 그 의미를 되찾는 시대가 온다는 뜻이다.

개인적으로는 이 방면의 공부를 해오면서 실로 명리의 새로운 윤리적 가치를 의심 없이 확인하고 있다. 하지만 서구 학문의 과학적 추론과 실증성을 토대로 한 현대학문의 영역에서, 象數易學에 관한 학문으로서의 명리학은 지금도 제대로 평가받지 못하고 있다.

왜냐하면 여전히 믿을 수 없다는 것이 그 주된 이유이다. 그러나 命理는 운명과 세계이해, 인문학적 담론의 영역에서 결코 소홀히 취급할 그런 것이 아니다. 이는 실로 주요한 학문의 하나이기 때문이다.

최근 개인적으로 '양자역학과 초끈이론', 'M이론', '홀로그램' 등에 관한 상식적 수준의 이해를 가질 기회가 있었다. 여기서 편자는 동·서양 세계관에서의 만남과 새로운 이해라는 희망을 보았다. 그것은 동양의 오래된 술수 역학적 기(氣)의 원리가 우주 본질을 찾으려는 현대과학의 최전선에서 양자(quantum) 이론들과 함께 다루어질 때, 비로소 획기적인 사고의 비약이 이루어질 수도 있다는 점이다.

'氣의 흐름'과 '양자 초끈의 파동', '태극 음양과 대칭', 심지어 초끈의 5가지 형태와 5행의 만남, '理·氣의 不相離·不相雜과 양자의 비국소성' 등은 실로 놀라운 유사성을 가진다. 여기에 『우주변화의 원리』나 『우주의 구조』와 같은 동·서양의 여러 저작은 충분한 연구와 사색의 동기를 부여하고 있다.

요컨대 어쩌면 '아마도 양자라는 개념 자체가 철학이요, 윤리일지도 모른다'는 생각마저 해 보았다. 다만 이러한 내용은 이 책에서 주로 다룰 성격의 것은 아니다. 이는 또 다른 '동·서양 학문의 융합'과 같은 새로운 주제 속에서 논의되어야 할 것이다.

편자의 천박한 재주로 이 같은 작업을 얼마나 해낼 수 있을지는 알 수 없다. 하지만 할 수 있는 한, 이에 관한 약간의 이해라도 더하기를 바라는 것은 어찌할 수 없는 일이다. 각설하고, 命理學에 대한 개인적인 단상은 간단하다. 그것은 마치 '불확정성의 원리'와 같다는 사실이다. 양자의 상태는 관측하기 전에는 결정되지 않는다.

그러나 관측하면 결정될 수 있다. 과거는 결정되었다. 그러나 다가올 것, 즉 미래에 대한 판단은 다만 확률적으로 예측 가능할 뿐이다. 다시 말해 지나간 일에 관한 한 명리는 비록 알려지지 않은 것일지라도 충분히 말해볼 수 있다. 그러나 미래에 관한 예측에 있어 명리는 절대성을 말하지 않는다. 이는 결정론적 미래

학도 아니다. 명리는 다만 지금의 상황에서 출발하여 미래에 일어날 사건들의 충분한 확률에 대해 알려줄 뿐이다. 더하여 미래는 인간의 자유의지와 또한 관계한다.

이런 불확정성에도 불구하고 명리학은 미래예측의 부분과 함께 상담학의 영역에서 독특한 자신만의 역할을 수행할 수 있다. 인간의 의지와 양자론적 불확실성 그리고 미래에 관하여 명리는 동양적 세계관이라는 토대 위에서 나름의 견해를 제시하기 때문이다.

인간에게는 근본적으로 세계와 미래를 알고자 하는 지적 호기심이 있다. 이에 사주추명학은 단순한 '干支術'적인 예언이 아니라 동양학적 세계관의 현실적 적용이라는 측면에서 이해되어야 한다. 더욱이 命理가 말하는 삶에 대한 倫理的 이해와 그 지침의 제시는 위의 학문적 가치와 필요성을 한층 더 높여준다. 정당성과 합리성 및 喜忌와 愛嫌 그리고 『周易』「繫辭」에서 말하는 吉凶의 의미와 그 판단을 가감 없이 알려주기 때문이다.

태어나서 지금까지 살아오면서 후회되는 일들도 적잖이 있었음을 고백하지 않을 수 없다. 나름대로는 열심히 살아왔다 해도 주변 사람들을 힘들게 하고, 괴롭힌 것 역시 부인할 수 없기 때문이다.

그러나 어쩌랴! 이 또한 인생을 살아가는 한 방편이었음을…. 다만 이 책을 통해 조금이라도 命理學에 관한 항간의 오해가 풀어지기를 기대해 볼 뿐이다. 더하여 命의 진정한 뜻을 이해함으로써 독자 여러분들 역시 삶에 관한 올바른 대응이 주어지기를 바라며, 새로운 판본의 서문에 대신한다.

이 책이 나오기까지 도움을 주신 모든 분들과 말벗출판사 임직원 여러분 및 박관홍 대표님, 특히 鮮山 선생님의 영전에 이 책을 바치며, 지면으로나마 다시 한번 더 절해 올립니다. 고맙습니다!

2021. 2. 辛丑.

광안리 天符三一園, 서재에서,
中垣 閔泳炫. 拜!

차 례

머 리 말 / 5
책을 다시 엮으며 / 10

제1부 총 론 (總 論) / 25
1. 易이란? / 27
   1) 易의 의미 27
   2) 易의 종류 28
2. 역학이란? / 29
3. 숙명과 운명 / 29
4. 운명학 / 29
5. 사주추명학의 기원과 변천 / 30
6. 음양오행과 간지(干支), 갑자(甲子) / 31
   1) 음양사상 31
   2) 천간(天干) : 10干 32
   3) 지지(地支) : 12支 33
   4) 60갑자(甲子) 36
   5) 오행(五行) 36
      (1) 오행의 뜻 36
      (2) 오행의 기원 36
      (3) 오행과 간지 37
      (4) 오행과 제관계 38
      (5) 오행의 상호작용 39
      (6) 오행과 60갑자 39
      (7) 오행의 성격 (생일을 중심으로) 40

제2부 사주추명(四柱推命) 명리학(命理學) / 45

1. 사주 정하는 법 / 47
   1) 생년간지 정하는 법 47
   2) 생월간지 정하는 법 47
  〈연두법〉(年頭法) 47
  〈월간지 조견표〉(月干支早見表) 48
   3) 생일간지 정하는 법 48
   4) 생시간지 정하는 법 : 49
  〈시두법〉(時頭法) 49
  〈시간지 조견표〉(時干支早見表) 50
  〈월률분야장간용신표〉(月律分野藏干用神表) 51
2. 日干 대 月支로써 보는 운세 / 52
3. 오행에 의한 기본적인 판단 / 54
   1) 甲·乙일생의 희기 54
    (1) 甲·乙일 1월생 54
    (2) 甲·乙일 2월생 54
    (3) 甲·乙일 3월생 55
    (4) 甲·乙일 4월생 55
    (5) 甲·乙일 5월생 55
    (6) 甲·乙일 6월생 55
    (7) 甲·乙일 7월생 56
    (8) 甲·乙일 8월생 56
    (9) 甲·乙일 9월생 56
    (10) 甲·乙일 10월생 57
    (11) 甲·乙일 11월생 57
    (12) 甲·乙일 12월생 57
   2) 丙·丁일생의 희기 57
    (1) 丙·丁일 정월생 57
    (2) 丙·丁일 2월생 58
    (3) 丙·丁일 3월생 58
    (4) 丙·丁일 4월생 58
    (5) 丙·丁일 5월생 58
    (6) 丙·丁일 6월생 59
    (7) 丙·丁일 7월생 59
    (8) 丙·丁일 8월생 60

(9) 丙 · 丁일 9월생 60

(10) 丙 · 丁일 10월생 61

(11) 丙 · 丁일 11월생 61

(12) 丙 · 丁일 12월생 62

3) 戊 · 己일 생의 희기 63

(1) 戊 · 己일 정월생 63

(2) 戊 · 己일 2월생 63

(3) 戊 · 己일 3월생 64

(4) 戊 · 己일 4월생 64

(5) 戊 · 己일 5월생 64

(6) 戊 · 己일 6월생 65

(7) 戊 · 己일 7월생 65

(8) 戊 · 己일 8월생 66

(9) 戊 · 己일 9월생 66

(10) 戊 · 己일 10월생 67

(11) 戊 · 己일 11월생 67

(12) 戊 · 己일 12월생 67

4) 庚 · 辛일 생의 희기 68

(1) 庚 · 辛일 정월생 68

(2) 庚 · 辛일 2월생 68

(3) 庚 · 辛일 3월생 69

(4) 庚 · 辛일 4(巳)월생 69

(5) 庚 · 辛일 5(午)월생 70

(6) 庚 · 辛일 6(未)월생 70

(7) 庚 · 辛일 7(申)월생 70

(8) 庚 · 辛일 8(酉)월생 71

(9) 庚 · 辛일 9(戌)월생 71

(10) 庚 · 辛일 10(亥)월생 71

(11) 庚 · 辛일 11(子)월생 72

(12) 庚 · 辛일 12(丑)월생 72

5) 壬 · 癸일 생의 희기 73

(1) 壬 · 癸일 정(寅)월생 73

(2) 壬 · 癸일 2(卯)월생 73

(3) 壬 · 癸일 3(辰)월생 74

(4) 壬 · 癸일 4(巳)월생 74

    (5) 壬 · 癸일 5(午)월생 74

    (6) 壬 · 癸일 6(未)월생 75

    (7) 壬 · 癸일 7(申)월생 75

    (8) 壬 · 癸일 8(酉)월생 76

    (9) 壬 · 癸일 9(戌)월생 76

    (10) 壬 · 癸일 10(亥)월생 77

    (11) 壬 · 癸일 11(子)월생 77

    (12) 壬 · 癸일 12(丑)월생 78

〈참고〉 생일의 희기비법 78

4. 성격판단법 / 79

  1. 일반적인 설명 79

2. 오행으로 본 성격 / 81

  1) 일간이 木일 때 81

  2) 일간이 火일 때 82

  3) 일간이 土일 때 83

  4) 일간이 金일 때 84

  5) 일간이 水일 때 85

5. 오행궁합(五行宮合) / 86

6. 사주 안의 오행 / 87

1. 간지의 합(合)과 오행 / 87

  1) 천간합(天干合)과 오행 87

  2) 지지합(地支合)과 오행 89

  3) 삼합(三合)과 오행 89

  4) 삼합의 반합(半合) : 90

  5) 방합(方合) : 90

7. 대운(大運) 정하는 법 / 91

8. 신강(身强)과 신약(身弱) / 93

〈12운성(運星)표〉:「포태법(胞胎法)」 94

〈육친표출표(六親表出表)〉 95

9. 12운성(運星) : 포태양생법(胞胎養生法) / 96

  1) 12운성 96

  2) 12운성의 의미 96

  * 사주에서 육친의 위치와 사회적 분별 97

  3) 12운성 상설(詳說) ; (日支가 해당될 때) 98

  4) 12운성을 간단히 판단하는 법 102

* 일주(日柱)비법 105

〈일년신수를 간단히 보는 법〉 106

10. 육친표출법(六親表出法) / 108

    1) 육친(六親)·육신(六神) 108

* 육친(육신) 암기법 109

    2) 육친을 정하는 법 109

    3) 육친(육신) 상설(詳說) 109

        (1) 비견 109

        (2) 겁재 111

* 통변법(通變法)(1) 113

        (3) 식신 114

        (4) 상관 116

* 통변법 (2) 119

        (5) 편재 120

        (6) 정재 123

* 통변법 (3) 125

        (7) 편관 (7煞) 126

        (8) 정관 129

* 통변법 (4) : 편관·정관이 많을 때 130

        (9) 편인 131

        (10) 正印 (인수) 134

* 통변법 (5) : 편인, 인수가 많을 때 136

    4) 십신(육친)보충 137

〈참고〉 왕상휴수(旺相休囚) 142

〈참고〉 육신과 육친의 관계 143

11. 형·충·파·해살(刑沖破害殺) / 144

    1) 형살(刑殺) 144

        (1) 지세지형 (持勢之刑) 144

        (2) 무은지형 (無恩之刑) 144

        (3) 무례지형 (無禮之刑) 145

        (4) 자형 (自刑) 145

    2) 충 (沖) 147

        (1) 천간상충 (天干相沖)·칠충 (7沖) 147

        (2) 지지상충 (地支相沖) 148

    3) 파 (破)·상파살 (相破殺)·육살 (6/破/) 151

4) 해(害) · 해살(害殺) · 육해(6害) 152

12. 공망(空亡) · 공망살(空亡殺) / 154

* 공망조견표 (空亡早見表) 154

13. 원진살 · 양인살 · 비인살(怨瞋殺 · 羊刃殺 · 飛刃殺) / 157

　　1) 원진살 (怨瞋殺) : 냉전 157

　　2) 양인살 (羊刃殺) 158

　　3) 비인살 (飛刃殺) 161

14. 강신살 (强神殺) / 161

　　1) 수옥살(囚獄殺) · 재살(災殺) 161

　　2) 역마살 (驛馬殺) 162

　　3) 도화살(桃花殺) · 함지살(咸池殺) · 패신살(敗神殺) · 연살(年殺) 163

　　4) 귀문관살 (鬼門關殺) 165

　　5) 백호대살 (白虎大殺) 166

　　6) 낙정살 (落井殺) 167

　　7) 다전살 (多轉殺) · 천전살 (天轉殺) 168

　　8) 지전살 (地轉殺) 168

　　9) 효신살 (梟神殺) · 배모살 (培母殺) 169

　　10) 고신살 (孤神殺) · 상처살 (喪妻殺) 169

　　11) 과숙살 (寡宿殺) · 과부살 (寡婦殺) 171

　　12) 수액살 (水厄殺) 172

　　13) 맹인살 (盲人殺) 173

　　14) 농아살 (聾啞殺) 173

　　15) 병신살 (病身殺) 173

　　16) 백일살 (百日殺) 174

　　17) 음착살, 양착살 (陰錯殺, 陽錯殺) 174

　　18) 철직살 (鐵職殺) 174

　　19) 홍염살 (紅艶殺) 175

　　20) 신체를 파괴하는 7살 175

　　21) 강성살 (剛星殺) 176

　　22) 재살(災殺) 176

　　23) 육친흉살(六親凶殺) 178

　　　　(1) 육친흉살간법(六親凶殺看法) 178

　　　　(2) 육친살(六親殺) · 재살(災殺) 178

　　24) 단명살(短命殺) 179

〈참고〉 장수사주(長壽四柱) 179

20

25) 삼재살(三災殺), 삼재입출법(三災入出法) 179

〈삼재팔난출입법〉(三災八難出入法) 180

26) 상문조객살 (喪門吊客殺) 180

27) 고란살 (孤鸞殺) · 신음살 (呻吟殺) 181

28) 급각살 (急脚殺) 181

29) 단교관살 (斷橋關殺) 181

30) 탕화살 (湯火殺) 181

31) 부벽살 (斧劈殺) 182

32) 천라지망살 (天羅地網殺) 182

33) 겁살 (劫殺) 182

34) 낙목관살 (落木關殺) 183

〈육합 · 삼합 · 형 · 파 · 해 · 원진 조견표〉 183

15. 희신(喜神) : 길성(吉星) / 184

1) 정록(正祿)과 암록(暗祿) 184

(1) 정록, 십간록(十干祿) 184

(2) 암록 184

2) 교록성 (交祿星) 186

3) 진신성 (進神星) 187

4) 금여성 (金輿星) 188

5) 괴강성 (魁罡星) 189

6) 천을귀인 (天乙貴人) 191

7) 천주귀인 (天廚貴人) 193

8) 태극귀인 (太極貴人) 193

9) 천덕귀인 (天德貴人) 194

10) 월덕귀인 (月德貴人) 194

11) 장성 (將星) 195

12) 화개 (華蓋) 196

13) 문창성 (文昌星) 197

14) 삼기 (三奇) 197

15) 관귀학관 (官貴學館) 197

16) 문곡귀인(文曲貴人) · 학당귀인(學堂貴人) 198

17) 천사성 (天赦星) 198

〈참고〉 사주감정순서 198

16. 용신(用神) 및 격국(格局) / 200

* 강약(强弱) / 200

* 용신 정하는 법 / 202

   1) 간단히 정하는 법 202
     (1) 신강사주 202
     (2) 신약사주 202
   2) 중화법(中和法) 203
   3) 종격(從格) 203
     (1) 종강격(從強格) 203
     (2) 종왕격(從旺格) 203
     (3) 종재격(從財格) 204
     (4) 종관살격(從官殺格) 204
     (5) 종세격(從勢格) 204
     (6) 종아격(從兒格) 204
     (7) 가종격(假從格) 204
   4) 병약법(病藥法) 205
   5) 통관법(通關法) 205
   6) 화격(化格) 205
     (1) 甲己합土화격 205
     (2) 乙庚합金화격 205
     (3) 丙辛합水화격 205
     (4) 丁壬합木화격 205
     (5) 戊癸합火화격 206
   7) 일행득기격(一行得氣格) 206
     (1) 인수곡직격(仁壽曲直格) 206
     (2) 염상격(炎上格) 206
     (3) 가색격(稼穡格) 206
     (4) 종혁격(從革格) 206
     (5) 윤하격(潤下格) 207
     (6) 양신성상격(兩神成象格) 207

17. 유형별 天機의 원리 / 207
   1) 고향을 떠나 바삐 산다. 207
   2) 부모형제와 사이가 좋지 않다. 207
   3) 부친이 횡사한다. 207
   4) 모친이 소실, 재가인 자. 208
   5) 외삼촌, 처남이 고독하다. 208
   6) 이복형제자매가 있다. 208

7) 고부 사이의 갈등(남) 208

8) 시모와 갈등(여) 208

9) 길에서 횡액이 있다. 208

10) 화상이나 음독 209

11) 한 번 이상 갇혀 본다. 209

12) 손발에 이상이 있다. 209

13) 히스테리, 정신이상이 있다. 209

14) 눈에 이상이 있다. 210

15) 수액이 있다. 210

16) 치질, 맹장염을 앓아 본다. 210

17) 비위가 약하다. 210

18) 해수, 천식이 있어 본다. 211

19) 성병을 앓아 본다. 211

20) 야뇨증이 있다. 211

21) 임신에 이상이 있다. 211

22) 본처와 해로 못하는 남자사주. 211

23) 본남편과 해로 못하는 여자사주. 212

24) 재취, 늙은이에 출가. 212

25) 남편이 무책임한 사주. 212

26) 무자식이기 쉬운 남자사주. 212

27) 무자식이기 쉬운 여자사주. 213

28) 불구자손이 있게 되는 남자사주. 213

29) 불구자손이 있게 되는 여자사주. 213

18. 사주에 의한 적당한 직업 / 213

1) 언론계, 예술계, 학계 213

2) 경찰 계통 214

3) 의사, 약사 계통 214

4) 공무원(재정분야) 215

5) 법관 계통 215

6) 서비스업 계통 215

7) 음식물업 계통 216

8) 교통업 계통(항공, 버스 등) 216

9) 외교관 계통 216

10) 종교 계통 216

11) 역술 계통 217

제3부 성명학(姓名學)과 역리(易理) / 219

  1. 성명의 7대 관찰 / 221

  2. 성명학상 불길한 문자 / 221

  3. 자형인상(字形印象) : 성명의 육체 / 225

  4. 음령오행(音靈五行) : 성명의 생명 / 225

  5. 삼원오행(三元五行)·수리오행(數理五行) : 성명의 性情 / 226

  6. 오행해설 / 227

  7. 수리(數理) 해설 / 229

  8. 음양배치 : 성명의 조직 / 231

  9. 성격10형(性格十型) / 233

  〈참고〉관인8법(觀人八法). 234

  * 골상학(骨相學)적 운명의 감정 234

  10. 인격 10형(人格十型) / 234

  11. 역리대상(易理大象) / 236

    1) 팔괘(八卦) 236

    2) 팔괘법(八卦法) 237

      (1) 태호복희씨결(太侯伏羲氏訣) 237

      (2) 수리역상(數理易象) 237

      (3) 64괘상의(64卦象意) 237

      (4) 64괘의 교훈 239

    3) 대정수(大定數) 250

  12. 대수론(代數論) / 252

  * 〈대수론 속견표〉 252

제4부 통변의 실제 : 약술(略述) / 257

  1. 남명(男命) 50대 / 259

  2. 여명(女命) 40대 / 261

  3. 소아(小兒) 여명(女命) / 265

  4. 소아(小兒) 남명(男命) / 269

  5. 여명(女命) 20대 / 272

  6. 여명(女命) 50대 / 274

  編者 後記 / 277

  참고문헌 / 282

제 1 부
총 론 (總 論)

1. 易이란?

1) 易의 의미

• 易이라는 글자는 甲骨文에서도 찾아볼 수 있을 만큼 연원이 오래되었는데, 언젠가부터 「역학」의 범주에 수용되어 「역학」을 대표하는 말로 쓰였다.

• 易은 일반적으로 변경, 바뀜을 의미한다고 해석된다. 易자를 바뀜의 의미로 해석한 孫貽讓은 易이 대부분 「易日」, 「不易日」로 쓰이고, 또 날씨와 관련되는 雨, 霧 등과 함께 쓰였기 때문에, 고대에 점을 쳐서 결정된 날짜에 기후의 이상이 생겼을 때는 날짜를 바꾸고(易日), 그렇지 않을 경우에는 바꾸지 않는다(不易日)고 하였다.

• 《周易》의 간칭(簡稱). * 주역의 기본사상은 「中正」에 있다.

• 易이란 만물을 열고 일을 이루어, 천하의 도를 포괄하는 것이다.(夫易, 開物成務. 冒天下之道, 如斯而已者也.:〈繫辭上〉)

• 易은 아무런 생각도 없고 아무런 작위도 없이, 고요히 움직이지 않지만, 이에 감응하면 모든 일에 통하게 된다.(易無思也, 無爲也, 寂然不動, 感而遂通天下之故.:〈繫辭上〉)

• 易이란 象이고 象이란 像이다.(是故易者, 象也. 象也者, 像也.:〈繫辭下〉)

• 「易者神之用也」:(邵康節)

• 「良知卽是易」:(王守仁)

• 易은 만물의 본원 혹은 근본원칙을 가리킨다.

• 易名

1. 도마뱀(蜥蜴)설 : 易을 도마뱀을 나타내는 상형문자로 보는 것. 중국 고대인들은 도마뱀이 매일 12번씩 색깔을 바꾼다고 믿었으며, 易은 바로 그 변화의 의미를 지시하는 것이라고 보았다. 이 설은 본래 《說文》에서 시작되었다.

2. 日月설 : 易을 日과 月의 복합자로 보는 것. 이 설 역시 《說文》에 근거한 것인데, 일은 陽을 월은 陰을 표시하며, 따라서 역을 陰陽消長에 관한 것으로 파악하는 것이다.

3. 字義설 : 易을 그 자체에 내포된 의미로 파악하는 것이다.

易의 자의 : 簡易(易簡) - 간단하고 평이하다.

變易 - 항상 변화하고 바뀐다.

不易 - 바뀌거나 변화하지 않는다.

(東漢 鄭玄의 《周易贊》에서)

2) 易의 종류

《연산》(蓮山) —— 신농씨(神農氏)의 역. 夏代에 쓰임.

《귀장》(歸藏) —— 황제씨(黃帝氏)의 역. 殷代에 쓰임.

《주역》(周易) —— 先秦

《정역》(正易) —— 金一夫

* 《周禮》春官 大卜의 職에 「三易의 職을 맡으니 하나는 연산이요, 둘은 귀장이요, 셋은 주역이다」라 하였다. 唐 賈公彦은 周禮春官大卜疏에서 「連山 純艮爲首, 歸藏 純坤爲首, 周易 純乾爲首」라 하였다.

* 易(先秦代) —— 周易(漢代) —— 易經(宋代)

2. 역학이란?

1) 우주와 삼라만상의 변화법칙에 관한 학문이다.

2) 인생이 발전하는 이치에 관한 학문이다.

3. 숙명과 운명

1) 선천(先天) : 숙명 ┐   숙명의 3대 요소 : ① 境. ②
性. ③ 質.   ├ 운(運)
2) 후천(後天) : 운명 ┘   운명의 3대 요소 : ① 種. ②
時. ③ 力.

　숙명을 바탕으로 ───→ 죽음.

* 숙명은 감정하고, 운명은 연구하며, 운은 예언한다.

4. 운명학

1) 스승이 따로 없고, 자연의 진리를 스승으로 하는 학문이다.

2) 心靈의 학문 : 인생에는 아직 과학으로 해결하지 못하는
것이 있다.

　知 ──→ 能 ──→ 通 ──→ 覺. (능력의 차이에 따라 좌우)

(예) 三谷과 明道 (殺人劍과 活人劍)

「黑川長谷 子將死」

*「四柱不如相, 相不如心, 心不如行, 行不如德, 德不如道.」

5. 사주추명학의 기원과 변천

사주추명학은 사람의 生年 · 月 · 日 · 時의 干支를 기준으로 그 숙명을 미리 아는 간지술의 일종이다. 그 기원은 3천년 이전으로 보며 중국 戰國시대의 珞祿子, 鬼谷子, 漢대의 董仲舒, 司馬李, 東方朔, 嚴君平, 漢末 · 三國시대의 管輅, 晉有郭, 璞北齋, 有魏定, 唐대의 袁天綱, 一行禪子, 李虛中 등이 이 학을 연구하여 실용화시켰다. 특히 李虛中은 年干을 중심으로 오행의 생극을 알아보는 법을 완성시켰고, 그 뒤 日干을 중심으로 해서 오행의 생극을 밝히는 법은 중국 太華西峰堂에 거주하던 徐公升(徐子平)에 의해서 창시되었다. 劉伯溫의《滴天髓》가 약 4~500년 동안 비전되어 오다가 淸대에 세상에 알려짐으로써 사주추명학에 일대 비약을 가져왔다.

 * 이허중은 年月日의 간지를 가지고 길흉화복을 판단하였고, 서자평이 時를 첨가하여 사주법을 확립하였다.

〈참고〉

戰國시대 - 珞琭子, 鬼谷子

唐 - 袁守成의《指南五星書》, 呂才의《合婚書》,

 一行禪師(大慧宗杲)의《星曆書》, 達磨대사의《唐四柱》

五代 -《轆轤書》

宋　 -《殿遍書》

遼金 -《喬陶書》

元　 -《耶律楚材書》, 裵大猷의《琴堂虛實書》

* 체계화된 명리학에 영향을 준 사람, 책.

1. 唐대 李虛中 -《淵海子平》의 근본적인 원리를 설함.

2. 宋대 徐公升 (徐均) -《淵海子平》

3. 明대 神峰張楠 -《命理正宗》·《淵海子平》의 오류를 지적.

4. 明대 萬育吾 -《三命通會》. 오행의 설명이 조금 자세함.

5. 明대 沈孝膛 -《子平眞詮》. 12운성에 의해 인간의 운명을 해설.

6. 明대 劉伯溫 -《滴天髓》- 명리의 간명법을 형충파해로써 해설.

7. 淸대 王洪緖 -《卜筮正宗》. 여러 책을 합작.

8. 明말淸초 -《窮通寶鑑》. 저자 불명

이외《命理約書》,《滴天髓補註》,《命理探原》,《黃金策》.

6. 음양오행과 간지(干支), 갑자(甲子)

1) 음양사상

좌부방 阝 = 阜 (언덕 부)

+ 陰의 陰 ; 구름이 해를 가린 형상, 응달.

+ 陽의 陽 ; 해가 빛나는 형상, 양달.

⟶ 날씨(한열) ⟶ 계절(계절의 변화에 따라 음양도 변화) ⟶ 자연현상, 사물에까지 확대.

음양(陰陽)은

- 자연현상(左傳, 國語, 墨子, 老子, 孫子, 荀子)
- 道(周易, 通書)
- 氣(左傳, 國語, 楊雄, 朱熹)
- 만물의 근본(莊子, 淮南子, 楊雄)
- 양은 德이고, 음은 刑이다.(邵康節, 張載)
- 음양은 상호관계(邵康節, 張載)
- 태극은 형이상의 道이고, 음양은 형이하의 器이다.(朱熹)
- 음양오행

* 易에서는 음양을 고정적인 것으로 보지 않고 유동적인 것으로 보며, 양은 강건한 것이고 음은 유순한 것으로 본다.

양: 明, 晝, 上, 前, 左, 强, 凸, 高, 直, 呼, 進, 息, 生, 男, 父, 動, 大,

음: 暗, 夜, 下, 後, 右, 弱, 凹, 低, 曲, 吸, 退, 消, 死, 女, 母, 靜, 小,

양: 開, 實, 天, 日, 仁, 往, 尊, 貴, 福, ……

음: 閉, 虛, 地, 月, 義, 來, 卑, 賤, 禍, ……

2) 천간(天干) : 10干

갑(甲)	을(乙)	병(丙)	정(丁)	무(戊)	기(己)	경(庚)	신(辛)	임(壬)	계(癸)
양	음	양	음	양	음	양	음	양	음

- 줄기 幹
- 10진법의 주기를 나타냄.

3) 지지(地支) : 12支

子	丑	寅	卯	辰	巳	午	未	申	酉	戌	亥
양	음	양	음	양	음	양	음	양	음	양	음

· 가지 枝
· 12진법의 주기를 나타냄.

* 地支의 의미

(1) 子

子월; 대설 - 소한. 子시; 전일 23시 - 금일 1시. 卯방; 眞北
(255도 - 285도)초목의 뿌리가 양분을 흡수하고, 새로운 싹이 땅
속에서 생장하기 시작하는 때이며, 사람의 눈이 닿지 않는 땅 속
에서 초목이 활동하는 모습을 비유한 것이다.

(2) 丑

丑월; 소한 - 입춘. 丑시; 1시 - 3시. 丑방; 북북동(285도 - 315
도)

땅 속에서 배양된 새로운 싹을 낸 초목이 땅 표면을 뚫고 땅
위로 나오려 하지만 지상은 아직 매우 추워 얼어 있어서 좀처럼
나올 수 없는 시기에 해당된다. 이 형상은 마치 소의 둔중한 행
동과 비슷하기 때문에 소에 비유하고 있다.

(3) 寅

寅월; 입춘 - 경칩. 寅시; 3시 - 5시. 寅방; 동북동(315도 - 345
도)

땅 속에서 충분히 영양을 섭취하고 에너지를 저장한 초목의
싹은 지상의 온도가 높아져 얼음이 녹을 때면 맹렬한 기세로 지

상에 나온다. 이 모양을 동물 가운데 범이 일사천리의 세력으로 달리는 모습에 비유한 것이다.

(4) 卯

卯월; 경칩 - 청명. 卯시; 5시 - 7시. 卯방; 진동(345도 - 15도)

땅 위로 나온 초목의 새싹은 두 잎이 나와 드디어 초목으로 보이기 시작하는데, 아직 서투를(서섬서섬할) 때이다. 이 모양을 동물 가운데 토끼가 길에 나와 뛰어다닐 때의 사랑스런 모습에 비유한 것이다.

(5) 辰

辰월; 청명 - 입하. 辰시; 7시 - 9시. 辰방; 동남동(15도 - 45도)

초목의 두 잎이 세력좋게 생장하고, 눈도 선명한 어린 잎이 자랄 때를 말한다. 이 모양을 가공의 동물인 용이 승천하는 모습에 비유한 것이다.

(6) 巳

巳월; 입하 - 망종. 巳시; 9시 - 11시. 巳방; 남남동(45도 - 75도)

辰의 계절에 청룡승천의 세력으로 자란 초목의 발육의 힘이 일단 멈추는 때를 말한다. 이 시기는 동물 가운데 뱀이 번식하는 때인 고로 뱀에 비유하였다.

(7) 午

午월: 망종 -소서. 午시; 11시- 오후 1시. 午방; 진남(75도 - 105도)

초목이 번성하게 생장한 최성기를 나타낸다. 이것을 동물 가운데 말의 원기발랄한 모습에 비유하였다.

(8) 未

未월; 소서 – 입추. 未시; 오후 1시 – 오후 3시. 未방; 남남서
(105도– 135도)

午의 계절에 생장해 온 초목은 그 생육이 아주 정지하고 열매
를 맺기 위한 제일보를 밟게 되는데, 이 시기를 길게 자란 털을
깍기 전의 양의 모습에 비유한 것이다.

(9) 申

申월; 입추 – 백로. 申시; 오후 3시 – 오후 5시. 申방; 서남서
(135도– 165도)

未의 계절에 연 초목의 열매는 성숙하여 과실로 된다. 이 과실
을 원숭이가 나무에서 따먹는 모습에 비유한 것이다.

(10) 酉

酉월; 백로 – 한로. 酉시; 오후 5시 – 오후 7시. 酉방; 진서(165
도 – 195도)

열매가 익었을 때를 말한다. 닭이 곡식의 이삭을 쪼아먹는 것
을 비유한 것이다.

(11) 戌

戌월; 한로 – 입동. 戌시; 오후 7시 – 오후 9시. 戌방; 서북서
(195도– 225도)

열매를 따서 저장하는 때이다. 이것을 개가 수확한 과실과 곡
식을 지키는 모습에 비유한 것이다.

(12) 亥

亥월; 입동 – 대설. 亥시; 오후 9시 – 오후 11시. 亥방; 북북서
(225도–255도)

식물의 종자가 땅 속에 묻혀서 돌아오는 봄을 기다리는 때이
다. 이것을 초목의 마른 잎이 땅에 떨어진 들판을 돼지가 먹이를

구하여 질주하고 있는 모습에 비유한 것이다.

4) 60갑자(甲子)

甲子	乙丑	丙寅	丁卯	戊辰	己巳	庚午	辛未	壬申	癸酉
甲戌	乙亥	丙子	丁丑	戊寅	己卯	庚辰	辛巳	壬午	癸未
甲申	乙酉	丙戌	丁亥	戊子	己丑	庚寅	辛卯	壬辰	癸巳
甲午	乙未	丙申	丁酉	戊戌	己亥	庚子	辛丑	壬寅	癸卯
甲辰	乙巳	丙午	丁未	戊申	己酉	庚戌	辛亥	壬子	癸丑
甲寅	乙卯	丙辰	丁巳	戊午	己未	庚申	辛酉	壬戌	癸亥

* 육갑: 甲子, 甲戌, 甲申, 甲午, 甲辰, 甲寅.

5) 오행(伍行)

(1) 오행의 뜻

木火土金水 다섯 氣가 우주에서 항상 운동하고 있다고 하여, 이 5氣의 관계를 설명하는 것이다. 行은「돈다」,「둘러싸다」,「돌아다닌다」는 의미이고, 5氣 각각의 운동이 같지 않기 때문에 오행이라 한다.「오행이란 天에 있어서는 五氣가 유행하고, 地에 있어서는 백성이 이를 사용하기(行用) 때문이다.」「원소」라는 의미와「이용의 도구」라는 의미가 섞여 있다.

(2) 오행의 기원

殷대 중기(B.C.1400~1300) 10진법이 오행설의 기원이다.《尙書 · 禹貢》에「六府가 잘 다스려 졌다(六府孔修)」고 했는데, 육부

36   다이제스트 명리요결

는 오행과 곡식이다. 《尙書 · 洪範》에 의하면 周武王이 箕子에게 나라를 다스리는 법을 물었을 때, 箕子는 禹로부터 전해진「洪範九疇」로써 대답했는데, 그 가운데 첫 번째가 오행이다.

*「홍범구주」;「初一曰五行, 次二曰敬用五事, 次三曰農用八政, 次四曰協用五紀, 次五曰建用皇極, 次六曰乂用三德, 次七曰明用稽疑, 次八曰念用庶徵, 次九曰嚮用五福威用六極. 一, 五行: 一曰水, 二曰火, 三曰木, 四曰金, 五曰土. 水曰潤下, 火曰炎上, 木曰曲直, 金曰從革, 土爰稼穡. 潤下作鹹, 炎上作苦, 曲直作酸, 從革作辛, 稼穡作甘.」(《尙書 · 洪範》)

*〈洛書〉: 중국 상고시대에 나타났다는 神物. 禹가 홍수를 다스릴 때 洛水에서 나타난 神龜의 등에 있었다는 글을 말한다.

*「河出圖, 洛出書, 聖人則之.」(《周易 · 繫辭傳》)

(3) 오행과 간지

天干 :	甲	乙	丙	丁	戊	己	庚	辛	壬	癸
음양 :	양	음	양	음	양	음	양	음	양	음
오행 :	목	목	화	화	토	토	금	금	수	수
	巨木	花草	太陽	實用	大陸	農土	原鐵	成器	大河	小水
	종	發	잎	壯	무	개	결	완	회	창
	자	芽	남	丁	성	화	실	성	수	고
					기		상		저	
							태		장	

계절 : 봄   여름   사계   가을   겨울

방위 : 동　　　남　　　　　서　　북
地支 : 寅 卯 辰 巳 午 未 申 酉 戌 亥 子 丑
음양 : 양 음 양 음 양 음 양 음 양 음 양 음
오행 : 목 목 土 화 화 土 금 금 土 수 수 土
月 : 1　2　3　4　5　6　7　8　9　10　11　12

계절 :　봄　　　여름　　　가을　　　겨울

(4) 오행과 제관계

	목(木)	화(火)	토(土)	금(金)	수(水)
10干	甲 · 乙	丙 · 丁	戊 · 己	庚 · 辛	壬 · 癸
12支	寅 · 卯	巳 · 午	辰 · 戌 · 丑 · 未	申 · 酉	亥 · 子
四時	봄	여름	계절 사이 각 18일	가을	겨울
方位	동	남	중앙	서	북
	좌	전	중앙	우	후
5聲	角	치(徵)	宮	商	羽
音靈	ㄱ · ㅋ	ㄴ · ㄷ · ㄹ · ㅌ	ㅇ · ㅎ	ㅅ · ㅈ · ㅊ	ㅁ · ㅂ · ㅍ
5色	청	적	황	백	흑
5臟	肝	心	脾	肺	腎
5味	신 맛	쓴 맛	단 맛	매운 맛	짠 맛
5常	仁	禮	信	義	智
5事	貌	視	思	言	聽
성질	曲直	炎上	稼穡	從革	潤下
	生			殺	
形像	☐	△	◯	□	○
五帝	伏羲	神農	黃帝	少昊	顓頊
숫자	1, 2	3, 4	5, 6	7, 8	9, 10

* 唐擧선생의 氣色法:「一辨其色, 次聽其聲, 更察其神, 再觀其肉.」

(5) 오행의 상호작용

상생(相生) : 목生화, 화生토, 토生금, 금生수, 수生목

상극(相剋) : 금剋목, 목剋토, 토剋수, 수剋화, 화剋금

상생지해(相生之害) : 太過不及 ⟷ 中和

　　　　　　　목多화熄, 화多토燥, 토多埋금, 금多수濁, 수多목浮

극지반극(剋之反剋) : 목多금缺, 토多목折, 수多토流,

　　　　　　　화多수湯, 금多화滅

상비(相比) : 金比金 X, 木比木 X, 水比水 O, 火比火 X, 土比土 O

제복(制伏) : 木氣는 土를 해치지만 金氣가 오면 제복된다.

　　　　　　火기는 金을 해치지만 水기가 오면 제복된다.

　　　　　　土기는 水를 해치지만 木기가 오면 제복된다.

　　　　　　金기는 木을 해치지만 火기가 오면 제복된다.

　　　　　　水기는 火를 해치지만 土기가 오면 제복된다.

(6) 오행과 60갑자

海中 金 갑자 · 을축	爐中 火 병인 · 정묘	大林 木 무진 · 기사	路傍 土 경오 · 신미	劍鋒 金 임신 · 계유
山頭 火 갑술 · 을해	潤下 水 병자 · 정축	城頭 土 무인 · 기묘	白臘 金 경진 · 신사	楊柳 木 임오 · 계미
井中 水 갑신 · 을유	屋上 土 병술 · 정해	霹靂 火 무자 · 기축	松栢 木 경인 · 신묘	長流 水 임진 · 계사
沙中 金 갑오 · 을미	山下 火 병신 · 정유	平地 木 무술 · 기해	壁上 土 경자 · 신축	金箔 金 임인 · 계묘
覆燈 火 갑진 · 을사	天河 水 병오 · 정미	大驛 土 무신 · 기유	釵釧 金 경술 · 신해	桑柘 木 임자 · 계축
大溪 水 갑인 · 을묘	沙中 土 병진 · 정사	天上 火 무오 · 기미	石榴 木 경신 · 신유	大海 水 임술 · 계해

(7) 오행의 성격 (생일을 중심으로)

〈木〉: 木은 오행의 제일 앞에 나오는데, 그것은 봄기운이 발동하여 만물이 싹트는 것의 상징이며, 따라서 봄을 표시하기 위해 오행의 첫째가 되는 것이다. 봄은 식물에게 있어서는 따뜻한 날씨의 혜택을 받는 때이다. 즉 온화함과 부드러움을 표시한다. 그래서 甲, 乙일생은 木의 성격을 가지고서 온후, 원만하여 무슨 일에서든지 중용을 지키는 사람이 된다.

儒教에서는 사람이 지켜야 하는 다섯 가지 변하지 않는 원칙을 「五常」이라고 하는데, 仁義禮智信이 바로 그것이다. 「오상」 중에서 木은 仁에 해당한다. 그래서 仁德이라고 하는 비할 데 없는 성격이 갖추어져 있다고 생각해도 될 것이다. 그리고 木이라는 글자를 보면, 가로지른 「一」은 땅을 표시하고, 밑의 「八」은 뿌리를 나타낸다. 즉 단단한 대지에 뿌리를 뻗고 위로 쭉쭉 뻗어 가는데, 덮어놓고 직선적으로 오르지 않고, 구부러지기도 하면서 자란다.《尚書‧洪範》에서는 이를 「曲直」이라는 말로 표현하고 있다. 이와 같이 생각하면, 木일생의 사람은 온화하고 또한 차분하여 유연하게 뻗어 가는 것으로 볼 수 있다.

〈火〉: 원시시대에 사람들은 나무의 마찰에 의해 불을 일으켰다. 火가 오행에서는 木 다음에 위치하는 것은 이 때문이다. 이와 같이 火와 木은 밀접한 관계를 가진다. 火는 「炎上」(불타오르다)이라는 말로 표현되는데, 활활 타오르는 세력의 강도에서부터 오행 중에서는 가장 강한 것으로 다루어진다. 한창 타오르는 불은 그 주위를 밝게 비추며 사물의 안쪽까지 꿰뚫어 볼 수 있게 한다. 火는 「오상」 중에서는 禮를 의미한다. 禮는 오곡의 풍성함을 기원하고 수확한 것을 신에게 바치는 의식과 관계가 있다. 즉 제단 앞에 설 때의 공손함이 예의 본뜻이라고 보아도 될 것이다. 제단이라고 하면 연상되는 것이 「등불」이다. 조용히 타오르는 불을 생각하면 火가 禮와 통한다는 것도 수긍이 갈 것이다.

火日에 태어난 사람은 기력이 왕성하고 정열적이며 정확한 판단력을 갖추고 있다고 할 것이다. 그 반면 외견상의 화려함과는 별도로 안으로 그늘진 부분도 있다. 이 때문에 격렬함에 자연히 제동이 걸리고 예의를 분별하는 것이다.

〈土〉:〈홍범〉에서는 「土爰稼穡」이라 하였다. 稼는 씨앗을 심는 것, 穡은 수확하는 것을 가리킨다. 이와 같이 土 즉 흙은 식물의 생육과 떼놓고 생각할 수 없다. 土라는 글자에 대해서는 「二」는 지층을 나타내고, 「ㅣ」는 초목의 싹이라는 설이 있는가 하면, 「十」이 초목이고, 「一」는 대지라는 설도 있다. 아뭏든 씨앗은 흙에 뿌려져서 흙 속에서 자라는 것으로, 말하자면 식물이라고 하는 생명의 영위장 그것이 바로 흙이라 할 수 있다. 식물만이 아니라 우리 인간들도 결국은 흙으로 돌아 가지 않을 수가 없다. 「흙으로 돌아간다」는 말은 곧 생명이 흙에서 나왔다는 것을 암시하고 있는 것이다. 즉 흙은 생명의 의지처이다. 그러므로 다른 오행도 또한 土를 의지처로 하고 있다. 木은 말할 것도 없고, 火도 흙 위에서 타서 흙으로 돌아가는 것이며, 金은 바로 흙으로부터 생산되는 것이다. 水는 흙을 통해서 흐르고 흙 속에 고인다. 이와 같이 하여 土는 오행의 중심에 위치한다.

土는 「오상」 중 信과 연결되는데, 반석과 같은 대지는 모든 것의 중심이어서 확실히 믿을 만한 신뢰의 기본이다. 그래서 土일생인 사람의 성격은 약간 둔중할지는 모르지만 중용을 얻어 성실하고 정직한 타입으로, 사려가 깊고 신용할 수 있는 인물이라 하겠다. 우선은 안심하고 접촉할 수 있는 사람이나, 「土藏」이라는 말과 같이 무엇이든지 챙겨 넣는 저축심이 있는 반면 깍쟁이로도 통하고 있다.

〈金〉: 金은 널리 금속이나 광물 전반을 가리키는 것이다. 금속이라고 하면 차갑고 딱딱한 감촉의 단단함이 머리에 떠오른다. 그런데 〈홍범〉에서는 「金은 從革이라 한다」고 하여, 유순하여 모양을 잘 바꾸는 성질을 적용시키고 있다. 금속에 열을 가하면 녹아서 연하게 되어 어떠한 모양으로도 만들 수가 있다. 木은 시간을 소비하여 새겨 넣지 않으면 안되고, 진흙으로 상을 만들어 보아도 무르다. 水나 火도 어떤 특정한 모양을 취하는 수는 있어도 순간적일 뿐이다. 그렇다면 얌전히 모양을 바꾸고 그대로 모양을 유지할 수 있는 것은 金 밖에는 없다. 그러므로 金에는 극단적인 딱딱함과 극단적인 유연함이 함께 있다고 할 수 있을 것이다.

金은 방위에서는 서쪽이다. 서쪽은 해가 지는 곳, 따뜻함이 사라지는 것이므로 금속의 차가운 감촉과 잘 어울린다. 金은 「오상」 중에서는 義에 해당한다. 그래서 솔직하고 거침없이 직언하는 기골이 있고 의지가 굳센 정의파라는 해석이 성립된다. 金일생인 사람은 융통성이 없는 옹고집인 반면 인간이 지니는 어둠이나 약함도 제법 알고 있으며, 인정에 끌리기 쉽다는 점에서 통속적인 면도 있다. 재산을 가볍게 여기고 의리를 존중하여 이상을 위해서는 타협을 하지 않는다. 다만 용감한 반면, 필요 이상으로 기를 써서 거만해지는 결점도 있다.

　　　　　　　　　　　　　　　　　다이제스트 명리요결

〈水〉: 〈홍범〉에서는 水를 潤下라고 하였다. 축축하게 내린다거나 습한 쪽으로 홈을 따라 흐른다는 것이다. 水는 높은 곳에서 낮은 곳으로 흐르는 것으로, 고이는 물이라면 몰라도 흐르는 물은 높은 곳에 원천을 둔다. 방위상으로는 북에 해당한다. 일부 지방에는 밤중 물뜨기가 있다. 3월 13일 새벽 2시경 사찰의 우물에서 1년간 불단에 올릴 물을 길으면 병이 낫는다고 한다. 더위도 추위도 춘분, 추분까지라고 하는데, 이 물뜨기의 소식을 들으면 추웠던 겨울과의 결별을 실감하게 된다. 木이 봄을 나타내듯이 水는 겨울을 나타낸다. 물뜨기는 水가 木을 낳는다고 하는 오행상생에 의한 절차라고도 할 것이다. 물뜨기 행사는 拜火敎적인 불의 제전과 더불어, 水는 비, 火는 햇볕에 해당되어 풍작의 기원과 통하는 것이다.

水는 북쪽과 겨울을 나타내는데, 하루 중에서는 심야, 시간으로 말하면 子時(오후 11시부터 다음날 오전 1시의 2시간)이다. 水는 陰의 극이라고 해서 검은 색에 해당된다. 水의 이 음기는 유럽에서 말하는 4기질(관능적인 다혈질, 잔인한 담즙질, 지둔한 점액질, 시름에 잠긴 우울질) 중의 우울질에 해당한다. 그리고 우울질은 지식인에 많은 것처럼 水도 또한 지성을 나타낸다. 따라서 「오상」 가운데서는 智에 해당한다. 고이지 않고 흐르는 물을 머리의 회전속도로 생각하기 때문인데, 水일생인 사람 중에는 지성이 남보다 뛰어나서 학자로서 대성하는 사람도 있다.

제 2 부
사주추명(四柱推命)
명리학(命理學)

1. 사주 정하는 법

1) 생년간지 정하는 법

만세력을 참고하여 찾아 쓴다. 주의할 것은 만세력의 생년은 음력을 표준으로 정한 것이며, 또 舊年과 新年의 구별은 정월초 하루를 표준으로 하는 것이 아니라 立春을 기준으로 한다. 예컨 대 1983년 출생하였다 하더라도 입춘 이전이면 1982년의 간지 를 써야 하고, 입춘 이후이면 1983년의 간지를 써야 한다. 또 같 은 입춘 당일에 출생한 경우라도 그 해의 간지를 쓸 것인가, 그 전 해의 간지를 쓸 것인가는 입춘 節入시각에 의하여 결정된다.

2) 생월간지 정하는 법

생월의 간지는 만세력에 있는 각 월의 月建에 의한다. 각 월의 간지를 정함에 있어서도 절입 시기를 표준으로 한다. 각 월의 절 입 시기는 다음과 같다.

月	1	2	3	4	5	6	7	8	9	10	11	12
月支	寅	卯	辰	巳	午	未	申	酉	戌	亥	子	丑
節入	立春	驚蟄	清明	立夏	芒種	小暑	立秋	白露	寒露	立冬	大雪	小寒

〈연두법〉(年頭法)

년간	甲·己	乙·庚	丙·辛	丁·壬	戊·癸
1 월	丙寅	戊寅	庚寅	壬寅	甲寅

예) 甲子년에 출생한 사람이라면 甲·己년의 정월은 丙寅월이므로, 甲子년 6월에 출생했으면 丙寅(1), 丁卯(2), 戊辰(3), 己巳(4), 庚午(5), 辛未(6) 즉 辛未월이 된다.

〈월간지 조견표〉(月干支早見表)

	1	2	3	4	5	6	7	8	9	10	11	12
甲·己년 丙寅頭	丙寅	丁卯	戊辰	己巳	庚午	辛未	壬申	癸酉	甲戌	乙亥	丙子	丁丑
乙·庚년 戊寅두	무인	기묘	경진	신사	임오	계미	갑신	을유	병술	정해	무자	기축
丙·辛년 庚寅두	경인	신묘	임진	계사	갑오	을미	병신	정유	무술	기해	경자	신축
丁·壬년 壬寅두	임인	계묘	갑진	을사	병오	정미	무신	기유	경술	신해	임자	계축
戊·癸년 甲寅두	갑인	을묘	병진	정사	무오	기미	경신	신유	임술	계해	갑자	을축

3) 생일간지 정하는 법

생일은 만세력에 의할 수밖에 없다.

(예) 1923년 1월 8일

만세력을 보면 입춘이 前年(壬戌) 12월 20일 卯初初刻一分, 驚蟄이 癸亥년 1월 19일 子初一刻十分이다. 그러므로 年柱의 간지는 癸亥년이고, 癸년의 1월은 甲寅이고, 日은 만세력에 正月小 庚申이라고 했으니, 小는 29일(작은 달)을 나타내고 庚申은 1일, 庚午는 11일, 庚辰은 21일을 나타내니, 8일은 庚申에서 시작하여 8일째(1庚申, 2辛酉, 3壬戌, 4癸亥, 5甲子, 6乙丑, 7丙寅, 8丁卯)인 丁卯가 되므로, 1923년 1월 8일은 癸亥년, 甲寅월, 丁卯일이 된다.

4) 생시간지 정하는 법 :

자연시와 사회시의 구분이 있다.

子시	전날 오후11시 ~ 당일 오전1시전
丑	오전1시 ~ 오전3시전
寅	오전3시 ~ 오전5시전
卯	오전5시 ~ 오전7시전
辰	오전7시 ~ 오전9시전
巳	오전9시 ~ 오전11시전
午	오전11시 ~ 오후1시전
未	오후1시 ~ 오후3시전
申	오후3시 ~ 오후5시전
酉	오후5시 ~ 오후7시전
戌	오후7시 ~ 오후9시전
亥	오후9시 ~ 오후11전

〈시두법〉(時頭法)

일 간	甲·己일	乙·庚일	丙·辛일	丁·壬일	戊·癸일
자 시	甲子시	丙子시	戊子시	庚子시	壬子시

〈시간지 조견표〉 (時干支早見表)

시\일간	자	축	인	묘	진	사	오	미	신	유	술	해
甲·己	甲子	乙丑	丙寅	丁卯	戊辰	己巳	庚午	辛未	壬申	癸酉	甲戌	乙亥
乙·庚	丙子	丁丑	戊寅	己卯	庚辰	辛巳	壬午	癸未	甲申	乙酉	丙戌	丁亥
丙·辛	戊子	己丑	庚寅	辛卯	壬辰	癸巳	甲午	乙未	丙申	丁酉	戊戌	己亥
丁·壬	庚子	辛丑	壬寅	癸卯	甲辰	乙巳	丙午	丁未	戊申	己酉	庚戌	辛亥
戊·癸	壬子	癸丑	甲寅	乙卯	丙辰	丁巳	戊午	己未	庚申	辛酉	壬戌	癸亥

〈주의〉 야자시(夜子時)와 정자시(正子時)

子시(전날 밤11시 ~ 1시전)에는 야자시(전날 밤11시에서 밤12시 전까지)와 정자시(밤12시에서 당일 1시 전까지)가 있는데, 야자시인 경우 日辰은 그대로 쓰고 子시만 다음 날의 時干을 쓰면 된다. 즉 날짜는 그 전날에 해당하고, 시는 이미 다음날로 넘어간 상태이다. 따라서 이런 경우는 시두법에 의한 자시가 그대로 적용되지 않고, 일간과 자시의 천간이 서로 어긋나게 된다. (보기) 1952년 10월 13일 오후 11시 45분(10월 立冬 9월 20일 戊正) 壬辰년, 辛亥월, 己卯일인데, 甲子시가 아니고 丙子시가 된다.

이의 원리는 결국 음양의 구분에 따른 날과 시의 변화가 되는데, 우리나라는 동경 표준시를 쓰게 됨으로써 약간의 혼란도 있다. 다만 개인적으로는 자연시와 사회시의 구분 없이 자정(00:00)을 넘기면 그대로 정자시로 정한다.

〈월률분야장간용신표〉 (月律分野藏干用神表)

※ 1년 360일 ÷ 5행 = 72 일

월	寅	卯	辰	巳	午	未	申	酉	戌	亥	子	丑
餘氣	7일* 戊土	10일* 甲木	9일 乙木	7일 戊土	10일* 丙火	9일 丁火	7일* 戊土	10일* 庚金	9일 辛金	7일* 戊土	10일* 壬水	9일 癸水
中氣	7일 丙火		3일 癸水	7일 庚金	9일 己土	3일 乙木	7일 壬水		3일 丁火	7일 甲木		3일 辛金
正氣	16일 甲木	20일 乙木	18일 戊土	16일 丙火	11일 丁火	18일 己土	16일 庚金	20일 辛金	18일 戊土	16일 壬水	20일 癸水	18일 己土

*표는 생략되기도 함.
여기: 지난달의 기운으로 아직 남아 있는 기운.
중기: 본 달의 기운이 들기 전의 기운.
정기: 본 달의 원래의 기운.

〈참고〉 이 표는 생월을 기준으로 하여 생일과 대조하여서 12節이 든 날부터 며칠째에 출생 하였는가를 계산하여서 그 날짜 수에 따라 장간을 찾는 것인데, 地支에도 숨은 天干이 있다는 것이다. 「양남음녀법」에 의하여 생일부터 절기까지를 말한다. 또한 생일부터 지나온 절기까지 날짜를 계산하여서 지장간을 찾기도 하는데 이것은 원칙이 아니다.

(예) 남 갑자년 1월 15일생이라면 1월의 절기를 보니, 입춘이 1월 1일이다. 1월 15일인데 생일에서 입춘까지 날짜를 계산하니 15일이다. 그런데 남 甲子년 1월 15일생은 寅월에 출생하였

으니 地支 寅행에서 15일까지를 보니 〈正氣 16일〉에 해당한다.
그러므로 월寅의 장간은 甲에 해당한다.

　　＊地支 子 가운데는 壬・癸가 자기의 食祿이 되는 자리를 차지
하고 있으며, 丑 중에는 癸・辛・己가 차지하고 있다는 뜻이다.

2. 日干 대 月支로써 보는 운세

월지 ＼ 일간		甲・乙(木)	丙・丁(火)	戊・己(土)	庚・辛(金)	壬・癸(水)
봄	寅・卯(木)	最强	小强	弱	最弱	弱
	辰(土)	衰	소강	강	소강	약
여름	巳・午(火)	弱	최강	최강	약	최약
	未(土)	弱	쇠	최강	소강	최약
가을	申・酉(金)	最弱	약	약	최강	소강
	戌(土)	最弱	약	강	소강	소강
겨울	亥・子(水)	小强	최약	최약	약	최강
	丑(土)	小强	최약	강	소강	쇠

　(가) 小强人 (日干 대 月支의 관계가 小强인 사람)

　　(1) 日干이 木・火・水인 경우의 소강인

　　　　최초 달의 소강인 : 기가 세고 영속성이 있는 타입.

　　　　중간 달의 소강인 : 생각나는대로 움직이는 타입.

　　　　최후 달의 소강인 : 보스기질, 만족하지 않는 타입.

(2) 日干이 金인 경우의 소강인 : 남의 원조와 신용을 얻는
타입.

(나) 最强人
  최초 달의 최강인 : 쉬지 않고 활동하는 타입.
  중간, 최후 달의 최강인 : 큰 인물, 지도자 타입.

(다) 强人 : 자주독립과 내키는 대로 하는 성격 타입.
(라) 衰人 : 견실, 점진형.
(마) 弱人
 (1) 보통의 약인
  최초 달의 약인 : 보수적인 정의파.
  중간 달의 약인 : 노력형, 외유내강형.
  최후 달의 약인 : 사업가.
 (2) 상극오행으로 상극된 약인 : 사교가.

(바) 最弱人
  최초 달의 최약인 : 머리를 잘 쓰는 타입.
  중간 달의 최약인 : 현실에 만족하지 않는 이상가 타입.
  최후 달의 최약인 : 어머니와 인연이 깊은 타입.
(예) 연 월 일 시
  辛 辛 甲 己   日干 : 甲 목 ┐
  丑 卯 辰 巳   月支 : 卯   ┘ 最强

3. 오행에 의한 기본적인 판단

〔일간(日干)오행과 월절(月節)의 희기(喜忌)〕

1) 甲·乙일생의 희기

(1) 甲·乙일 1월생

초봄 寅(1)월의 본성은 發盛하는 시기이나, 春木은 아직 건강하지 못하고, 한기도 가시지 않았으니 火가 와서 木性을 따뜻하게 하는 것이 좋다. 원래 木은 土에 의지하여 생육, 배양되지만 土가 많은 것은 좋지 않다. 土가 많으면 木은 반대로 相剋을 받기 때문이다. 즉 木剋土이나 土가 많으면 오히려 木을 해한다. 그 이유는 초봄의 木은 발아하는 시기이니 만일 土가 많으면 압박을 받아 뿌리는 손상되고 발전의 능력을 잃게 되기 때문이다. 甲·乙 木일이 土를 보면 財星(정,편재)이 되는데, 財가 많으면 세력을 분산하여 피로하므로 그것이 발전력을 저해하는 것이다. 木일생으로 比肩이 많이 있을 때는 金으로써 비견을 제하여야 되지만, 金이 너무 많은 것은 좋지 못하다. 寅월의 木은 성질이 어리므로 火가 없고, 水만 두세 개 있을 때는 더욱 한기를 도와 발아를 정지시킨다.

(2) 甲·乙일 2월생

卯(2)월은 추운 듯하나 춥지 않고 열기는 대단치 않으며, 木性은 단단하기를 바라는데, 점차 발육성장하여 조금씩 견고하게 되므로 水와 火는 나란히 있어야 한다. 그러나 너무 많은 것은 좋지 않다. 물은 뿌리에 양분을 공급하고 火熱은 생육을 돕는다. 만약 火가 강한데 다시 火운을 만나면 나무는 말라 버린다.

(3) 甲·乙일 3월생

辰(3)월은 陽의 기운이 중첩되어 木은 水를 바란다. 만일 水가 없고 火가 많을 경우에는 건조함이 지나쳐서 잎이 마를 염려가 있다. 木의 형체, 형상은 화려한 것 같으나 화려하지 못하다. 卯·辰(2·3) 두 달은 土의 재성을 좋아한다.

(4) 甲·乙일 4월생

夏木은 성질이 아주 견고하므로 휴수(休囚)는 되지 않는다. 다만 태양의 열기가 점차 더하여 水를 바라고, 水가 있으면 가지와 잎은 마르지 않는다. 木은 土에 의지하여 성장하나, 土가 있고 水가 없으면 앞으로 성장을 바랄 수가 없다.

(5) 甲·乙일 5월생

오월의 木은 큰 숲을 이루고 성장한다. 夏木은 무성하여 꽃을 피우나, 결실까지 되는 시기는 아니므로 허영으로 본다. 식상(식신,상관)의 설기(泄氣)를 두려워 하지 않으나, 火氣가 많을 때는 土는 불에 타게 되고 木은 잎이 시들어지므로 水와 土의 조화가 있음을 좋아한다.

(6) 甲·乙일 6월생

6월은 金기운을 앞으로 맞이하게 되고, 金은 점차 유력해진다. 未(6)월은 아직 여름철인 까닭에 앞 달과 같이 水·土를 필요로 하므로 喜神·忌神은 오월의 경우와 같다.

(7) 甲·乙일 7월생

초가을에 남은 더위가 아직 바뀌지 않은 때이다. 칠월의 木
氣는 건조해지므로 水의 인성을 좋아한다. 7月 중에는 水와 土를
필요로 하는데, 초가을의 木은 水와 土가 상극이 되나, 이들을
雨氣에 만나지 않으면 木氣는 生氣를 얻을 수 없기 때문에 인성
이라 하더라도 재성을 두려워 하지 않는다. 酉(8)월에 가까워지
면 火氣를 좋아한다.

(8) 甲·乙일 8월생

한가을의 木은 가지와 잎이 시들기 시작하고 만물이 고개를
숙이는 시기인데, 酉金은 木을 아주 벌주고 있다. 즉 水의 인성
은 金의 殺을 생화하고 一轉하여 힘을 빼내서 日干을 돕는다. 천
지가 한랭한 때에 水의 세력이 많으면 음기가 많아져서 木은 생
기를 잃는데, 火가 와서 日干을 따뜻하게 하면 비록 추운 때라 해
도 능히 生扶를 얻게 된다. 특히 火는 金을 제압하고 재성을 생
하여 일거양득의 효과를 가지게 된다.

(9) 甲·乙일 9월생

가을이 다 지나가는 9월에 나무는 낙엽이 지려는 시기인데, 음
기는 가중되고 水를 두려워한다. 겨울에 가까와지므로 水를 보
면 한기를 더 느낀다. 초목은 잎과 가지가 시들고, 나무의 혈기
는 뿌리로 내려 오므로 火의 따뜻함과 土의 보호를 필요로 한다.
또한 土가 많을 때에는 비견·겁재를 만나도 두려워 하지 않는
다. 다만 한기를 두려워 하여 金과 水를 싫어한다.

(10) 甲 · 乙일 10월생

겨울에는 寒木이 되어 모든 수분은 뿌리로 내려가 나무는 힘이 없으며 오직 精華만 뿌리에 의지하여 봄이 올 때만 기다린다. 그러므로 水를 싫어하고 土를 좋아한다.

(11) 甲 · 乙일 11월생

11월은 겨울 중에서도 中冬節이므로 한랭하여 水를 얼어 木性이 손상되기 쉬우므로 土가 와야 좋다. 흙을 덮어 뿌리를 보호하기 때문이다. 뿌리는 木氣이므로 金은 필요없다. 만일 火가 있어서 木을 덥게 하면 木은 더운 기를 받아 얼 염려가 없어진다.

(12) 甲 · 乙일 12월생

12월은 한기가 극심하여 세상은 모두 음기로 싸였으므로, 水를 싫어하고 火를 원하는데, 土는 水를 극하므로 요긴하다. 甲 · 乙일 丑(12)월은 火와 土를 가장 좋아한다.

2) 丙 · 丁일생의 희기

(1) 丙 · 丁일 정월생

정월 초봄의 火는 아직 왕성하지 않으므로 비견, 겁재의 火를 보면 그 빛을 돕는다. 火가 많으면 火로 망하고, 木 · 火가 많으면 水를 원한다. 金의 재성이 있을 경우, 많으면 사주를 약체화하고 인성(木)을 손상시킨다.

(2) 丙 · 丁일 2월생

2월은 태양의 열기가 약간 높아지므로 木氣가 많은 것은 좋지 않다. 木이 많을 때는 金 · 土가 있어야 좋고, 비겁이 있어도 해롭지는 않으며 水가 적당히 있으면 水火旣濟가 되어 좋다.

(3) 丙 · 丁일 3월생

3월은 따뜻한 태양이 성한 때이다. 그러므로 木 · 火를 필요로 하지 않는다. 木은 火를 돕는 인성이 되고, 火는 日干의 오행과 같은 비 · 겁에 해당한다. 그러므로 양기를 증가시키는 木 · 火를 제어하기 위하여 먼저 水를 바란다. 그러므로 재성(金)을 싫어하고 관살(水)을 좋아한다.

(4) 丙 · 丁일 4월생

4월은 초여름 火勢의 때이므로 月氣의 命을 얻어 신왕하다. 만일 木 · 火가 많으면 왕성하여 분수를 넘는다. 土가 많을 때는 火의 힘을 흐리게 하고, 적당한 水를 보면 水火旣濟의 좋은 命이 된다. 신강사주가 日干을 극하는 살(水)이 약할 때는 금의 재성이 이것을 돕고 火를 제어하면 좋다.

(5) 丙 · 丁일 5월생

5월(午)은 여름의 중간으로 火力이 왕성한 과열의 시기이므로 水를 원하고, 다음에 旺神을 泄氣하는 土를 좋아한다. 水의 관살이 있으면 이를 돕는 재성(금)을 요구한다. 여름의 水는 증발되어 약하므로 강렬한 火力을 극하기는 어렵기 때문이다. 약한 水가 왕한 火를 극하면, 旺神인 화가 크게 노하여 운명은 기울게 된다.

(예) 연 월 일 시 　　이 사주는 日干火와 전체가 맹렬한 火의 사주
　　 土 火 火 火 　　이다. 土 하나가 있어서 火의 힘을 泄氣시키
　　 水 火 火 火 　　지만, 水 하나가 많은 火를 극할 수 없는 쇠
　　　　　　　　　　약한 水로 힘이 너무 약하다. 그러므로 도리
　　　　　　　　　　어 해를 보는 水가 되어서 散財의 命이 된다.
　　　　　　　　　　金·水운이 돌아와 水를 도와주기만 기다릴
　　　　　　　　　　뿐, 다른 방도가 없다.

(6) 丙·丁일 6월생

6월은 가을을 맞이하는 때이다. 특히 6월은 未 陰土이다. 土는 만물의 육성을 맡아 주관한다. 그러므로 土는 성육기이므로 중요한 것이다. 사람에게도 불가결의 것이나 여름 火氣는 水를 만나서 水가 조화시켜야 좋아진다.

(예) 연 월 일 시 　　이 사주는 土월(6월), 더운 시기가 고비를 넘
　　 木 金 火 金 　　고 앞으로 찬 가을을 만나기 직전이다. 그러
　　 火 土 水 水 　　나 木·火가 있어서 日火를 도와주니 왕성하
　　　　　　　　　　다. 日支의 水는 약한 것 같으나 月·時의 金
　　　　　　　　　　이 생하여 주니 水의 힘이 강해져서 水·火가
　　　　　　　　　　비슷하다고 보므로 중화된 사주이다. 그러므
　　　　　　　　　　로 사주는 吉命이다.

(7) 丙·丁일 7월생

7(申 陽金)월은 초가을로 火氣는 점점 쇠약하여 모두 휴식하는 시기가 되어서 만물은 쇠약해진다. 그러나 7월(秋孟)은 火熱이 아직 쇠하지 않아 水를 좋아한다. 水는 火를 극하여 보이지 않게

木을 돕는다. 金의 재성이 오는 것을 두려워 한다. 재성은 인성(木)을 파괴하기 때문이다.

(예) 연 월 일 시　申월 金은 아직 남은 더위가 있는 달이다.
　　 土 水 火 木　年과 時의 木은 日干火를 도와서 日干의 세력
　　 木 金 土 土　은 강하다. 그리고 三土의 식·상은 재성을
　　　　　　　　　돕는다. 재복이 많은 사주이다.

(8) 丙·丁일 8월생

8(酉)월은 청량한 시기로 水가 進氣가 되므로 水가 많음을 싫어한다. 반대로 火가 오면 길하게 된다. 木을 만나면 水의 빛을 더 강하게 하나 木·火가 너무 많은 것은 좋지 않다.

(예) 연 월 일 시　이 사주는 8월 金일 생이다. 8월은 겨울이 가
　　 土 金 火 金　까워지는 때이므로 火의 힘은 약해진다. 더
　　 土 金 金 水　우기 사주 안에 4金이 있어 財用神이 日干
　　　　　　　　　火의 힘을 약하게 만들기 때문에 木인수가
　　　　　　　　　日干을 도와야 한다. 그러므로 火·木의 운
　　　　　　　　　을 좋아한다.

(9) 丙·丁일 9월생

9월은 戌土월이다. 9월의 火氣는 빛을 잃어 버리고 추워지고 있으니, 火가 土를 도와주어야 하고, 반면 木이 火를 生扶하여야 한다.

(예) 연 월 일 시　이 사주의 土월火는 그 빛이 약할대로 약하
　　　金 土 火 土　다. 더우기 土가 6개나 되니 火의 힘이 너무
　　　土 土 土 土　泄氣가 되었다. 사주 안에 木·火의 喜神이
　　　　　　　　　없으니 木·火운이 오기만을 기다려야 한다.
　　　　　　　　　木火의 운을 만나면 길하다.

　* 그런데 木은 日干火를 생하고 많은 土를 소극적으로나마 극
하여 크게 길하지만, 火운은 日干을 도와주면서 또한 많은 土를
도와주어 土의 힘이 강해지니 불길할 수 있으므로 火운은 흉으
로 보는 것이 좋다.

(10) 丙 · 丁일 10월생

10(亥월陰水)월은 水氣가 왕성한 시기이며, 日干火는 쇠퇴하고
적이 되는 관살(水)이 권세를 잡는 때이다. 사주 중 水가 많으면
火는 빛을 잃고 만다. 이럴 때는 土가 사주 안에 있어서 水를 제
어하여야 된다. 비견이 와서 도와주고, 木이 와서 慈生하면 좋
다. 다시 말해서 중화되어야 길해진다.

(예) 연 월 일 시　이 사주는 水가 하나 뿐이고 모두가 木火이
　　　木 木 火 木　다. 火의 힘이 너무 많아서 용신이 의지하지
　　　木 水 木 火　못한다. 水가 용신인데 힘이 없는 용신이니
　　　　　　　　　이 사주는 좋을 수가 없다.

(11) 丙 · 丁일 11월생

11(子)월은 水의 세력이 많은 때이다. 火일의 기운은 쇠퇴해
지는데 재차 水운을 만나 좋지 않다. 만약 사주에 水가 많으면

土의 제어를 받아야 한다. 木·火가 있어서 水를 도와주면 좋다.

(예) 연 월 일 시　때가 水旺節이니 日干火가 약하지 않을 수
　　 水 水 火 金　없다. 더우기 水가 2개 더 있으니 水가 원수
　　 木 水 土 木　이다. 신약사주이다. 다행히 木이 2개 있어
　　　　　　　　　서 도움을 받고 있으나 원체 물탕에 떠있는
　　　　　　　　　火가 되어 아직 약하므로, 木·火운 을 만나
　　　　　　　　　면 길운이 되며, 木운이 되면 水의 힘도 빼고
　　　　　　　　　日干도 도와주니 크게 길하다.

(12) 丙·丁일 12월생

12(丑)월은 한기가 최고인 시기이다. 火는 너무 힘이 없을 때
이고, 바라는 것은 木·火를 만났으면 하고 기다리는 것이다. 그
러므로 金의 재성을 싫어한다. 金은 水를 생하여 한기를 조장하
며 木의 인수를 극파하기 때문이다.

(예) 연 월 일 시　이 사주는 추운 12월, 火일은 그 열이 약할
　　 火 水 火 金　때이다. 더우기 月,時에 金·水가 있어서 한
　　 土 土 土 木　기를 조장하여 日干은 약할 대로 약하다. 다
　　　　　　　　　행히 年干火가 있어서 일주를 돕는다. 月水는
　　　　　　　　　火火 중간에서 火를 극하나 3개의 土는 능히
　　　　　　　　　水를 제어하므로 火는 日干을 도울 수 있다.
　　　　　　　　　時支木도 日干을 생하니 일거양득의 작용을
　　　　　　　　　한다. 喜神은 木운이 길하다.

3) 戊·己일 생의 희기

(1) 戊·己일 정월생

정월의 寒木인 寅월은 한기가 가시지 않아 戊·己의 土는 얼어서 생기가 없다. 木의 관살은 비록 힘이 약하지만, 봄은 木이 왕성한 때이므로, 사주에 水가 있으면 한기가 증가되고 관살인 木을 도와서 日干인 土를 극한다. 火를 만나면 길하고, 金은 관살을 제어하므로 길하다고 보나 日土의 힘을 빼 먹으니 흉이 된다.

(예) 연 월 일 시 　이 사주는 日土가 春木에 출생하였다. 2개
　　　水 水 土 金 　의 水는 관살을 도우며, 관살인 木은 약한
　　　木 木 木 土 　日土를 극한다. 그러나 火운을 만나면 많은
　　　　　　　　　　목을 설기시키면서 日土를 생하므로 길하고,
　　　　　　　　　　水·木운은 흉하다.

(2) 戊·己일 2월생

仲春 2월이라고는 하나 한기는 아직 남아있다. 정월과 비슷하다. 그러므로 火氣로서 日干土를 보호하면 음기는 사라지고 土가 희신을 만나서 길하게 되니 火가 길하다.

(예) 연 월 일 시 　日土가 月支木에 극해지기는 하나 2월의 따
　　　土 土 土 木 　뜻한 봄철이다. 앞으로 한기는 물러가고 길
　　　土 木 木 土 　하다고 볼 수 있다. 그러나 극해오는 것은 두
　　　　　　　　　　려워한다. 많은 土와 그것을 극하는 木이 3개
　　　　　　　　　　나 있어서 싸움이 벌어지고 있다. 그러므로
　　　　　　　　　　火운이 오면 길하고 水·木을 싫어한다.

(3) 戊·己일 3월생

3(辰)월은 火·土가 왕성하게 되고 金·水는 차차 약해진다. 그러나 火·土가 많으면 金을 만나 왕성한 것을 설기하고 水로서 火를 제어하면 된다. 사주해석은 기본적으로 설기, 생극의 조절을 주로 하여 합리적으로 연구하는 것이다.

(예) 연 월 일 시   土일土월생으로 토는 사령을 얻어 왕성하다.
　　　火 水 土 水   年화時토가 日干을 생하여 주니 신강사주이
　　　水 土 金 土   며, 火·土운을 만나면 더 강해지고 木·金
　　　　　　　　　　 운을 만나면 보통이 된다.

(4) 戊·己일 4월생

4(巳)월은 火월이다. 日土를 직접 생해주는 것이 月火이다. 그런데 사주 안에 火가 많다면 水가 있어서 火를 약하도록 해야 된다. 또한 金은 水(재성)를 생하는 원천이 되고, 재산의 뿌리가 되므로 신왕사주라면 金·水를 좋아한다.

(예) 연 월 일 시   일간土가 火가 왕한 때에 출생하였다. 그런
　　　土 土 土 土   데 전체가 일간를 生扶하여 준다. 强旺格이
　　　土 火 土 火   다. 旺神을 설기하는 金운을 좋아하고 從强
　　　　　　　　　　 格이니 從强을 만드는 火·土운을 좋아한다.

  * 종강격: 사주에 인수가 매우 많고 日柱가 득령하여 신강일 때 성립하는 격.

(5) 戊·己일 5월생

5월은 火가 왕성한 때이다. 火·土를 보면 거듭 왕성해지고 분수를 넘게 되니, 水가 길신이 되며, 신왕이 도를 넘으면 金·

水·木이 희신이 된다.
(예) 연 월 일 시   土일 火旺節의 사주이다. 사주의 2木은 일간
　　　火 火 土 木   을 극하고, 3火는 木을 태워 버리면서 土는
　　　水 火 金 木   생해준다. 너무 火가 왕성할 때는 寒物을 찾
　　　　　　　　　　 는 것이 원칙인데, 金·水가 있으므 로 사주
　　　　　　　　　　 가 중화되었다. 그러므로 金·水운을 만나면
　　　　　　　　　　 길하고 木·火를 만나면 왕성한 火를 생하니
　　　　　　　　　　 흉이 된다.

(6) 戊·己일 6월생

6월은 未 陰土이다. 土일 土월에 출생하였으니 왕성한 때인데, 더우기 더운 火氣가 있을 때이니 日干土를 생하여 줌이 크다. 金을 보면 왕성한 土를 설기하여 잘 조화된다.
(예) 연 월 일 시   이 사주는 일간의 土를 빼고도 土가 5개나 되
　　　火 火 土 土   고 火도 2개가 있어서 전체를 왕성하게 하였
　　　土 土 土 土   다. 그러므로 從强格이다. 從强格은 극하는
　　　　　　　　　　 것을 두려워 하고 생하거나 설기하는 것 을
　　　　　　　　　　 좋아한다. 火·金이 길하다.

(7) 戊·己일 7월생

초가을 7(申)월은 더위가 조금 남아 있을 때인데, 사주에 火·土가 있으면 水를 필요로 한다. 또한 木이 극함도 두렵게 생각않는다. 金은 싫어한다.

(예) 연 월 일 시　더운 기운이 아직 성한 때이므로 土는 설기
　　木 水 土 水　가 약하게 된다. 비견,겁재가 많아서 土가 완
　　土 金 土 土　전히 사주를 장악하고 있다. 그러므로 水를
　　　　　　　　조절하면 만물을 육성할 수 있다. 年干木은
　　　　　　　　日干을 극해오며, 2개의 水는 木을 도우니,
　　　　　　　　많은 土를 木이 극하여서 중화를 시키니 부
　　　　　　　　귀의 팔자이다.

(8) 戊 · 己일 8월생

8(酉)월은 더위가 나가려고 만물의 사기를 죽이는 고로 점점
약세가 된다. 火 · 土의 생함이나 비 · 겁을 좋아한다.

(예) 연 월 일 시　金이 왕성하여 설기가 되나, 다행히도 時
　　水 金 土 火　火가 생하여 주므로 힘이 강해지고, 火가 金
　　金 金 土 火　을 극해주니 이것이 바라는 중요한 비결이
　　　　　　　　된다. 그러므로 火 · 土운이 길하다.

(9) 戊 · 己일 9월생

9(戌土)월은 늦은 가을이다. 천지는 한기가 습격해 오는 때이
므로 土는 추워질 때이다. 그러나 같은 비 · 겁은 생해준다. 그러
므로 火 · 土가 길운이 된다.

(예) 연 월 일 시　추워지기 시작한 때인 고로 土는 대체로 쇠
　　水 金 土 火　약하다. 月금時목 등에 의하여 더 힘이 약해
　　木 土 木 木　지나, 火가 있어서 일간을 돕는다. 즉 상관
　　　　　　　　을 제어하고 관살을 설하므로 부귀사주이다.

(10) 戊 · 己일 10월생

10(亥水)월은 한기가 많이 드는 시기여서 土가 약하여지므로 따뜻한 火氣가 있어야 한다. 金 · 水 · 木 등은 극하고 설하기 때문에 싫어하나, 火만 있으면 큰 해는 되지 않는다.

(예) 연 월 일 시　土일水월생이므로 日土가 약하다. 火가 2개
　　火 土 土 土　있어서 일간을 도우므로 신강사주이다. 너무
　　土 水 木 火　많은 土는 분수를 모르니 분수만 지키면 일
　　　　　　　　생을 평탄하게 산다.

(11) 戊 · 己일 11월생

11(子水)월은 仲冬節이다. 戊,己土가 休囚되므로 木의 극함, 水의 한기, 金의 설기를 싫어하며, 火의 따뜻한 기를 원한다. 火를 만나면 길한 명이 된다.

(예) 연 월 일 시　水가 많다. 日土가 물에 떠서 추위 견디기 힘
　　水 木 土 水　든다. 그러므로 같은 비 · 겁이나 火를 바라
　　水 水 金 水　고 있다. 그러나 水旺사주는 귀하거나 길하
　　　　　　　　지 못하므로 평생 고생하는 팔자이다.

(12) 戊 · 己일 12월생

12월(丑土) 戊,己 土일은 비 · 겁을 만나서 도움을 받으나 한기가 극성하여 土는 동결하고 日干은 약하다. 火가 있으면 길하고 金 · 水를 싫어한다. 겨울 달의 土는 일률적으로 土를 喜神으로 잡는다.

(예) 연 월 일 시   土일로 신강사주이다. 12월의 土가 되어 얼
　　土 木 土 火   어 붙은 土이므로 생기가 없는데, 火가 있어
　　水 土 水 木   서 도움을 받으므로 운로에 火를 만나면 길
　　　　　　　　　운이 된다.

4) 庚 · 辛일 생의 희기

(1) 庚 · 辛일 정월생

초봄 1월에 출생한 金은 너무 추운 때이므로 약하다. 정월은
金寒水冷이 되므로 火의 도움이 필요하다.

(예) 연 월 일 시   정월木이 아직 얼어 붙어 있으므로 金性은
　　金 金 金 火   한랭을 두려워 한다. 그러므로 火가 필요한
　　土 木 土 金   데, 火가 있으며 土가 있으니 중화되어서 길
　　　　　　　　　명이 된다.

(2) 庚 · 辛일 2월생

2월은 木월이다. 木은 앞으로 3, 4월의 따뜻한 기운이 오는 것
을 알고 있다. 그러나 日은 金이니 月支와는 극이 된다. 그러나
土 · 火 · 金이 많아서 從强사주이다. 종강사주는 비 · 겁운이 길
하다.

(예) 연 월 일 시   2월木인지라 木氣는 크게 왕성한데 日金을
　　土 火 金 木   도와 주지 못한다. 그러나 火 · 土가 있어서
　　木 木 土 火   日金을 생하니 사주는 길하다. 火 · 土운이
　　　　　　　　　길하다.

(3) 庚·辛일 3월생

3월은 양기가 성해지고 金의 기운은 쇠해지는데, 火는 日干을 극한다. 만일 재성(木)이 있다면 辰(3)월의 도움을 받아 木財가 旺財가 되지마는, 내 몸이 약하기 때문에 재산에 임할 수 없다. 요는 日干이 때에 맞지 않아 衰金이 된 까닭이다. 그러므로 인성(土)을 가장 좋아하며, 인성이 있으면 관살(火)을 인성에 생화시킨다.

(예) 연 월 일 시 　이 사주는 金일土월인데 양기가 강하고 金의
　　 土 火 金 水 　힘이 약하다. 月·日·時의 관살은 日干을
　　 水 土 火 火 　극하는 害物이나, 年·時의 水는 살을 제어
　　　　　　　　　하고, 또 한편으로는 月干을 설기하여 중화
　　　　　　　　　시킨다. 그러므로 土운이 길하다.

(4) 庚·辛일 4(巳)월생

4(巳)월은 火가 왕성해지고, 庚·辛에서 火를 보면 관살이 된다. 관살은 때를 얻어 세력이 강해지며 전체는 약해진다. 金이 많으면 火의 극함을 좋아 하지만, 火力이 강하면 弱金이 녹아 없어지게 되므로 불길하게 된다.

(예) 연 월 일 시 　日金을 녹이는 火가 2개 있으며 火를 생하는
　　 水 木 金 土 　木이 있어 관살(火)이 왕하다. 月·時의 木이
　　 火 火 土 木 　火를 생하며, 火는 日金을 극하니 관살이 되
　　　　　　　　　는 火는 더욱 왕하다. 그러므로 더욱 약체가
　　　　　　　　　된다. 그러나 土가 2개 있어서 사주를 중화
　　　　　　　　　해 주었으니 土운을 만나면 길하다.

(5) 庚 · 辛일 5(午)월생

5월 金일은 火월을 만났으니 더욱 쇠해진다. 火의 관살은 日干을 호령하고 있어 日干이 죽을 지경이 되었으니 土 · 金이 와서 도와주어야 된다. 土 · 金이 길하다.

(예) 연 월 일 시   火월 출생한 金이 왕한 火에 녹고 있는 격
　　 金 木 金 木   이다. 그런데 金 · 土가 있어서 日金을 도와
　　 水 火 土 火   주고, 水가 있어서 火를 극하고 衰金을 설하
　　　　　　　　　 나, 火가 직접 당하므로 중화되어 부귀의 사
　　　　　　　　　 주이다.

(6) 庚 · 辛일 6(未)월생

6월은 炎天이 계속되는 때이므로 金性은 쇠하여 힘이 없다. 그러므로 제일 길한 것은 인성(土)이고, 두번째는 비 · 겁운이다. 金氣가 많거나 火氣가 많을 때는 水를 가져야 한다.

(예) 연 월 일 시   이 사주는 더운 때의 金일이다. 그러므로 열
　　 土 土 金 火   이 있는 가운데 土가 많아서 신강사주가 되었
　　 木 土 木 土   다. 부귀의 사주이다.

(7) 庚 · 辛일 7(申)월생

7월은 火氣의 여세가 강하므로 火의 관살은 아직 약하지 않다. 火氣가 많을 때는 水가 있어야 된다. 水는 金의 剛氣를 설하고 火를 제하여 재성 木의 뿌리가 된다. 申(7)월金은 마치 중년과 같은 때이므로 혈기가 왕성하니, 관살을 보더라도 신강이므로 대치하는 세력을 가진다.

(예)　연 월 일 시　이 사주는 火가 없다. 그러므로 더운 것을 희
　　　水 土 金 土　망하나 金운을 만나면 길하다.
　　　土 金 土 水

(8) 庚 · 辛일 8(酉)월생

金일 酉(8)월은 왕성한 때를 얻어 전체는 더욱 강해지므로,
비 · 겁(금), 인수(토)를 싫어한다. 水로서 왕한 金을 설하고 火로
서 金을 극하여 사주강약을 정돈하고, 木(재성)으로 火의 살을 도
우므로 水 · 木 · 火를 만나면 길하다.

(예)　연 월 일 시　이 사주는 비견 · 겁재 · 인성으로 이루어져
　　　土 金 金 土　日干은 왕성하다. 그런데 木이 하나 있어서
　　　土 金 木 土　인성을 극하고 있으니, 木을 도우는 木운을
　　　　　　　　　　만나면 길하다.

(9) 庚 · 辛일 9(戌)월생

日金은 월戌(9)土를 만나서 신강이 된다고 하나, 늦가을이 되
어 水를 원하지 않고 木 · 火를 좋아한다. (요는 日干의 오행을 기후
에 배정하여 희기를 정하는 것이 합리적이다.)

(예)　연 월 일 시　晩秋 土월에 득령한 金일생이다. 그러므로
　　　木 火 金 火　신강사주이다. 일생동안 우환 없이 살 팔자
　　　水 土 土 金　이다.

(10) 庚 · 辛일 10(亥)월생

10(亥)월은 겨울이다. 金의 성격은 體와 性이 모두 한랭해져
서 日干은 쇠약해진다. 만약 水를 보게 되면 음기가 중첩되어 한

기가 늘고, 약한 金氣를 설하게 되니 金은 더욱 약해진다. 土를
만나면 제방의 역할을 하여 水의 원천을 제어한다. 따라서 土는
일간을 돕는 중요물이 되고, 한랭한 金에는 火가 있어서 따뜻한
것이 좋다.

(예) 연 월 일 시　水월에 金은 한기를 더욱 가중한다. 그러나
　　木 火 金 金　年木은 火를 도와주고, 火가 또 다시 土를 생
　　水 水 土 土　하여 주고, 土가 金을 생하니 행운의 명이 된
　　　　　　　　다.

(11) 庚 · 辛일 11(子)월생

11(子)월은 추운 겨울이므로 金을 괴롭히니, 또 다시 만나는
水를 싫어하고 火를 필요로 한다.

(예) 연 월 일 시　金水傷官格으로 형과 질이 모두 한랭하다. 金
　　火 金 金 土　은 水를 도와서 한기가 더하다. 다행히 年 ·
　　土 水 火 木　日의 火 2개는 한기를 완화하여 부귀의 명이
　　　　　　　　된다. 단 地支에 刑 · 沖이 없어야 한다.

(12) 庚 · 辛일 12(丑)월생

12(丑)월은 인수가 되는 겨울철이다. 金性은 냉하여 기력은 적
으나 생해 주니 길하고, 火를 만나도 길하다.

(예) 연 월 일 시　한랭한 土(12)월생이다. 그러나 생해 주는 오
　　金 土 金 水　행이 3개나 있으며 時火가 있어서 길하다. 또
　　木 土 水 火　火운을 만나면 길하다.

5) 壬 · 癸일 생의 희기

(1) 壬 · 癸일 정(寅)월생

정월은 초봄의 한기가 남아 있다. 그러므로 金을 보면 불길하다. 사주 중에 水가 많을 때는 土가 있어서 제하여야 한다. 만약 金 · 水가 많을 때는 水는 金의 생함으로 인해서 강하게 되며, 金이 많으면 왕성한 火가 있어서 金을 제하고 다른 면으로 土를 생하게 하면 일거양득이 된다. 따라서 정월생은 火 · 木 · 土를 좋아 한다.

(예) 연 월 일 시   이는 水일 木월이며, 3木의 식 · 상이 되어
　　 木 火 水 土   日干의 힘을 빨아 먹으니 木을 제하는 金이
　　 火 木 木 金   있어야 하는데, 金이 있으니 길해졌다. 火는
　　　　　　　　　　 土를 생하고 土는 金을 생하여 식 · 상(木)의
　　　　　　　　　　 지나침을 제한다. 오행이 周流하여 조화가
　　　　　　　　　　 잘 된 사주이다.

(2) 壬 · 癸일 2(卯)월생

2(卯)월은 양기의 시절이다. 水를 흡수하는 고로 水일이 허약하여지므로 비 · 겁운을 만나면 길하고 인성(金)을 좋아한다. 그러나 너무 많은 것은 원하지 않고 비율이 동등하여야 한다.

(예) 연 월 일 시   이 사주는 木월에 水일이므로 水가 허약해지
　　 木 土 水 火   는 때이다. 그러나 金이 있어서 水일을 생하
　　 水 木 金 土   여 주고, 土가 金을 생하여 주니 평탄하다고
　　　　　　　　　　 본다. 그러므로 조화가 되어 부귀한 사주이
　　　　　　　　　　 다. 金 · 水운이 길하다.

(3) 壬 · 癸일 3(辰)월생

3(辰)월은 양기가 과중하여 水性은 점차 쇠해지므로 비견, 인수 등의 생조를 좋아한다. 사주 안에 水 · 火가 많으면 金 · 水를 특히 좋아하는데, 金 · 水가 왕성하면 土가 있어야 조화가 된다.

(예) 연 월 일 시　水일土월생으로 극을 받는 까닭에 日水가 약
　　　木 土 水 金　하다. 그런 중에 火가 관살을 돕고 金은 日
　　　火 土 火 土　干을 생하나 봄의 길운은 木 · 金운이다.

(4) 壬 · 癸일 4(巳)월생

4월은 열기가 점차 더하여져 水는 마를 염려가 있다. 그러므로 비 · 겁이 있음을 좋아한다. 또는 재성(火)이 있더라도 비겁이 길하고, 土가 있으면 인수를 만나야 한다. 殺은 印에 화하여 日干을 돕는다.

(예) 연 월 일 시　이는 水일火월에 출생하였다. 그러나 火가
　　　木 木 水 火　너무 많다. 더우기 木이 있어서 火를 도와주
　　　火 火 金 火　니 火氣 충천한다. 水 하나가 어떻게 할 것인
　　　　　　　　　가? 財多身弱하면 財로 인해서 몸이 고달프
　　　　　　　　　게 된다. 비 · 겁운이 돌아와야 길하다.

(5) 壬 · 癸일 5(吾)월생

5(午)월은 溫火의 달이다. 火性이 천지를 지배하는 시기이므로 초목이 마르기 쉬워서 水의 도움이 필요하다. 土가 사주에 있다면 인수가 있어야 된다.

(예) 연 월 일 시　日干水는 힘이 약하다. 많은 土가 극하고 있
　　　土 土 水 金　다. 다만 金·水가 있어서 억지로 이겨 나가
　　　木 火 土 水　는데, 金·水운만 만나면 크게 길해진다.

(6) 壬·癸일 6(未)월생

6(未)월은 아주 덥고 과열한 시기이다. 왕성한 절기에 水이니
힘이 약하다. 인성운을 만나면 길하고, 木은 日干을 설기시키니
싫어한다. 원래 편관칠살은 제하는 것보다 印에 화하는 것이 좋
다. 화한다는 것은 印성의 덕에 화한다는 것으로 王道로 삼고,
제한다는 것은 몸을 상하게 하는 것으로 覇道로 삼는다. 그러므
로 인수는 다른 방면에 유효하게 되는 것이다.

(예) 연 월 일 시　日水와 같은 비·겁이 3개나 있어 많으나, 月
　　　金 水 水 金　土에 상대시키면 극해진다. 그러나 인성 등
　　　水 土 木 水　도 있고 하여 사주는 신강사주가 되었다. 사
　　　　　　　　　주에 관살을 도우는 것이 없다. 외로운 관살
　　　　　　　　　을 도우는 운이 돌아오면 길하다. 그러므로
　　　　　　　　　土운이 길하다.

(7) 壬·癸일 7(申)월생

7(申)월은 金월이 되어 日水를 생하니 왕하다. 사주에 木·
火를 많이 볼 때는 土가 있어서 金으로 日을 생하면 길하다.

(예) 연 월 일 시   7월은 한창 더웠다가 남은 더위가 있는 때이
　　　木 水 水 水   므로 비·겁을 좋아한다. 金·水가 겹쳐 있
　　　火 金 火 土   으니 日干은 생기가 성하고 年干木의 상관
　　　　　　　　　　이 年,日火의 財의 뿌리가 되어 身强財强의
　　　　　　　　　　사주이다.

(8) 壬·癸일 8(酉)월생

8(酉)월은 仲秋 때이다. 月金이 日水를 생하는 사주인데, 그
러므로 土를 보게 되면 좋아진다. 인수격이므로 재를 싫어하는
데, 편인격이면 오히려 재를 좋아한다. 月은 母요, 日干은 子로
본다.

(예) 연 월 일 시   8월 金이 日水를 생해준다. 子는 母의 생함을
　　　火 土 水 金   받고 時에 인성이 있어서 관살이 되는 土를
　　　木 金 土 土   설기시킨다. 그러므로 길명이 되는데 沖·
　　　　　　　　　　破가 되지 않아야 된다.

(9) 壬·癸일 9(戌)월생

9(戌)월은 가을이 지나는 시점이다. 그러므로 水의 힘이 약
할 때인데, 金운을 만나면 길해지며, 木을 만나면 土가 필요하
고, 金·水가 많을 때에는 火·土가 필요하다. 土가 많을 때에는
木의 제어가 있어야 한다. (희기는 正五行의 이법에 의하여 임기응변으
로 결정하는데, 이 원칙은 어느 사주를 감정하는 데도 적용된다.)

(예)　연 월 일 시　水를 도우는 金은 하나 뿐인데 수를 극하는
　　　火 土 水 土　土는 4개나 있으며 土를 도우는 火가 2개나
　　　火 土 土 金　있다. 그러므로 신약운이며 많은 土를 설기
　　　　　　　　　시키고 日水를 생해주는 金운을 만나야 길
　　　　　　　　　해진다.

(10) 壬 · 癸일 10(亥)월생

10(亥)월은 水이다. 水월에 水일이니 비 · 겁운을 만나서 길하
나, 점차적으로 氷結하는 水이니 유동할 수 없게 되므로, 火로
서 한기를 풀어야 水의 힘이 생긴다. 土는 왕성한 水를 제하기
는 하나 과대하면 나쁘다. 火를 좋아함과 동시에 木을 보는 것
도 좋은데, 왕성한 水는 木에 의해 설기되고, 木은 火의 財를 생
하니 길한 것이 된다.

(예)　연 월 일 시　日干水는 水월에 득령했으므로 왕하다. 또한
　　　金 火 水 水　年 · 時에 金 · 水가 있어서 日干은 더욱 강하
　　　土 水 木 木　다. 年 · 月에 土가 있어 왕성한 水를 조절하
　　　　　　　　　고 2개의 木은 水를 설기시킨다. 따라서 인성
　　　　　　　　　(金)이 길하다.

(11) 壬 · 癸일 11(子)월생

子월水와 日干水가 만나 크게 왕성하다. 성질은 한랭하여 유통
되는 것이다. 먼저 火를 구하여 한기를 풀어주어야 한다. 다음에
木을 좋아하는데, 木은 旺神을 설하고 火를 생조하기 때문이다.

(예) 연 월 일 시 　水일水월이므로 왕성한데 年金日金이 생하
　　　金 土 水 火 　여 더욱 왕성해졌다. 다행히 年木이 있어서
　　　木 水 金 土 　水를 설기시키며 時火를 생하니 사주가 크게
　　　　　　　　　　길해져서 일생을 부귀로 산다.

(12) 壬 · 癸일 12(丑)월생

12(丑)월은 한기가 왕성한 때이다. 일水는 水性이 강한 월령을
만났으나, 氷水이니 유통을 못하므로 필요없는 덕이 되었다. 그
러므로 土를 두려워하고 火를 좋아한다.

(예) 연 월 일 시 　水일冬월은 최강의 때이다. 年 · 時에 金 ·
　　　水 木 水 金 　水가 있어서 日干은 더 신강이 되었다. 그런
　　　火 土 土 水 　데 火가 있어서 따뜻하게 하므로 생기가 있
　　　　　　　　　　어 발달한다.

〈참고〉 생일의 희기비법

(1) 旺하여 강한 것은 「抑」하는 것을 좋아하고,

(2) 쇠하여 약한 것은 「扶」하는 것을 좋아하고,

(3) 旺하고 관살이 많으면 「抑制」가 좋고,

(4) 식 · 상이 많을 때는 인성을 좋아한다.

(5) 日干의 기가 왕하고 剋漏가 많으면, 他動으로 압박되어
기를 펴지 못하므로 抑制剋漏의 神에 의하여 중화되어야 한다.

(6) 신강사주에 강한 일간을 도울 때에는 너무 지나치게 되므
로 피한다.

(7) 관살이 많을 때에는 식상으로 제하는 것이 좋고, 인성으로
누설시키는 것이 좋다.

(8) 식상이 많을 때는 재성이 있어 식상이 설기되어야 좋다.

(9) 재가 많으면 일간의 세를 나누어 신약이 되므로, 일간과 동기가 되는 비·겁이 있어 중화되어야 한다.

(10) 일간이 囚休하고 剋泄이 많을 때는 일간을 生扶하는 것이 좋다.

(11) 일간이 약하고 식·상이 많을 때는 인성이 있어 식·상을 제압하여 일간을 生扶하는 것이 좋다.

(12) 일간의 세가 약하면 매사에 발전력이 약하다.

(13) 일간의 강약은 支를 중하게 干을 경하게 본다.

(14) 天干에 비·겁 중 어느 한 신을 만나는 것보다는 地支 중에서 하나의 葬(12운성 참조)을 만나는 것이 길하다.

(15) 天干에 있는 비·겁의 두 신보다 地支에 한 餘氣를 얻는 것이 길하다. (甲乙 木의 여기는 辰, 丙丁 火의 여기는 未, 庚辛 金의 여기는 戌, 壬癸 水의 여기는 丑)

(16) 12운성 중 生, 帶, 祿, 旺은 뿌리가 있는 것이 되고, 衰, 病, 死, 絶은 뿌리가 없다고 하며, 浴, 胎, 養, 墓는 세가 미약하다.

4. 성격판단법

1. 일반적인 설명

(1) 사주에 木이 많으면 성질이 유하고 치우쳐서(偏屈) 항상 질투심이 있어서 인자하지 못한 면이 있고, 결단심이 없어서 좌절감이 많다.

(2) 사주에 木이 없으면 의지가 약하고 심성이 약하다. 모든 일에 규율이 없고 마음에 부정을 품고 있다.

(3) 사주에 火가 많으면 총명하고 또 모든 일이 남보다 뛰어나다. 신약사주면 총명한 듯하나 능력이 없다. 화려하고 아름다운 것을 좋아하며 허영심이 많다.

(4) 사주에 火가 없으면 둔하다.

(5) 사주에 土가 많으면 자부심과 자신감을 가지고, 재물에 집착심이 있어 자기 일에는 아끼지 않지만 남에게는 박하다. 유순한 편이나 의심이 많다.

(6) 사주에 土가 없으면 음흉하고 없어도 있는 척한다.

(7) 사주에 金이 많으면 음험한 중에 강건함과 결단력이 있으나 동작이 확고하지 않다. 어진 마음이 있으면서도 실행력이 적고, 일에 임하여 좌절하게 되니, 모든 일에 초조하다.

(8) 사주에 金이 없으면 어질고 어진 반면, 큰 소리를 못해 보며, 모든 일에 침착성이 있어 여러가지 생각을 깊이한 끝에 처세를 하다 보니, 기회를 놓치고 후회하는 경향이 많으며, 거국적인 일은 하기 힘들다.

(9) 사주에 水가 많으면 언행이 불일치하고 때에 따라 변명하는 결점이 있다. 일을 함에 계획이 없고, 만사에 규율이 없으며, 심신이 정해짐이 없으며, 변심하기 쉽다.

(10) 사주에 水가 없으면 건강이 약하고, 본심이 없어서 가면을 잘 쓰며, 때에 따라 처세를 잘하고, 누구에게도 친절히 하지 않는 고지식한 성품이 많다.

2. 오행으로 본 성격

판단법 : 日 天干을 주동하여서 나머지 3간 4지에서 많은 오행으로, 그 성격을 판단한다. (목 : 仁, 화 : 禮, 금 : 義, 수 : 智, 토 : 信)

1) 일간이 木일 때

(1) 木은 曲直이라 하며 仁의 의미가 주동하고 있다. 언제나 남에게 인정을 배풀고 인자하다. 남에게 손해를 주려 하지 않으며 덕을 주려고 노력하는 어진 마음을 가지고 있는데, 일간오행을 주동하여서 사주 안의 오행의 다소에 따라서 성질에 변화를 가져온다. 일간이 木인데 사주 안에서 일간을 너무 많이 생해 주면 마음이 온후하고, 측은한 약한 마음이 있으며, 악한 마음은 전혀 없고, 처세하는 것은 점잖고 동작은 단정하다.

(2) 木이 많은 사주는 성질이 곧지 못하고(편굴) 항상 질투심이 있어서 인자하지 못한 편이고, 생각했다가 금방 취소하여 줏대가 없어서 좌절감이 많다.

(3) 木이 없다면, 의지가 약하고, 성질이 아주 유순하다. 모든 일에 순서가 없고, 훔치려는 마음이나 부정한 마음을 품고, 허황하게 하다가 실패한다.

(4) 火가 많으면 총명하며, 모든 일이 남보다 뛰어나고, 위아래를 알며, 지혜와 두뇌가 뛰어나다. 신약사주면 총명한 것 같으나 그렇지 못하고, 능력이 없이 허영심만 가득하며 겉치레만 꾸민다.

(5) 土가 많은 사주는 자기 일이든지 남의 일이든지, 자부심과 자신감을 가지는 사람이며, 타인에게는 후하지 않고 자기 일에는 아끼는 것이 없는, 나만 아는 사람이다. 반면에 권모술수가 능해서 강렬하지 않고, 인심을 잘 간파하는 능력이 있다. 단 선을 품어도 의심이 많다. 土가 없으면 허영심 때문에 망한다.

(6) 金이 많으면 음험한 중에 강한 기운과 결단력이 있으나, 하는 처세는 올바르지 못하고, 마음은 착해도 실행력이 적고 인내심이 부족하여 실패를 잘한다.

(7) 水가 많으면, 말하는 것이 일치하지 않고, 때에 따라서 왜곡하는 결점이 있다. 모든 일에 결정을 가진 계획이 없고, 만사에 순서가 없어, 마음이 곧지 못하여 변심을 잘한다.

2) 일간이 火일 때

(1) 木이 많으면 자기 평가를 높이고 스스로 행복과 세력을 쌓아서 위력을 베풀려고 한다. 자아가 강하고, 총명하나 뜻을 이루기 어렵다. 항상 남과 말하기를 좋아하는데, 냉정하게 모든 일을 시작하면 뜻을 이룰 것이다. 木이 없으면 재물욕이 없다.

(2) 火가 많을 때 성격이 폭발적이어서 火氣를 연상하게 하며, 만사에 지나치게 처세하며 일을 한 뒤에는 후회한다. 반성력은 있어도 잊어버린다.

(3) 土가 많으면 사람이 주책이 없고 비밀을 지키지 않으며 행동이 완전하지 못한 수가 있다. 土가 없으면 반대가 된다.

(4) 金이 많으면 자존심이 강하고, 남을 대할 때 무리하고 지나친 말을 잘하여 뒤에는 비방을 받기 쉽다.

(5) 水가 많은 사주는 착실히 사람을 대하려고 하여도 균형이 안맞고, 계획이 심오하여도 결과는 해를 당하는 운인데, 월지의 오행이 일간을 생해 주면 총명영리하다. 그러나 뜻을 이루기는 좀 힘이 든다.

3) 일간이 土일 때

(1) 土가 많으면 평소에 신용이 있으며, 매사에 충실하다. 원만하면 종교를 경건히 믿는다. 반성을 못한다.

(2) 土가 없으면 모든 일에 이치가 맞지 않고 자기만 좋아하는 버릇이 있다. 마음 속에 작은 독이 있고 사물에 인색하다. 불신을 감행하기 때문에 착취를 모르는 성질이다.

(3) 木이 많으면 노력은 많이 하나 성공이 없고, 근본을 잃고 지엽에 흐르며, 정에 약하고 남을 위하여 분주함이 많다.

(4) 火가 많으면 의를 베푸나 친함을 얻지 못하고, 평생에 혼미함이 많다. 일을 결단하지 못하고, 구두로 한 약속은 실행이 수반되지 못하며, 약속을 어겨도 부끄러움을 모르고 또 자기를 보호하는 데 급급한 명이다.

(5) 金이 많으면 은혜를 베푸는 것을 좋아하고, 믿음에 후하며 의리를 중히 여긴다. 단 교만심이 있다. 강건하여 떠드는 편이고, 자중하는 마음이 결여되어 모든 사람에게 용납되지 않는 성질이다.

(6) 水가 많으면 공명에 초조하다. 자중하는 마음을 수행하면 선행이 되나 경거망동하면 도리어 졸장부가 된다. 악에 가담하여 의를 잊고 실패하면 근심으로 생활하기 쉽다.

4) 일간이 金일 때

(1) 金이 많으면 명예를 중히 여기고, 의리와 인정이 깊다. 인격과 권위가 있고 모든 일에 결단력이 있으며, 또한 영리하고 민첩하다. 스스로 용기를 자랑하고, 너무 남의 일에 도움을 주기를 좋아한다.

(2) 金이 없는 사주는 생각이 지나쳐서 결단력이 없고, 모든 계획은 좌절된다. 의를 숭상하나 실행이 뒤따르지 않는다.

(3) 木이 많으면 항상 타산적이고, 금전에 애착심이 강하다. 곡직여부를 가리고 이해득실을 변별하는 능력이 있다. 다만 욕심으로 손해를 볼 것이며, 덕행을 알고도 베풀지는 못한다. 만사에 언행이 일치하지 못하는 성격이다.

(4) 火가 많으면 이해득실을 판별하는 작은 재주가 있고, 움직이고 그침이 모두 초조하다. 그리하여 마음은 인색에 기울어지고 일에 임하여 끈기가 없고 좌절하기 쉽다. 신왕이면 정숙을 지켜 청명하다. 신왕이 다른 오행에서 상극이 많으면 능히 큰 그릇을 이룰 명이다.

(5) 土가 많으면 계획성이 없고, 검약 자비를 말로만 하여 언행이 일치하지 않는다. 진행에 있어 의심이 많다. 만사에 자기 뜻을 얻는 성질이 있다.

(6) 水가 많은 사람은 총명하나 계획에 균형을 잃는다. 스스로 총명을 믿고 지혜에 넘어진다. 베푸는 일은 좋아하나, 은혜를 받고 보은할 줄 모른다. 성패가 많으며 일에 임하여 싫증을 빨리 느끼는 성질이다.

5) 일간이 水일 때

(1) 水일생으로 水가 많으면 풍랑이 많으며, 모든 일에 치밀하고 견식은 뭇사람에 뛰어나서 똑똑하며, 기계 제작, 기술 등이 길하고, 변동이 많고 말이 경솔하다. 水가 없으면 속이 깊고 담이 적으며, 계획이 없고 성질이 애매하다. 고로 지혜와 견식이 막히어 활약하기 어려운 성격이다.

(2) 木이 많으면 만사에 지나쳐 의지가 일정하지 못하여 유약에 흐르고, 일에 임하여 완만하나 검소의 중심을 잃게 된다. 남에게 은혜를 베푸나 일면 원수를 맺는다.

(3) 火가 많으면 모든 것이 허례와 형식에 빠지기 쉽다. 정신이 강하고 견고하지 못하고 산만하다. 모든 일에 생각하나 도리어 손해를 본다. 너무 경솔하여 후회하고 중심을 지키지 못하며, 모든 일을 끝까지 성취하기 어려운 성격이다.

(4) 土가 많으면 안으로 유하고 밖으로 둔하며, 인내력은 있으나 결단심이 없고, 신의의 생각이 있어도 베풀지 못한다. 항상 지체함이 많다. 金氣의 도움이 있으면 지체가 없고 정신이 명랑하다.

(5) 金이 많으면 총명하며, 뜻하는 바는 크지마는 일면 음란하고, 의리를 존중하나 결실을 맺지 못한다. 자기 평가를 높이고 자아가 강하다.

〈문〉 다음 연월일시의 사주를 놓고 5행을 배열한 다음 성격을 판단하라.

1. 1938년 4월 6일 7시 30분   (陰)

2. 1955년 12월 25일 巳시　　　　　　(陰)

3. 1961년 6월 28일 戌시　　　　　　(陰)

4. 1940년 7월 4일 丑시　　　　　　(陰)

5. 1917년 1월 7일 오후 2시　　　　(陰)

6. 1933년 4월 3일 오전 9시　　　　(陰)

7. 1960년 1월 4일 오후 11:30　　　(陰)

8. 1924년 1월 1일 丑시　　　　　　(陰)

9. 1933년 1월 13일 辰시　　　　　　(陰)

10. 1935년 10월 27일 戌시　　　　　(陰)

5. 오행궁합(伍行宮合)

남金여金×	남목여금×	남수여금○	남화여금×	남토여금○
남金여木×	남목여목×	남수여목△	남화여목○	남토여목×
남金여水○	남목여수○	남수여수○	남화여수×	남토여수×
남金여火△	남목여화○	남수여화×	남화여화×	남토여화○
남金여土○	남목여토○	남수여토×	남화여토○	남토여토○

○吉, ×凶, △平

6. 사주 안의 오행

(1) 토가 많으면 재물이 왕성하다. (土多則財金旺盛)

(2) 화가 많으면 병이 많다. (火多則身病多有)

(3) 목이 많으면 여자의 운기이다. (木多則女子運氣)

(4) 금이 많으면 인물이 빼어나다. (金多則人物特殊)

(5) 수가 많으면 음란하다. (水多則可知淫亂)

(6) 토가 없으면 생활이 어렵다. (不見土則貰房難免)

(7) 수가 없으면 아내와 이별한다. (不見水則家妻離別)

(8) 목이 없으면 마루가 깨어지는 모습이다. (不見木則床破之象)

(9) 화가 없으면 여러 번 결혼한다. (不見火則累次聚妻)

(10) 금이 없으면 사람이 오지 않아 패가한다. (不見金則人不來敗家)

1. 간지의 합(合)과 오행

1) 천간합(天干合)과 오행

甲·己合土	乙·庚合金	丙·辛合水	丁·壬合木	戊·癸合火
中正之合	仁義之合	威嚴之合	仁壽之合	無情之合

　(1) 甲 —— 己 : 甲己合이 있는 사주는 분수를 알며, 넓은 마음과 아량을 가지고 있고, 항상 점잖으며 남과 다투지 아니하고 세상 사람들의 존경을 받는다. 그러나 드물게 의무를 지키지 않고 냉정한 자도 있다.

㉠ 甲일생으로서 己와 간합이 있는 자는 처의 권한이 강하고, 신의는 있으나 지능이 부족하다.

㉡ 己일생으로서 甲과 간합이 있는 자는 신의가 없으며, 목소리가 탁하고 코가 낮은 경향이 있고, 처는 다정하다.

(2) 乙 —— 庚 : 과감, 강직하고, 인의가 두텁다. 그러나 사주 중에 편관과 12운성 중 死나 絶이 있으면 용감하기는 하나 천한 경향이 있다.

㉠ 乙일생으로서 庚과 간합이 있으면 예의에 소홀하고 결단성이 없다.

㉡ 庚일생으로서 乙과 간합이 있으면 자비심이 없으면서 의로운 일만 고집하고, 이가 튼튼하고 식욕이 왕성하다. 가정이 윤택하다.

(3) 丙 —— 辛 : 색을 좋아하며 잔인한 성질이 있다.

㉠ 丙일생으로서 辛과 간합이 있으면 예의문란하고, 사깃꾼, 거짓말쟁이이다.

㉡ 辛일생으로서 丙과 간합이 있으면 처의 권한이 강하고, 대망을 품은 자가 거의 없다.

(4) 丁 —— 壬 : 호색가이며, 마음이 깨끗하지 못하다. 감정에 흐르기 쉽다. 死, 絶이 있거나, 편관 또는 함지살이 있으면 음란으로 집을 깬다.

㉠ 丁일생으로서 壬과 간합이 있으면 소심하고 질투심이 강하며 몸이 마르고 키가 크다.

(나) 壬일생으로서 丁과 간합이 있으면 성질이 급하고 속이 좁고, 부부화목하고 색정도 강하다.

(5) 戊 —— 癸 : 용모가 아름다우나 인정이 없고 냉정하며, 정식결혼을 못하는 자가 많다.

(가) 戊일생으로서 癸와 간합이 있으면 부부화합한다. 다른 주에 다시 癸가 있으면 재혼여자를 얻는다.

(나) 癸일생으로서 戊와 간합이 있으면 지능이 낮고 질투심이 많으며, 일이 시작은 있으나 끝이 없다. 처권이 강하고 처는 생활력이 강하다.

2) 지지합(地支合)과 오행

子+丑	寅+亥	卯+戌	辰+酉	巳+申	午+未
土	木	火	金	水	無五行

* 子는 水요 丑은 土이지만 합하면 土로 된다.
* 지합의 작용력 : 지합은 벗과 친목하는 뜻으로 해석한다. 고로 한 쪽에 흉한 작용이 있으면 이 合力으로서 연상하고, 그 작용을 방지하는 작용을 한다.
* 간합, 지합, 삼합 등 합이 많은 사주는 대체로 남과 친해지기 쉽고 애교성이 많은 사람이므로 결혼 때에 주의가 필요하다.

3) 삼합(三合)과 오행

申+子+辰	巳+酉+丑	寅+午+戌	亥+卯+未
水	金	火	木

① 申子辰 水局은 子 중의 壬水를 父로, 申 중의 壬水를 母로, 辰 중의 癸水를 子로 하여 결합한다. 그러므로 子水는 水局의 수뇌이다.

② 巳酉丑 金局은 酉 중의 庚金을 父로, 巳 중의 庚金을 母로, 丑 중의 辛金을 子로 하여 결합한다.

③ 寅午戌 火局은 午 중의 丙火를 父로, 寅 중의 丙火를 母로, 戌 중의 丁火를 子로 하여 결합한다.

④ 亥卯未 木국은 卯 중의 甲木을 父로, 亥 중의 甲木을 母로, 未 중의 乙木을 子로 하여 결합한다.

4) 삼합의 반합(半合) :

子午卯酉의 旺宮을 따라 삼합이 일어나는데, 그 중 2자만 있어도 합이 되지만 그 힘이 약하므로 반합이라 한다.

寅·午 午·戌 戌·寅	申·子 子·辰 辰·申	亥·卯 卯·未 未·亥	巳·酉 酉·丑 丑·巳
火	水	木	金

5) 방합(方合) :

계절의 합을 말하니, 춘하추동의 합이다.

寅·卯·辰	巳·午·未	申·酉·戌	亥·子·丑
木	火	金	水

6) 특합(特合) :

地支 本氣 즉 正氣의 합으로 暗合이라고도 하며, 相合이라고
도 한다.

子·巳相合	寅·丑相合	卯·申相合	辰·戌相合	午·亥相合	巳·丑相合

7. 대운(大運) 정하는 법

연월일시 사주의 干支는 그 사주를 가진 사람의 운명이 어떠
한 것인가를 아는 기준이 되나, 사주에 의하여 약속된 운명이 어
느 시기에 닥쳐올 것인가 하는 것은 대운에 의해서 알 수 있다.

대운은 생월의 간지를 기준으로 하여 정하는데, 年干이

(1) 陽男 陰女는 順運. 그 생일부터 다음 달 절입일까지의 일
수를 3으로 나눈다.

(2) 陰男 陽女는 逆運. 그 생일부터 그 달의 절입일까지의 일
수를 3으로 나눈다.

* 남은 수가 1일일 때는 버리고, 2일일 때는 1을 더한다.

(예1) 甲子년 (1924년) 1월 15일 子시 (男)

연 월 일 시   5 15 25 35 45 55 65

甲 丙 戊 壬   丁 戊 己 庚 辛 壬 癸

子 寅 辰 子   卯 辰 巳 午 未 申 酉

설명 : 순운이므로 대운은 月간지에 이어 丁卯, 戊辰, 己巳,

── 가 되고, 1월 15일은 입춘 후인데 다음 절기는 경칩이다. 경칩은 2월 1일 甲申이므로 생일부터 절입일까지의 일수 16일이다. 이를 3으로 나누고 1捨2入하면 대운수는 5가 된다.

(예2) 甲子년 1월 15일 子시 (女)

년 월 일 시	4	14	24	34	44	54
甲 丙 戊 壬	乙	甲	癸	壬	辛	庚
子 寅 辰 子	丑	子	亥	戌	酉	甲

설명 : 역운이므로 대운은 乙丑, 甲子, 癸亥, ── 로 거슬러 간다. 甲子년의 입춘 절입시각은 1월 1일 巳시이므로 생일부터 입춘 절입시까지의 일수는 13일이다. 따라서 행운세수는 4이다.

〈문제〉 다음 생년월일시를 보고 사주를 놓고 대운을 정하여 보라.

1. 1972년 12월 22일 酉시 (男)　　12월 小, 12월 小寒 : 12월 1일
2. 1972년 12월 22일 酉시 (女)　　　1월 立春 : 1월 2일

3. 1971년 12월 25일 午시 (男)　　12월 大, 立春 : 12월 21일 丑시
4. 1971년 12월 25일 午시 (女)　　　驚蟄 : 1월 20일 戌시

5. 1910년 7월 19일 申시 (男)　　7월 大, 입춘 : 7월 4일 戌시
6. 1910년 7월 19일 申시 (女)　　白露 : 8월 5일 亥시

7. 1925년 1월 17일 寅시 (男)　　1월 大, 입춘 : 1월 12일 申시
8. 1905년 9월 23일 酉시 (男)　　경칩 : 2월 12일 午시
　　　　　　　　　　　　　　　寒露 : 9월 11일 巳시

* 절입 당일에 난 사람은 남녀불문하고 대운수가 1이다.
* 小運은 時柱를 중심으로 대운과 동일한 방식으로 본다.

(보기) 1959년 음8월 20일 寅시(女) 8소 9월 한로 9월 8일 巳正

년 월 일 시				5 15 25 35 45		1 2 3 4

己 癸 丁 壬 : (대운)　　甲 乙 丙 丁 戊 ─ (소운)　　癸 甲 乙 丙

亥 酉 未 寅　　　　　　戊 亥 子 丑 寅　　　　　　卯 辰 巳 午

8. 신강(身强)과 신약(身弱)

(1) 출생한 달이 日柱가 왕성한 달인가를 본다.

　　　　　　得令　　　　　　　　失令

甲·乙(목)일주는: 寅·卯·辰 춘삼삭이 木旺之節 ── 申·酉월(金)

丙·丁(화)일주는: 巳·午·未 하삼삭이 火旺之節 ── 亥·子월(水)

庚·辛(금)일주는: 申·酉·戌 추삼삭이 金旺之節 ── 巳·午월(火)

壬·癸(수)일주는: 亥·子·丑 동삼삭이 水旺之節 ── 辰·戌·丑·未(土)

戊·己(토)일주는: 辰·戌·丑·未월　四季 ── 寅·卯(木)

(2) 有氣(得氣) 여부를 본다.

　12운성의 왕성한 기를 얻는 것을 유기하다고 한다.

4 旺　: 장생, 관대, 건록, 제왕.

4 平　: 목욕, 묘, 태, 양.

4 衰　: 쇠, 병, 사, 절.

〈12운성(運星)표〉:「포태법(胞胎法)」

地支 \ 日干	甲	乙	丙	丁	戊	己	庚	辛	壬	癸
子	沐浴	病	胎	絶	胎	絶	死	長生	帝旺	建祿
丑	冠帶	쇠	양	묘	양	묘	묘	양	쇠	관대
寅	建祿	제왕	장생	사	장생	사	절	태	병	목욕
卯	帝旺	건록	목욕	병	목욕	병	태	절	사	장생
辰	衰	관대	관대	쇠	관대	쇠	양	묘	묘	양
巳	病	목욕	건록	제왕	건록	제왕	장생	사	절	태
午	死	장생	제왕	건록	제왕	건록	목욕	병	태	절
未	墓	양	쇠	관대	쇠	관대	관대	쇠	양	묘
申	絶	태	병	목욕	병	목욕	건록	제왕	장생	사
酉	胎	절	사	장생	사	장생	제왕	건록	목욕	병
戌	養	묘	묘	양	묘	양	쇠	관대	관대	쇠
亥	長生	사	절	태	절	태	병	목욕	건록	제왕

* 12운성에 대한 구체적인 설명은 나중에 다시 할 것임.

(3) 육친 가운데 生助하는 것이 많으면 신강이고, 剋漏함이 많
으면 신약이다.
생조(+): 인수, 편인, 비견, 겁재 / 극루(-): 식신, 상관, 편재,
정재, 편관, 정관.

〈육친표출표(六親表出表)〉

日干 六親	甲	乙	丙	丁	戊	己	庚	辛	壬	癸
甲寅	比肩	劫財	偏印	印綬	偏官	正官	偏財	正財	食神	傷官
乙卯	劫財	비견	인수	편인	정관	편관	정재	편재	상관	식신
丙巳	食神	상관	비견	겁재	편인	인수	편관	정관	편재	정재
丁午	傷官	식신	겁재	비견	인수	편인	정관	편관	정재	편재
戊辰·戌	偏財	정재	식신	상관	비견	겁재	편인	인수	편관	정관
己丑·未	正財	편재	상관	식신	겁재	비견	인수	편인	정관	편관
庚申	偏官	정관	편재	정재	식신	상관	비견	겁재	편인	인수
辛酉	正官	편관	정재	편재	상관	식신	겁재	비견	인수	편인
壬亥	偏印	인수	편관	정관	편재	정재	식신	상관	비견	겁재
癸子	印綬	편인	정관	편관	정재	편재	상관	식신	겁재	비견

* 壬·癸, 丙·丁은 亥·子, 巳·午로 음양이 바뀌어 있음.
* 육친에 대한 설명은 차후에 할 것임.

〈문제〉 다음 사주는 신강사주인가, 신약사주인가?

1. 연 월 일 시   2. 연 월 일 시   3. 연 월 일 시

   甲 丙 甲 甲   辛 丁 甲 丁   癸 丙 癸 丁

   寅 寅 子 子   亥 酉 寅 卯   酉 辰 亥 巳

9. 12운성(運星) : 포태양생법(胞胎養生法)

1) 12운성

12운성이란 長生, 沐浴, 冠帶, 建祿, 帝旺, 衰, 病, 死, 墓(葬), 絶(胞), 胎, 養 등을 말한다. 사람의 일생은 처음 남녀가 서로 인연이 되는 시각에 잉태되는데, 우선 이 잉태되는 것을 「태」라 하고, 임신 중을 「양」이라 하며, 이 세상에 출생하는 것을 「장생」이라 하고, 아기를 출산하여 깨끗이 씻기는 것을 「목욕」이라 한다. 성장하여 결혼하는 시기를 「관대」라 하고, 과거급제나 취직시험 등에 합격하는 것을 「건록」이라 하며, 나이가 들면서 높은 지위에 앉아서 부하를 거느리는 시기를 「제왕」이라 한다. 왕성한 후부터는 「쇠」하여 「병」이 들기 마련이고, 병이 든 후에 죽게되므로 「사」라고 한다. 죽은 후에는 「묘」를 만들고, 무덤에 드니 자연히 편안히 쉬게 되어 이 세상과의 인연이 끊기게 된다(「절」). 다음 후손이 다시 「태」에서 시작하여 인생의 유전을 시작한다.

2) 12운성의 의미

(1) 장생 : 해당되는 주의 육친이 장수함을 나타낸다. 예컨대 年柱에 있으면 조상이 장수하였고, 月柱에 있으면 부모, 日柱에 있으면 본인, 時柱에 있으면 자손의 장수를 뜻한다. (귀여움, 사랑. 무덕, 유약.)

(2) 목욕 : 해당되는 주의 육친이 필히 음란하거나 남녀관계의 풍파가 많음을 나타낸다. (바람, 구설, 다정다감, 색난, 황음.)

(3) 관대 : 어느 주에 있더라도 성공 및 벼슬을 가리킨다. (출세, 욕망, 견실, 고집불통.)

(4) 건록 : 어느 주에 있더라도 재산이 많음을 가리킨다. (자수성가, 성공, 파산, 용두사미.)

(5) 제왕 : 어느 주에 있더라도 왕성함과 부귀를 의미한다. (벼슬, 출세, 자신만만, 노력은 많아도 공이 없음.)

(6) 쇠 : 해당되는 주의 육친이 쇠퇴, 병약함을 나타낸다. (행정, 기술, 고독, 권모술수.)

(7) 병 : 해당되는 주의 육친이 병약, 단명함을 나타낸다. (믿음, 신앙, 병약.)

(8) 사 : 해당되는 육친이 일찍 죽거나 횡사, 객사함을 나타낸다. (기술, 기능, 부실.)

(9) 묘 : 어느 주에 있더라도 만사가 쇠퇴, 불운함을 나타낸다. (경제, 답답, 저장, 막힘.)

(10) 절 : 해당되는 육친은 풍파를 많이 겪는다. (변화, 환생, 설상가상.)

(11) 태 : 해당되는 주의 육친에 풍파가 있다. (원만, 구설, 성장, 회복, 연약, 무력.)

(12) 양 : 年柱에 있으면 양부모를 섬기며, 時에 있으면 친자식 외에 다른 성의 자식이나 이복자식이 있게 된다. (보호, 교육, 집을 떠남, 부실, 고독.)

* 사주에서 육친의 위치와 사회적 분별

연주	조상	기관장
월주	부모형제	직속상관
일주	부부	자기자신
시주	자녀	부하

〈참고〉

절(포) : 1 子   태 : 여자 뿐   양 : 3 子   쇠 : 2 子

　병 : 독자   사 : 무자식   관대 : 3 子   건록 : 3 子

묘(장) : 무자식, 혹은 혼외 자식 1   장생 : 4 子, 또는 2 子

　목욕 : 2 子, 혹은 딸이 많다.   제왕 : 5 子, 혹은 7 子.

* 日干 대 時支   　 ; 해당 12운성 (자손의 수)

* 日干 대 月支   　 ; 해당 12운성 (형제의 수)

※ 위의 경우는 고법에 따른 자녀의 수를 추산하는 방법인데, 오늘날의 생활 현실과는 맞지 않는 부분이 많다.

3) 12운성 상설(詳說) ; (日支가 해당될 때)

(1) 장생 : 丙寅, 丁酉, 戊寅, 己酉, 壬申, 癸卯일생.

장생일이 되는 사주는 부모의 은덕을 받아 언행이 온화하고 수명도 길며, 처덕도 많고 부부간에 화목하다. 자손 중 큰 성공을 하는 아들이 있다.

(2) 목욕 : 甲子, 乙巳, 庚午, 辛亥일.

부모의 직업, 유산을 계승하지 못하고, 부모와 인연이 박하며 타향살이로 자수성가한다.

* 목욕일생은 부부 사이가 불행하다.

(3) 관대 : 丙辰, 丁未, 戊辰, 己未, 壬戌, 癸丑일생.

자비심이 많고 세인의 총애를 받아 상류사회에서 살게 된다.

* 가령 초년에 여의치 못한 운이라 해도 중년부터는 꼭 발달하여 명성을 떨치고 형제간에 서로 돕는 미풍이 있다. 時에 관대가 있으면 자손은 성공 발달하지만 음부병에 조심해야 한다. 日에

관대가 있으면 부부궁은 길하나 제멋대로이다.

(4) 건록(官이라고도 함) : 甲寅, 乙卯, 庚申, 辛酉일.

성질은 온후하고 겸손하며 남의 사랑을 받고 다재다능하다. 막내로 출생하였다 하더라도 장자 노릇을 하게 되며, 초년에 행운이 있는 사람은 중년에 약간 쇠퇴하고 중년까지 불운한 사람은 중년 이후부터 발달한다. 생일과 생월이 같은 地支가 되면 부친의 인연이 박하고, 생시에 건록이 있으면 자손이 크게 된다. 건록일생은 음으로 남편의 운을 돕는다.

(5) 제왕 : 丙午, 丁巳, 戊午, 己巳, 壬子, 癸亥일생.

다른 주에 쇠, 병, 사, 묘 등이 있으면 양자나 타향살이 할 팔자이며, 생가를 계승하게 되면 부모가 박명하게 되고, 부부운세도 흉하게 된다.

* 癸亥일생 및 丙午일생이 午(5)월에 출생하거나, 壬子일생이 子(11)월에 출생하거나, 丁巳일생이 巳(4)월에 출생한 사람은 부친이 일찍 죽는다.

(6) 쇠 : 甲辰, 乙丑, 庚戌, 辛未일생.

성질이 담박 온유하며 웅대한 일이나 허례허식을 좋아하지 않는다. 그러나 신분은 선대보다 좀 낮은 편이다. 부모와의 인연도 좀 박하고 처와도 이별하기 쉽다. 원래가 고지식한 성격으로 학자, 의사, 종교가, 교사 등이 되면 세인의 존경을 받는다. 時에 쇠가 있으면 자손 운이 나쁘다.

* 사주에 병, 사, 묘 등이 많으면 흉운 때에 불의의 손실이나 도난의 화가 있다. 甲辰일 및 庚戌일 출생자가 戌(9)월생의 사주라면 부친이 일찍 죽거나 또는 덕이 없고, 庚戌일생은 반항심이 강하다. 쇠일생은 온순하게 보이나 내심은 자기 멋대로 한다. 庚

戌일생은 남편에게 흉하다.

(7) 병 : 丙申, 丁卯, 戊寅, 壬寅, 癸酉일생.

신체가 건강하지 못하고, 일찍 부모를 여의거나 부모 재산 및 부모덕이 없으며, 만약 부모 재산을 상속하면 부부가 이별하게 된다.

* 生時가 병이 되면 자손이 허약하다. 壬寅일생은 진취성은 있으나 좀 성급하고, 丁卯, 己卯, 癸酉일생은 온순하나 활발하지 못하다. 병일생은 중년까지 실패하거나 부부 이별한다. 戊申, 癸酉일생이 특히 흉하다. 戊申일생은 부친과 불화하거나 인연이 없어서 조실부모한다.

(8) 사 : 甲午, 乙亥, 庚子, 辛巳일생

부모 운이 불행하여 조실부모하며 혹은 부모가 살아 있더라도 부모의 재산을 물려받지 못한다. 만약 상속하면 부모와 원수가 되기 쉽다. 또는 처와도 이별하게 된다.

* 성질은 조급하나 결단력이 있다. 生時에 사가 있으면 자손이 박하다. 사일생은 남편에는 해가 없으나 자식이 없거나 흉하다.

(9) 묘 : 丙戌, 丁丑, 戊戌, 己丑, 壬辰, 癸未일.

부모 형제간에 인연이 박하며, 타향으로 나간다. 또한 남의 일로 걱정이 많으나 재산의 복은 있다. 가난한 집에서 태어난 사람은 중년까지 운이 열리며 성공하고, 부유한 집에서 태어난 사람은 중년부터 다소 쇠퇴한다.

* 생일에 묘가 있으면 부부인연이 약하다. 특히 丁丑, 壬辰일생은 크게 흉하다. 시에 묘가 있으면 父子가 함께 재복은 많으나 인덕은 없다.

(10) 절(포라고도 함) : 甲申, 乙酉, 庚寅, 辛卯일.

처음은 좋은 운이나 말년은 고생하며, 초년에 부잣집에서 태어난 자는 중년에 자연히 부잣집에서 살게 되며, 말년은 불행한 운명이 된다.

* 생시에 절이 있는 사주는 자녀가 풍랑이 많으며 또한 주색으로 재산을 탕진하기 쉬우므로 어릴 때부터 주의와 노력이 필요하다.

(11) 태 : 丙子, 丁亥, 戊子, 己亥, 壬午, 癸巳일.

어릴 때 허약하게 성장하여서 중년부터 건강이 좋아진다. 성질은 온화하나 반발심이 많다. 또 모든 일에 변덕심이 많은 편이다. 재물 운은 좋다.

* 생시가 태가 되면 여아를 많이 가지게 되며, 壬午, 癸巳일 출생자는 부자가 되며, 丁亥일생은 부모와 인연이 없다. 태일생은 유순하지 않으면 재혼하는 수가 있다.

(12) 양 : 甲戌, 乙未, 庚辰, 辛丑일.

장생과 비슷한 좋은 명이다. 그러나 양자로 가거나, 부모와 일찍 떨어져 살게 되며, 남녀 다 같이 호색의 경향이 있다. 그러므로 재혼하는 자가 많다.

* 생시에 양이 있으면 자손에 덕망이 있고, 효자가 생긴다. 庚辰일생은 부모덕이 약하고 저항심이 강하다. 甲戌일생은 자주 풍파가 있고 부부 운이 불길하다. 양일생은 장생운과 흡사하다. 庚辰일생은 부부 이별한다. 또는 덕이 없다.

4) 12운성을 간단히 판단하는 법

(1) 장생
연 : 조상 덕이 있다.
월 : 부모 형제 덕이 있다. 인덕이 있다.
일 : 자신은 착하며, 배우자도 좋은 인연이다.
시 : 자식 덕이 있다.

(2) 목욕
연 : 조상의 색난이 있었다.
월 : 부모가 풍류가이든지 내가 바람둥이이다. 형제가 색난
이 있다.
일 : 자신이나 배우자가 풍류기가 있다. 배우자 덕이 있다.
시 : 자식이 속을 썩인다.

(3) 관대
연 : 조상 덕이 있다. 초년은 부모 속을 썩이고 30이 넘어야
운이 열린다.
월 : 부모가 봉건적이다. 사회적 덕망은 높으나 가정불화가
잦다.
일 : 중년 이후에 발달한다. 남녀 모두 고집이 세다. 처세에
능하다.
시 : 자식 덕이 있다.

(4) 건록

연 : 조상대에 자수성가했다.

월 : 부모 형제가 자수성가했다. 특히 형제자매는 각자 제 힘으로 성공한다. 고향을 떠난다.

일 : 부부인연이 박하다. 서로 자신의 힘으로 살려는 의지가 굳다.

시 : 자식들이 자수성가한다. 자손 덕이 있다.

(5) 제왕

연 : 선대에 부귀했다.

월 : 부모 형제가 발흥한다. 자신은 심성이 고강하다.

일 : 자존심이 강해 남을 업신여긴다.

시 : 자손이 가문을 빛낸다.

(6) 쇠

연 : 조상의 덕이 쇠하다.

월 : 부모 형제 덕이 약하다.

일 : 생가에 살기가 어렵다. 여자는 남편 덕이 없다.

시 : 자식 덕이 박하다. 노년에 고독하다.

(7) 병

연 : 조상대에 가문이 약했다.

월 : 부모 형제 가운데 병약한 사람이 있다.

일 : 부부 사이가 약하다.

시 : 자식 운이 박약하다. 말년에 건강하지 못하다.

(8) 사

연 : 가문은 괜찮으나 부모의 혜택을 받지 못하거나 양자로 간다.

월 : 형제인연이 박하다. 장남 출신이 많고 머리가 좋다.

일 : 가정이 고독하다. 외아들이 많다. 배우자 덕이 약하다.

시 : 자녀가 부실하다.

(9) 묘

연 : 선대가 근면하였다.

월 : 봉묘하게 되며, 35세 이후라야 운이 열린다.

일 : 배우자와 인연이 박하다. 재혼한다. 여자는 양녀로 가거나 장남에게 시집가면 괜찮다.

시 : 말년에 고독 근심이 있다. 자식 인연이 없고 양자나 한 아들을 둔다.

(10) 절

연 : 조상의 운기가 미약하였다.

월 : 부모 형제 간에 어려움이 많다.

일 : 가정을 이루기가 어렵다.

시 : 자녀 덕이 없다. 말년이 고독하다.

(11) 태

연 : 선대에 유업이 일어났다.

월 : 부모 형제들이 미약하다.

일 : 초년에는 병약하다가 중년 이후라야 건강해진다.

시 : 여아를 많이 보게 되며 아들이 무력하다.

(12) 양
연 : 조상의 운이 양자의 가문이다.
월 : 양자가 되든가 부모를 떠나 따로 일가를 세운다.
일 : 배우자 궁이 부실하다. 색난이 있다. 입산하기 쉽다.
시 : 자식을 봉양한다.

* 일주(日柱)비법

(1) 甲申일생은 사주 안에 子의 地支가 많이 있으면 水운기에 水難을 주의해야 함.

(2) 甲일생 사주 안에 丙, 辛이 있으면 어머니를 돌보지 않는다.

(3) 甲일생 亥(10)월생으로 午가 있으면 단명한다.

(4) 乙일생에 巳가 많이 있으면 단명한다.

(5) 乙巳일생에 丑시(오전 1 ~ 3시전)생은 발달한다.

(6) 乙亥일생은 재성이 있으면 색욕이 강하다.

(7) 丙일생 辛월, 辛일생 丙일은 악살이 없으면 군인으로 입신한다.

(8) 丙子일에 辛이 있으면 빈한하여도 덕망은 있다.

(9) 丙午일, 丁巳일의 제왕일생은 陽方位에 있는 干支星이라 하는데, 水가 없으면 성질이 난폭하다.

(10) 戊 · 己일생은 대개 예쁜 미모형이다.

(11) 庚 · 辛일생에 水가 많으면 재물에 풍파가 많다.

(12) 庚 · 辛일생에 金이 많으면 군무에 종사한다.

(13) 辛일생에 乙이 있으면 복은 있어도 의리와 仁義가 없다.

(14) 庚午일생에 土가 많으면 파묻혀 뜻을 이루지 못한다.

(15) 壬·癸일생에 金이 많으면 신분이 귀인이고, 금전의 융통성이 좋으나, 음부에 병을 조심하라.

(16) 壬午, 癸巳일생으로 日支 중에 土가 있는데, 木이 없으면 재산을 탕진하게 된다.(일지 중 土란 午 중의 己토, 巳 중의 戊토를 말한다. 또 오행 상의 土도 이에 해당한다.)

〈일년신수를 간단히 보는 법〉

日支중심	絶	胎	養	長生	沐浴	冠帶	建祿	帝旺	衰	病	死	墓
寅·午·戌	해	자	축	인	묘	진	사	오	미	신	유	술
巳·酉·丑	인	묘	진	사	오	미	신	유	술	해	자	축
申·子·辰	사	오	미	신	유	술	해	자	축	인	묘	진
亥·卯·未	신	유	술	해	자	축	인	묘	진	사	오	미
年支중심	劫煞	災煞	天煞	地煞	年煞	月煞	亡身	將星	攀安	驛馬	六害	華蓋

* 年支중심은 외부적인 일, 日支중심은 내부적인 일을 본다.

12운성	길육신과 同柱	흉육신과 同柱
장생	유덕, 사랑	무덕, 유약
목욕	바람, 다정다감	색난, 황음
관대	견실, 발랄	고집불통
건록	자수성가, 성공	파산, 용두사미
제왕	자신만만	多勞無功
쇠	권모술수	방랑,고독
병	믿음, 미력함	병약
사	기능, 미력함	부실
묘	저장, 현상유지	막힘, 답답
절	絶處逢生	설상가상
태	성장회복	연약, 무력
양	집을 떠남	부실, 고독

육친에   +   ,   −

10. 육친표출법(六親表出法)

1) 육친(六親) · 육신(六神)

日干을 중심으로 본다.

比肩 · 劫財	食神 · 傷官	偏財 · 正財	偏官 · 正官	偏印 · 印綬(正印)

天星 : 日干과 다른 주들의 天干을 대조.

地星 : 日干과 地支들을 대조.

(1) 비견 : 일간과 오행이 동일, 음양이 동일.

(2) 겁재 : 　　　　〃　　　　　　, 음양이 다름.

* 비견, 겁재는 형제운.

(3) 식신 : 일간이 생하는 오행, 음양이 동일.

(4) 상관 : 　　　　〃　　　　　　, 음양이 다름.

* 식신, 상관은 자손운.

(5) 편재 : 일간이 극하는 오행, 음양이 동일.

(6) 정재 : 　　　　〃　　　　　　, 음양이 다름.

* 편재, 정재는 처와 재산운.

(7) 편관 : 일간을 극하는 오행, 음양이 동일.

(8) 정관 : 　　　　〃　　　　　　, 음양이 다름.

* 편관, 정관은 관운과 鬼厄運.

(9) 편인 : 일간을 생하는 오행, 음양이 동일.

(10) 인수 : 　　　　〃　　　　　　, 음양이 다름.

* 편인, 인수는 문학과 부모운.

* 육친(육신) 암기법

(1) 비견 · 겁재(我比者)는 일간을 돕는다.

(2) 식신 · 상관(我生者)은 일간이 생하는 것이므로, 主가 泄氣되어 약해진다.

(3) 편재 · 정재(我剋者)는 일간이 극하여 세력이 소모되므로 약해진다.

(4) 편관 · 정관(剋我者)은 일간을 극하므로, 일간은 약해진다.(관살이라고 한다.)

(5) 편인 · 인수(生我者)는 일간을 생해준다.

2) 육친을 정하는 법

앞의 〈육친표출표〉에 의하여 정한다.

〈연습〉 앞에 있었던 문제의 사주를 가지고 육신(육친)을 정해 본다.

3) 육친(육신) 상설(詳說)

(1) 비견

비견은 형제, 자매, 친구, 조카, 남편 또는 아내를 표시하고, 그 특성은 분가, 양자, 독립, 이별, 분리 등이다. 자존심이 강하고 과감하게 혼자 행동하며, 자기주장을 고집하여 남과 불화나 논쟁에 빠지고 나아가 비방 · 불리를 초래하기 쉽다. 심성이 고독하여 사회에 나가 사람들과 교제하기를 싫어한다. (독립분리의 星)

(1) 사주에 비견이 많으면, 형제자매가 서로 싸우고 친구와도 떨어지며, 남자는 처자식과, 여자는 남편과 이별하고, 평생을 노고가 많고 여자와 인연이 없다.

(2) 비견이 刑, 沖, 破, 害되면 형제 및 친구의 도움이 없다.

(3) 비견이 공망되면 남자는 아버지와 인연이 없고, 처를 극하며, 여자는 남편 및 자식과 인연이 박하고, 형제는 서로 불화하여 동거하지 못한다.

(4) 사주의 간·지가 모두 비견이면 두 집안을 관장하든지, 양자로 가기 쉬우며, 아버지와 인연이 박한 경향이 있다.

(5) 비견과 같은 주에 겁재가 있으면 형제, 부부간에 구설수가 있으며, 친척 또는 남 때문에 손해를 보기 쉽고, 부친과 사별하며, 결혼이 늦은 경향이 있다.

(6) 年干에 비견이 있으면 손위의 형님 또는 누님이 있거나, 양자가 될 팔자이며, 月干에 비견이 있으면 반드시 형제자매가 있다.

(7) 月支에 비견이 있으면 사주에 관살이 없는 한 성질이 다소 난폭하다.

(8) 비견이 月에 있고 다시 다른 주에 비·겁이 중첩하면 다른 집을 상속하던가 생가를 떠나 생활한다. 月에 비·겁이 겹치고 다른 2干3支 중에 비·겁이 많으면, 또 편인·인수가 있으면 대음주가이다.

(9) 비견이 日에 있으면서 地支가 동일하면 배우자를 극하고 배반한다. 비견, 겁재, 양인 등이 동일하다.

(10) 時干에 비견이 있으면 자기의 상속자가 양자인 경우가 많다.

(11) 비견 · 겁재가 時에 있으면서 사주 안에 2,3개 더 있으면 재산을 잃으며, 편재나 정재가 다른 주에 있으면 말년에 가난해진다. 1개 정도 있으면서 다른 주에서 도와 오는 것이 많으면 평탄하고, 극해 오면 흉해진다.

(12) 비견이 묘, 사, 목욕과 같은 주에 있으면 형제가 일찍 죽는 일이 있다.

(13) 비견 · 겁재가 같은 주에 있으면 부부가 불목한다.

(14) 여자사주에 비견이 많으면 색정으로 인한 번뇌가 많으며, 가정불화도 종종 있다.

(15) 여자사주에 비견 · 겁재가 강하면 독신으로 지내는 수가 많으며 첩이 되는 수도 있다.

(16) 여자사주에 비견이 강하고 관살이 약하면 부부 사이의 애정이 희박하며, 비견이 天干에 많으면 다정하여 정조를 잃기 쉽다.

(17) 年柱에 비견 : 조업을 떠난다. 일찍 아버지를 여읜다.

월주에 비견 : 부모형제 곁을 떠나 타향에서 자수성가한다.

일주에 비견 : 배우자와 인연이 박하다.

시주에 비견 : 자식과 인연이 박하다.

(2) 겁재

겁재는 의형제, 이복형제, 남편의 첩을 표시하고, 그 특성은 교만 불손, 투쟁, 난폭함을 의미한다. 따라서 남을 너무 낮춰 보는 버릇이 있을 뿐만 아니라, 부부가 상극하여, 배우자가 변하는 경우가 많다. 특히 야망만 커서 투기와 요행을 바라고 그것으로 인하여 손재, 파산, 이산, 고통을 초래하기 쉽다.

사주에 겁재가 많으면 남녀 다 배우자와 자녀를 극해하고, 형제, 자매, 친구 간에 불화를 일으키기 쉬우며, 세상에 불신 및 비방을 초래하기 쉽다. 사주 중에 편인이 있으면 이와 같은 특성은 더욱 강해지나, 정관이 있으면 난폭한 특성은 제압되어 손실이 이익으로 변하고, 불손함이 고매한 성격으로 바뀐다. 그러나 대체로 나쁜 특성을 완전히 없앨 수는 없으며, 따라서 특히 공동사업 등에는 가장 부적합하다는 암시가 있다. (諦觀破壞의 星)

(1) 사주에 겁재가 특히 많으면, 남자는 아내를, 여자는 남편을 극하고 구설수가 많다. 특히 남자는 겁재와 비견이 사주의 대부분을 차지하면 화류계에 있는 여자를 본부인으로 삼는 경우가 많다.

(2) 사주에서 어느 주의 간·지가 모두 겁재면 아버지를 일찍 여의고, 부부 또한 이별할 수 있으며, 남과 공동사업을 하면 반드시 파탄을 초래한다.

(3) 사주 두 주에 겁재와 양인이 같이 있으면 외면은 화려해 보여도, 내면은 힘들고, 가정 또한 적막하다. 혼담을 파하기 쉬우며, 재물 때문에 화를 입는 경우를 종종 당한다.

(4) 사주 어디든지 겁재가 있으면 혼담은 한번 만으로 정해지지 않으며, 형제 중 이복형제가 있는 수가 많다.

(5) 年 또는 月 중에 겁재가 있으면 장자가 못 된다.

(6) 年에 겁재가 있으면 비견과 동일 弟妹로 출생한다. 조상의 덕이 적고, 재산을 물려받아도 실패한다.

(7) 月에 겁재가 있으면 형제의 자리에 있으므로 집에 형제가 있다 하고, 다시 다른 주에 비·겁이 중첩하면 양자가 되든가,

생가를 떠나 생활한다. 月에 비 · 겁이 겹치고 다른 2간 3지 중에 비 · 겁이 많거나, 또 편인 · 인수가 있으면 대음주가이다.

(8) 時에 겁재가 있으면서 다른 주에 겁재가 있으면 여자는 게 으르고 약하며, 자식을 극한다. 또 남편을 배반하든가 그렇지 않으면 항상 변화가 있다.

(9) 겁재와 상관이 같은 주에 있으면 자만하여 무뢰한이 되며, 時柱에 같이 있으면 자손에게 해로운 일이 있다.

(10) 겁재, 상관과 양인이 같은 주에 있으면 옥살이, 劍難, 변사의 화를 당하지 않으면 단명하거나 아주 가난한 경우가 많다.

(11) 年柱에 겁재 : 조업을 파한다.

월주에 겁재 : 일찍 부모형제를 떠나 객지에서 자수성가한다.

일주에 겁재 : 배우자와 인연이 약하다.

시주에 겁재 : 자식 덕이 없다.

* 통변법(通變法)(1)

(1) 비 · 겁이 많으면 가난해지고, 일간이 약해져서 조실부모하게 된다.

(2) 비 · 겁이 많으면 인수를 빨아 먹는데, 인수는 어머니에 해당하므로 어머니가 일찍 죽는다고 본다. 따라서 조실부모하고 일찍 타향으로 나가 자수성가한다.

(3) 비 · 겁이 지나치게 많을 때는 상처하기도 하는데, 일간과 같은 오행이 사주 안에 7개 있고 일간을 낳는 오행이 있다면 비 · 겁이 지나치게 있다고 본다.

(4) 비 · 겁이 많은 사주에는 식 · 상이 있어야 형제의 기가 조금 화해되니, 부귀, 多子, 처덕을 보는 명이 된다.

(3) 식신

식신은 남자에게 장인, 장모, 조카 및 손자를 의미하고, 여자에게는 자식, 손자 및 친정의 조카를 의미한다. 식신의 특성은 의식주가 풍부함을 의미하고 소득, 봉록, 자산, 가재 등이 윤택함을 나타낸다. 또 신체가 풍만하고, 성질이 명랑 화창하여 복록이 많다. 그러나 일면 앉아서 자식들의 공양을 받는다는 뜻이 있으므로, 적극적으로 큰 사업을 경영하기에는 힘이 모자라는 감이 있다.

덕심이 깊고 자녀와 인연이 많은 것은 이 식신의 장점이나, 심미적 성능으로 가무를 즐기며 색정에 빠지기 쉬운 결점이 있다. 비견을 만나면 이상과 같은 특성은 더욱 강화되는 반면, 편인을 만나면 약화되어 좋은 특성도 허무하게 된다. (豊厚保守의 星)

(1) 사주에 식신이 너무 많으면 자식 복이 없으며, 여자는 호색으로서 과부가 되거나 첩 노릇을 한다. 특히 陽일생은 창녀가 되기 쉬우며, 陰일생은 기생 또는 여급이 되기 쉽다.

(2) 사주 속에 식신이 4개나 있으면 신체가 허약하고 부모덕이 없다.

(3) 식신이 많고 편관이 아주 희미하면 자식이 없고 신체가 허약하다.

(4) 사주에 식신이 하나만 있으면 팔자가 좋으며, 日支에 정관이 있으면 부귀한다. 月支에 건록을 만나면 크게 발달할 팔자이며, 時에 건록이 있을 때도 같다.

(5) 식신이 年에 있으면 좋은 집안에 태어난 사람으로 파산도

없고 조상 덕도 있다. 부모의 복록이 있다.

(6) 식신이 月에 있고 신강사주이면 비대하고 복덕이 많다. 편인을 보면 식신이 쇠해지므로 이와 반대로 흉하게 된다. 형·충될 때는 병에 걸리기 쉽다.

(7) 月에 식신이 있고 時에 정관이 있으면 크게 발전할 팔자며, 특히 관리로서는 크게 출세한다.

(8) 月支에 식신이 있는 신강사주이면 신체가 비대하고 명랑하며 음식을 좋아한다.

(9) 日에 식신이 있으면 배우자의 몸이 비대하고 마음이 넓으며 의식 운이 길하다. 만약 편인이 있으면 배우자의 몸이 호리호리하며, 극이 겹칠 때는 허약 또는 단명한다.

(10) 時에 식신이 있으면 자녀 덕이 있고 천명을 완수한다. 식신이 왕성하면 장수하고 자식은 효행을 한다.

(11) 사주에 식신이 있고 편인이 없으면 한평생 큰 도난은 당하지 않는다.

(12) 식신이 편인에 의해 극해되면, ①신체가 왜소하거나 추하며 한평생 힘들지 않으면 단명하고, 성사되는 일이 없다. ②여자는 산액이 있으며 규방이 공적하다. ③時에 식신과 편인이 같이 있으면 어릴 때 젖이 부족했던 일이 있다. ④식신이 편인을 많이 만나면 늙어서 먹을 것이 부족하거나, 식중독 또는 굶어 죽는 경우가 있다.

(13) 여자 사주의 時에 식신과 건록 또는 제왕이 있으면 그 자식이 반드시 크게 발달한다.

(14) 사주에 식신이 있고 비·겁 등이 이를 왕하게 하고, 편인이 없거나 식신이 형·충·파·해되지 아니하면 부귀하고 덕

망이 있으며, 신체 건강하여서 한평생 행복하게 지낼 수 있다.

(15) 식신이 형・충되면 어릴 때 젖이 부족하지 않으면 어머니와 이별할 수가 있으며, 식신이 사, 절, 병 또는 목욕 등의 12운성을 만나면 자식이 불효하지 않으면 자식을 극하는 일이 있다. 또 직업이 미천하고 박복하다.

(16) 사주의 年干에 식신이 있고 地支에 비견이 있으면 왕왕 부잣집 양자로 갈 수가 있으며, 혹은 경제적으로 재능이 있거나 남의 도움을 받는다. 地支에 겁재를 만나면 남의 흉사로 인하여 이득을 볼 수 있다.

(17) 식신과 편관이 같은 주에 있으면 노고가 많고, 다시 사주에 편인이 있으면 큰 재해를 당한다.

(18) 사주에 식신, 겁재와 편인이 같이 있으면 요사한다.

(19) 식신, 편관이 있고 양인을 만나면 비범한 인물이다. 그러나 양인이 여러 개 있으면 노고가 많다.

(20) 신왕사주에 식신과 재성이 있으면 여러 사람의 사랑을 받아 매사를 성공시키며, 또 여복이 있다.

(21) 月에 식신 : 식도락가이며, 마음이 후하다.

(4) 상관

상관은 할머니, 외할아버지를 나타내고, 남자에게는 첩의 어머니, 여자에게는 자식들을 의미한다. 그 특성은 교만하고 사람을 얕본다. 고로 비록 내심은 온정을 품고 또 예술적 소질이 있다 하더라도 남의 오해와 비방을 받기 쉬우며, 세인의 반대, 방해, 경쟁, 소송, 권력을 잃음 등이 야기되기 쉽다.

만약 사주에 인수 또는 편인이 있으면 이상과 같은 흉조는 제압되며 무사하나, 비견 또는 겁재가 있으면 상관의 특성은 일층 증가된다. (초조, 방해, 투쟁의 星)

(1) 사주에 상관이 많으면 자식을 극해한다. 그러나 신왕이면 종교가, 예술가, 음악가로서 이름을 얻는다.

(2) 사주에 상관만 많고 정관이 없으면, 관골이 높고, 눈썹이 거칠며 눈빛이 예리하다. 그리고 재예가 있고 음악은 즐기나 인품은 교만하다.

(3) 사주에 상관만 있고 인수가 없으면 욕심이 많으며, 재가 없으면 비록 재주는 있으나 빈천하다.

(4) 상관과 겁재가 같이 있으면 재산을 목적으로 결혼하는 탐욕에 찬 사람이다.

(5) 상관, 겁재 및 양인이 있고, 다시 상관삼합이 있으면 조상의 이름을 더럽히는 수가 있다.

(6) 年에 상관이 있으면 정관의 귀함을 깨뜨리고 흉하게 된다.(조실부모나 재산을 패하는 경우가 많다.)

(7) 年의 간·지가 다 상관이면 단명하며 부귀하더라도 길지 못한 경향이 있다.

(8) 年干이 상관이면 부모덕이 많지 않고, 생가에 오래 머물지 못한다.

(9) 年에 상관이 있고, 月에 재가 있으면 복록이 있다.

(10) 年과 時에 상관이 있으면 남녀불문하고 그 자식에게 해로운 것이 있다.

(11) 月에 상관이 있으면, 백모, 숙모, 형제가 온전하지 못하

다. 다른 주에 상관이 많으면 빈곤해지고, 겁재가 있으면 가난한 집안 태생이다. 상관은 작용이 크다.

(12) 年과 月에 상관이 있으면 부모, 처자가 완전할 수가 없고, 다시 겁재가 있으면 생가가 빈천하고 평생 노고가 많다.

(13) 月의 간·지가 모두 상관이면 형제의 버림을 받고 부부 이별수가 있다.

(14) 日支에 상관이 있으면 처자가 완전하기 곤란하며, 비록 뜻은 높으나 예술적 재능은 없다. 그러나 時에 재성이 있으면 소년시절에 영달한다.

(15) 日에 상관이 있고 재성이 다른 주에 있으면 아내가 아름답고 남녀가 다 다변하고 재능이 있다. 그러나 재산이 없으며, 비·겁이 있는 여자는 결혼하여 몇 해 안에 사별하기 쉽다. 남자는 여자를 극하고 처음에 부유하나 나중에 가난하게 된다.

(16) 時에 상관이 있으면 자손이 해롭다. 특히 時干에 있으면, 본인이 기생 서비스직을 택하는 일이 있다.

(17) 時에 상관이 있으면 여자는 자녀인연이 있고, 남자는 자식이 우매하다. 양인과 같이 있으면 본인에게 따뜻한 마음이 있다.

(18) 상관과 정관이 같이 있으면 호색 음란한 경향이 있다.

(19) 상관과 양인이 같은 주에 있으면 남의 집 하인 노릇 하기 쉬우며, 아버지에게 해로운 일이 있다. 그러나 사주 속에 재성이 없으면 남달리 아름다운 것을 좋아하며 사물에 대하여 영민하다.

(20) 상관과 死가 같은 주에 있으면 성질이 우유부단하고 질투심이 강하다.

(21) 月에 상관이 있고 또 상관삼합이 있으며 형·충·파·해나 관성이 없는 경우와, 月支 및 時에 상관이 있고 사주에 관성이 없는 경우, 이를 「傷官傷盡」이라 하며, 「상관상진」된 사주에 인수와 재성이 있으면 극히 귀하게 된다고 한다. 그리고 「상진」한 사주에 재성이 없으면 비록 성질이 민첩하고 예술적 재능이 있으나, 심성이 거만하고 음험하여 남의 지탄을 받는 일이 많다.

(22) 상관만 있고 관성이 없는 여자는 정조 관념이 강하며, 그 남편이 죽은 후에도 수절하는 수가 많다.

(23) 여자사주에 ①상관만 많고 재성이 없으면 부부해로하기 힘들고, ②상관과 편인이 동주하면 자식과 남편 복이 없고, ③年柱에 상관이 있으면 산액이 있고, ④日支에 상관과 양인이 같이 있으면 그 남편이 횡사하고, ⑤상관이 많으면 혼담에 장애가 많으며, 결혼 후 이별수가 있으나, 상관이 공망 되면 이를 면할 수 있다.

(24) 月柱에 상관 : 부모 대에 가계가 기운다. 형제자매는 많으나 덕이 별로 없다.

* 통변법 (2)

(1) 식신이 많으면 자신의 힘을 빨아 먹으니 몸이 허약해지며 중병이 발생한다.

(2) 식신·상관이 많으면 나의 관성을 극하니 관록이나 자녀가 해롭다.

(3) 식·상이 많으면 비·겁이 있어야 사주가 중화되어서 관록도 길해지고 만사가 순탄하여진다.

(4) 식·상이 많을 때 인수가 있으면 자신을 도우며 식·상을

제거하니 길해지며, 관운이나 자녀 운이 길해진다. 이럴 때, 대운에 인수운을 만나면 불구자가 되고, 인수가 없는 사주는 인수운을 만나면 크게 발복하고 득남한다.

(5) 식 · 상이 극히 적을 때는 재성이 있으면 (식 · 상이) 재성을 돕게 되니 부귀해진다. 이런 사주가 대운에 인수를 만나면 상관이 파멸되어 재산, 신상, 자녀 등의 파멸을 당한다.

(6) 자신이 약할 정도로 식 · 상이 많으면서 대운에 관살을 만나면 자살, 破財, 처와 이별, 자식을 잃음, 소송 등의 일이 발생한다.

(5) 편재

편재는 남자에게는 아버지와 첩, 또는 아내의 형제들을 의미하고, 여자에게는 아버지, 시어머니를 의미하고, 時柱에 있는 편재는 손자를 의미한다. 편재의 특성은 강개심이 있고 좀 변굴한 점이 있으나, 자성이 담박하고 수식이 없다. 일견 재복이 많은 것 같아도 흩어짐도 빠르므로 단순히 금전의 출입이 빈번함을 의미함에 불과하다. 의로운 일에는 돈을 아끼지 아니하며, 돈복과 여자 복이 많으나, 반대로 이로 인하여 재화를 당하는 수도 많다. 남자는 풍류기가 있어 외첩을 두거나 여난을 당하기 쉬우며, 투기심이 강하다. 자기가 죽기 이전에 재산을 정리해야 한다 (다방면에 소질이 있고 금전유통은 잘 되나, 자기 재산으로 남길 수 없다). 여자는 아버지 또는 시어머니로 인하여 고생하는 수가 많다. 남녀불문하고 객지에 나가 출세하는 경향이 많다. 식신 또는 상관이 있으면 이와 같은 특성은 더욱 강해지나 비견이 있으면 약화

된다. (世事多忙의 星)

(1) 사주에 편재가 많으면 욕심과 정이 많고 주색을 좋아하며, 처보다 첩을 더 사랑한다. 그리고 양자로 가거나 객지에 나가 성공하는 수가 많다.

(2) 年에 편재가 있으면 조상의 유업을 계승하여 집안 재산이 반드시 자기 소유로 돌아오며, 또 능히 조상의 업무를 계승한다. 그러나 상속이 좀 늦어지는 경향이 있다.

(3) 年의 간·지가 모두 편재면 양자로 간다.

(4) 年에 편재가 있으면 상인의 집안에 태어난 사람으로 대부분 아버지 또는 할아버지는 양자의 운명이다. 사주 중에 비·겁이 없으면 유복한 집의 태생이며, 비·겁이 많으면 부모의 재산을 차지하려 다툼을 하게 된다.

(5) 편재는 月에 있는 것이 가장 좋으며, 다른 주에도 또 편재가 여러 개 있으면 박복하다. 편재가 月에 있으면 부친이 완고하다.

(6) 月에 편재가 있고 時에 겁재가 있으면 처음에는 부유하나 나중에는 가난한 경향이 있다.

(7) 月에 편재가 있으면 부잣집 태생이다. 月支의 편재는 나의 재산이다. 신왕하고 재성이 강하면 부자 사주가 되는데, 다른 주에 재성이 많으면 문장으로 성공한다. 비견이 다른 주에 많으면 재산 다툼을 한다.

(8) 時干에 편재가 있고 사주 중에 겁재 또는 비견이 있으면 가산을 탕진하고 상처한다.

(9) 日에 편재가 있으면 명쾌한 배우자를 얻는다. 남자가 다른

주에 편·정재가 있으면 삼각관계가 생긴다. 여자는 다른 주에 관살(정·편관)이 있으면 비밀의 정부 또는 부부관계에 변태성이 생긴다. 時에 있는 편재는 배우자 덕이 없다. 여기에 日, 時가 충이면 항상 고독하여 한숨이 멈추지 않는다.

(10) 신왕이고 편재 또한 왕성하면 실업가로서 크게 성공한다.

(11) 편재가 왕성하고 사주에 天·月德이 있으면 그 아버지가 현명하고 명망이 있으며 유복한 사람이다.

(12) 편재가 天干에만 있으면 의로운 일에 재산을 희사하며 주색을 좋아한다.

(13) 간·지가 모두 편재면 재복과 여복이 많으며, 경제적 수완이 있다. 이것이 月에 있으면 고향을 떠나 성공한다.

(14) 편재와 편관이 같은 주에 있으면 아버지 덕이 없으며, 여자로 인하여 손재하기 쉽다. 편재와 비견이 同柱하여도 마찬가지이다.

(15) 편재와 장생이 동주하면 父子가 화목하다.

(16) 편재와 묘가 동주하면 부친이 화목하다.

(17) 편재와 목욕이 동주하면 부친이 화목하다.

(18) 年에 편재와 비견이 함께 있으면 아버지가 객지에서 사망하는 수가 있다.

(19) 편재를 공망하면 아버지 덕이 없으며 여자관계도 오래 가지 못한다.

(20) 여자로서 편재가 많으면 오히려 재복이 없으며 또 편재와 쇠가 동주하면 남편과 일찍 사별한다.

(21) 月에 편재 : 부친이 완고하다.

(22) 時에 편재 : 배우자 덕이 없다. 여기에 日·時가 충이면

항상 고독하여 한숨이 멈추지 않는다.

(6) 정재

정재는 큰아버지, 큰어머니를 표시하고, 남자에게는 처를, 여자에게는 시어머니를 나타낸다. 정재는 명예, 번영, 자산, 신용을 의미하고 복록과 길상을 나타낸다. 그 정신은 정의와 공론을 존중하고 시비를 분명히 하며 의협심이 강하다. 그리고 명랑하여 주색을 좋아하며 결혼 운이 좋은 반면 색정에 빠질 염려가 있다. 정재가 있으면 좋은 처를 얻어 복록을 누린다. 정재가 많으면 여색으로 인하여 파재하며 생모를 극해하고 생가를 계승하지 못하기 쉽다. (사주 중 겁재가 있으면 이와 같은 길상은 허무하게 되나, 식신이 있으면 慶福이 더욱 증가된다.) (寬容蓄財의 星)

(1) 사주에 정재가 많으면, ①정으로 인하여 손재하기 쉬우며 엄처시하에 있게 된다. ②어머니와 이별하기 쉬우며 신약이면 재산을 모으기 힘들며 비록 배운 것은 있으나 빈한하게 된다.

(2) 年干에 정재가 있으면 할아버지가 부귀한 사람이다.

(3) 年에 정재가 있으면 부잣집 태생으로 부모덕을 받는다. 선대에 부귀했다. 비·겁이 중첩되면 재산투쟁이 있든가, 없으면 나중에 가운이 기운다.

(4) 年과 月에 정재와 정관이 있으면 부귀한 집안에 태어난다.

(5) 月干에 정재가 있으면 부지런하다.

(6) 月支에 정재가 있으면 성격이 독실 단정하고 신망이 있으며, 매사를 성실 원만하게 처리한다. 일반적으로 검소하고 저축

심이 있으나 정재와 묘가 같은 주에 있으면 인색하여 수전노라는 이름을 듣는다.

(7) 月에 정재가 있고 식신 또는 상관이 있는데, 신왕사주면 부잣집 태생이든가 그렇지 않으면 부자가 된다. 그러나 형·충·공망이 없어야 하고, 신약사주면 재성이 많을 때 재물의 화가 있으나 그렇지 않으면 처로 인해 재물의 화를 당한다.

(8) 日支에 정재가 있으면 아내의 내조가 있다. 時에 정재가 있으면 자수성가한다.

(9) 時干에 정재가 있으면 자수성가하나 그 성질이 조급하다. 그 정재가 형·충·파·해되지 아니하고 겁재가 없으면 처자가 길하다.

(10) 정재는 天干에 있는 것보다 地支에 있는 것이 좋은데, 지지 중 月支에 있는 것이 가장 좋으며 그 다음은 日支와 時支이다. 특히 月支에 있으면 좋은 집안의 숙녀를 아내로 맞이한다.

(11) 천간이 정관이고 지지가 정재면 고귀해진다.

(12) 사주에 정재와 식신이 가까이 있으면 처의 내조가 있으며 또 정관과 가까이 있으면 현처를 맞이한다.

(13) 사주 중에 정재와 비견이 있고 정재가 도화살 또는 목욕과 동주하면, 그 아내가 다정하여 부정하다. 정재가 쇠, 묘 또는 절 등의 12운성과 동주하면 아내의 몸이 허약하거나 우매하며, 그렇지 않으면 반드시 재가한다.

(14) 정재와 겁재가 동주하면 아버지 덕이 없거나 빈곤하며, 인수와 동주하면 원하는 것을 성취하기 힘들다.

(15) 정재가 공망되면 재화를 얻기 힘들며, 아내 인연이 박하다.

(16) 日에 정재가 있으면 정처이고, 다른 주에서 생조하여 주면 연분이 되어 남녀 화락한다. 극·파가 없어야 자연 부유해진다.

(17) 時에 정재가 있으면 처음에는 가난하나 나주에 부유해지는 격이고, 건록 또는 신강사주면 복록이 있다.

(18) 여자사주에 정재, 정관, 인수가 있으면 재색을 겸비한다.

(19) 여자사주에 정재가 너무 많으면 반대로 빈천해진다.

(20) 여자사주에 정재, 인수가 너무 많으면 음란하거나 천부가 된다.

(21) 정재와 인수가 서로 破가 되면 시어머니와 사이가 좋지 않다.

(22) 月에 정재 : 부지런하다. 年·月에 정재, 정관이 있으면 부귀가문의 출생이다.

* 통변법 (3)

(1) 재성이 많은 사주는 인수인 어머니를 해치니 조실부모하며, 관·살을 상생시키니 관살이 나를 극한다. 즉 처를 얻은 후 재산 풍파가 생긴다.

(2) 재성이 많은 사주엔 비견이 있으면 결혼 후에 흥하고 재산이 많이 모이며 관록으로 성공한다.

(3) 사주 안에 재성이 알맞게 있어야 횡재 부귀하고 외국 출입도 한다. 고관 거부도 된다.

(4) 자신이 왕하고 재성이 약할 때는 파운을 당하며, 자신이 왕한 대운에서 재성을 만나면 상처, 피살, 자살 등을 당한다.

(5) 대운에 비·겁이 닥치게 되면 내가 강하고 재성이 약하게

되니 피살, 자살, 상처 입게 된다.

(6) 재성이 많고 신약한 사주일 때는 대운에 식 · 상을 만나면 재산을 잃어버린다.

(7) 편관 (7煞)

편관은 칠살이라고도 하는데, 남자에게는 자식 또는 큰아버지, 할아버지, 사촌형 등을 나타내고, 여자에게는 정혼 외의 남편 또는 남편의 형을 의미한다. 편관의 특성은 權柄, 완강, 투쟁, 성급, 흉포, 고독 등이다. 사람에 따라서는 권력을 믿고 행패를 부려 비난을 사는 경향이 현저하나, 일면 협기가 있어 여러 사람의 두목, 군인 또는 협객이 될 가능성이 많다. 오늘날 크게 귀하거나 부유한 사람 중에 편관이 있는 사주를 가진 이가 많다.

사주 속에 식신이 있으면 흉포 등의 편관의 특징은 억제되어 길상만을 초래하나, 편재가 있을 때에는 특성이 억제되지 않고 더욱 증가된다. (改革轉損의 星)

(1) 年에 편관이 있을 때 장남으로 태어나면 부모에게 불리한 일이 있다.

(2) 年에 편관이 있을 때 차남 태생으로 충극이 겹치면 타향살이를 한다. 할아버지 덕이 적고 조상은 상인 집안의 태생이다.

(3) 月에 편관과 양인이 동주하면 어머니와 일찍 이별한다.

(4) 月에 편관이 있으면 부모덕이 없고 재력을 얻지 못한다. 달리 관살이 많으면 생활에 고생이 많으며, 또는 형제자매의 인연이 적다. 편관도 작용이 많다.

(5) 日에 편관이 있으면 머리가 비상하다. 성정이 조급하고 영리하나, 부부관계에 금이 간다. 만일 충이 붙으면 결혼 후 질병에 걸리고, 묘와 동주하면 매사에 걱정이 많으며 즐거움이 적다. 日干이 합이 되면 면한다. 합이 없으면 남녀가 다 변덕스런 이성 관계를 가진다.

(6) 時에 편관이 있으면 성질이 강직하고 불굴의 기상이 있다. 그러나 아들은 늦게야 얻게 된다. 중년이나 말년에 부귀해지고, 역마와 같이 있으면 타관에 가서 성공하고 비견이 많으면 부유하나 나중에 파산한다.

(7) 사주에 편관과 식신이 있으면 크게 귀하거나 부유하게 된다. 그러나 신약이거나 식신이 너무 많으면 오히려 빈한하게 지낸다.

(8) 편관과 편재가 동주하면 아버지와 인연이 박하다.

(9) 편관과 인수가 사주에 있으면 큰일을 할 팔자며, 때때로 자기를 중심으로 큰 세력을 만든다. 그리고 인수보다 편관이 성하면 무관으로, 인수가 성하면 문관으로 출세하는 경향이 있다.

(10) 편관과 양인 및 괴강이 동주하면 군인으로 크게 공명을 세운다.

(11) 편관과 편인이 동주하면 외국을 편력하지 않으면 행상인이 될 팔자이다.

(12) 편관이 정관과 동주하면 「官殺混雜」이라 하여 사람됨이 잔꾀에 능하고 호색음란하며, 의외의 화를 당하거나 잔 근심이 그치지 않는다. 그러나 「合官留煞」 또는 「合煞留官」이 되면 오히려 귀한 격이 된다.

(13) 편관과 공망이 동주하면 윗사람의 사랑을 받기 힘들며,

여자는 남편과 인연이 박한 경향이 있다.

(14) 여자사주에 편관이 많고 다시 정관이 있으면 반드시 재가할 팔자며, 부모덕이 박하다. 사주에 편관이 5개 있으면 창부가 된다고 한다.

(15) 사주에 편관이 많고 다시 정재와 편재가 있으면 남편 외에 정부를 두는 경우가 많다.

(16) 여자사주에 정관이나 편관은 남편을 의미하므로, 정관이나 편관이 하나 있는 것이 가장 좋으며 「관살혼잡」이 되면 정절을 잃을 염려가 있다. 특히 관살혼잡되고 다시 삼합이 있으면 음란하여 그 남편을 알아보지 못할 정도라 한다.

(17) 여자사주에 편관이 있는 지지가 충이 되면 부부 불화한다.

(18) 여자사주에 편관이 1개 있고 식신과 양인이 있으면 팔자는 좋으나, 그 성질이 강하여 남편을 곱게 시중들지 못한다.

(19) 정관·편관이 동주하고 다시 사주에 비·겁이 많으면 자매가 한 남편을 서로 다툰다고 한다. 즉 남편이 축첩한다.

(20) 戊午, 丙午, 壬子일생으로 사주에 편관이 있으면 남편과 이별수가 있는데, 첩이 되거나 간호원, 조산원이 되면 면한다고 한다.

(21) 편관이 왕성하고 신약이면 고독하고, 편관이 극히 약하고 다시 합이 되어 다른 육신으로 화하면 천한 격이다.

(22) 여자사주에 편관과 목욕이 동주하면 남편이 풍류 호색하고, 장생과 동주하면 귀한 남편과 인연이 있고 묘와 동주하면 사별한다.

(8) 정관

남자에게는 자식과 조카를, 여자에게는 본남편과 할머니를 의미한다. 특성은 품행이 단정하고 재지 발랄하며 윗사람을 존경하는 등이다. 또 가계가 정통이며, 명예 및 신용이 있으며, 자비심이 많고 용모가 단정하며 인품이 순수하고 바르다.

사주에 정재 또는 편재가 있을 때는 길조가 더욱 증가되나, 상관이 있을 때는 길조는 사라지고 오히려 권위 및 명예가 손상되고, 상속 및 자식에게 해로운 일이 생긴다. (才智泰伸의 星)

(1) 정관이 많으면 가계가 풍족치 못하며 큰 재화를 당한다. 여자는 일부종사하기 힘들다.

(2) 정관이 하나만 있고 편관 및 상관이 없으면 독후 강직한 사람이 된다.

(3) 年에 정관이 있으면 가계의 상속자이다. 장남으로 태어나거나, 차남으로 태어나더라도 일가의 후계자가 된다. 청년시대부터 발달하는 경향이 있다. 혈통이 바르고 명망가이다. 부귀한 집안의 태생으로, 상관이 없으면 가문의 이름을 상속한다. 비견과 겹치면 동생이 되는 명이지만 가문의 이름을 상속한다.

(4) 月에 정관이 있으면 복덕이 많고, 장남이 아닌 경우가 많으며, 한평생 노고가 적다. 달리 관살이 많으면 생활고가 많으며 형제자매와 인연이 적다. 정관도 작용이 많다.

(5) 月支에만 정관이 있으면 일생 빈곤하지 않으며, 인수가 있고 형 · 충 · 파 · 해가 없으면 부귀하고, 다시 정관의 대운을 만나면 크게 부유하거나 귀할 팔자이다.

(6) 日支에 정관이 있으면 자수성가하며, 영특하고 민첩하여 임기응변하는 재주가 있고, 현처와 인연 있다. 만약 형·충이 있을 때는 반목한다.

(7) 時에 정관이 있으면 주로 말년에 영달하고, 귀한 아들이 출생한다. 형·충·공망살 등이 없으면 중년 후에 명리가 생기고, 남자는 능력 있고 귀한 자식이 생긴다.

(8) 대체로 사주에 정관이 있으면 그 용모가 아름답고 음성이 명랑하다.

(9) 정관이 있더라도 인수가 없으면 명리를 얻기 힘들다.

(10) 정관과 장생이 동주하면 학식이 있다.

(11) 여자사주에 형·충·파·해와 상관 및 편관이 없고 정관과 재성만 있으면, 남편 덕이 있으며, 천덕·월덕과 천을귀인이 있으면 더욱 좋다.

(12) 정관과 장생이 동주하면 귀한 남편과 인연이 있으며, 목욕과 동주하면 남편이 호색가이고, 사, 묘, 절 및 공망과 동주하면 남편 덕이 없다.

(13) 정관이 너무 많으면 부부간에 불화하며, 독신 아니면 기생, 심하면 여급 또는 창녀가 된다.

(14) 정관과 역마가 동주하면 몸의 이동이 많고, 도화와 동주하면 남편의 성질이 온순하다.

(15) 정관이 합이 되면 애교 있고 다정하다. 인수가 많으면 적막하다.

* 통변법 (4) : 편관·정관이 많을 때

(1) 관이 많을 때는 중화되어야 하며, 중화되면 크게 부귀하

다. (중화되려면, 관이 많은 주에 식·상이 있으면 制煞하여 길하게 되고, 인수가 있으면 나를 도와오니 문장으로 성공한다.)

(2) 관·살이 많으면서 식·상이 있으면 자신의 秀氣를 빼내어 약 중에 더 약해지니, 관성이 더 성해져서 내가 완전히 극을 당하게 된다. 그러면 처, 재물, 실직 등의 흉운이 된다.

(3) 관살이 많으면서 대운에서 식신운을 만나면 송사, 실패, 실직 등을 흉하게 당한다.

(4) 편관은 남아요, 정관은 여아이다. 관살이 많으면 자식이 많거나 무자식이 되며, 정관이 적당히 들면 고관이 되며, 편관이 중화되면 크게 부귀하고 길하다.

(9) 편인

편인은 계모, 유모를 의미하고, 남자에게는 첩의 아버지, 어머니의 형제, 여자에게는 어머니의 형제를 나타낸다. 특성은 복과 수명을 해치고 식신을 극파한다. 편인은 破財, 권력상실, 병재, 이별, 고독, 박명, 색난 등을 의미하므로, 편인이 많으면 어떤 형태로든 불행은 찾아오기 마련이다. 성질도 처음에는 부지런하나 곧 권태를 느껴 나중에는 태만하여져서 매사를 용두사미로 끝내기 쉽다. 비록 도량은 넓으나 변덕이 많은 단점이 있다.

그러나 偏業에는 적당한 점이 있어, 학자, 예술가, 의사, 승려, 배우 등으로 이름있는 사람들의 사주에는 편인이 많다. 편인이 관·살을 만나면 이와 같은 특성이 증가하나, 편재를 만나면 억제된다. (病災別離의 星)

(1) 편인이 많으면 일찍 부모와 이별하고, 처자와도 인연이 박하여, 재난이 있거나 명예를 해치는 일이 있다. (여자는 더욱 심하다.)

(2) 편관과 식신이 있고 편인을 만나면 재물 복이 한결같지 아니하며, 몸이 왜소하다.

(3) 年에 편인이 있으면 조업을 파하는 경향이 있으며, 양과 동주하면 계모에 의하여 양육된다. 다른 주에 편인이 있으면 반드시 편부·편모를 모시고, 혹은 양자로 갈 팔자이다. 편인과 상극되는 흉신이 겹치면 조상이 덕이 없고 흉하다. 月에 편인이 있으면 집안이 가난하다.

(4) 月에 편인이 1개 있으면 평탄하지만, 다른 주에 1,2개 정도 더 있으면 부모가 온전치 않아 양자 살이 할 격이며, 말년에 자손을 극하여 고독해진다.

(5) 月支에 편인이 있으면 의사, 배우, 운명가, 이발사 등의 편업에 적합하다. 그러나 쇠, 병, 사, 절 등과 동주하면 인기가 없고, 또 사주에 식신이 있으면 손윗사람의 방해를 받으며 몸이 허약해진다.

(6) 月支에 편인이 있고, 사주에 재와 관살이 있으면 부귀하다. 특히 편재가 있으면 편인의 흉조는 없어진다.

(7) 日에 편인이 있으면 길한 배우자를 얻기 어렵다. 다른 주에 편인이 겹치면 복력이 적고, 말년에 남편과 생이별하여 생활하는 사람이 많다.

(8) 日支에 편인이 있으면 남녀 다 결혼 운이 나쁘며, 다시 사주에 식신이 있으면 어릴 때 젖이 부족했던 일이 있다.

(9) 사주에 편인과 인수가 있으면 두 가지 직업을 가지는 경

향이 있다.

(10) 편인과 비견이 동주하면 남의 양자가 되거나 계모가 있을 수이며, 겁재와 동주하면 남 때문에 실패가 많으며, 혼담에 장해가 있다.

(11) 時에 편인이 있으면 자손의 덕을 입어 말년에 행복하고 장수한다. 관 또는 살이 있으면 남을 위해서 노력하며 장수한다.

(12) 편인과 장생이 동주하면 생모와 인연이 박하고, 목욕과 동주하면 계모의 양육을 받을 수가 있는데, 그 계모가 부정한 경향이 있다.

(13) 편인과 관대가 동주하면 갑,병 등 陽일생은 어릴 때 아버지와 이별할 수가 있으며, 을,정 등 陰일생은 계모 또는 의모의 양육을 받는다.

(14) 편인과 건록이 동주하면 비록 부귀한 집안에 태어났더라도 13세 전후하여 아버지와 이별하며 집안이 망한다. 의사나 학자에 적합하다.

(15) 편인과 제왕이 동주하면 계모로 인하여 고생하며, 쇠,병, 사,절,묘 등과 동주하여도 편친과 이별할 수가 있으며, 노고가 많다.

(16) 간 · 지가 모두 편인이면 남편과 인연이 박하고, 상관과 동주하면 남편 및 자식과 인연이 없다.

(17) 月에 편인 : 집안이 가난하다.

(18) 日에 편인 : 결혼 운이 안 좋다.

(10) 正印 (인수)

인수는 남자에게는 어머니, 장모, 여자에게는 사촌 형제를 의미한다. 그리고 남녀 함께 손자를 의미할 때도 있다. 특성은 지혜, 학문, 총명 등을 나타내고, 인수가 있으면 자기 멋대로 하는 결점도 있으나, 인의를 알고, 자비심이 있으며 또 종교를 경신하고, 군자 및 대인의 품격이 있으며 그 자질이 온후 단정하여 신망을 얻으며 자산 풍부, 壽福雙全, 無病息災, 家道繁榮, 산업진흥, 생애 안락 등의 경향이 있다. (智慧學問의 星)

(1) 사주에 인수가 너무 많으면, ①남자는 처와 이별수가 있으며, 자식은 수가 적거나 불효하다. ②여자는 어머니와 이별수가 있다. ③서모가 있거나 유모가 있었다는 것을 의미한다.

(2) 年에 인수가 있으면 권세 집안 태생, 부귀 명망가이다.(단 초년대운이 좋을 때)

(3) 年干에 인수가 있고 초년 대운이 양호하면 좋은 집안의 자손이다.

(4) 年干에 인수가 있고 月干에 겁재가 있으며, 인수가 쇠, 병, 사 등 쇠약한 12운성과 동주하면 비록 상속인의 자격은 있으나 아우가 대신 상속하게 된다.

(5) 月에 인수가 있고 이것이 형 · 충 · 파극 · 공망 되지 않으면 부잣집 태생이며, 총명하고 지조가 굳으며 실천력과 견식이 높다. 月에 인수가 있으면 총명하여 문장으로 출세한다.

(6) 月干에 인수가 있고 이것이 형 · 충 되면 외가가 영락한다.

(7) 月支에 인수가 있고 이것이 형 · 충 되지 않으면 문장으로

이름을 떨칠 수 있고, 총명하고 말이 적으며, 용모와 인격이 고상하다. 그리고 사주에 관·살이 있으면 부귀하게 된다.

(8) 日支에 인수가 있으면 길한 배우자를 얻기 힘들다. 다른 주에 인수가 겹치면 복력이 적고 말년에 남편과 생이별하여 사는 사람이 많다.

(9) 時에 인수가 있으면 복이 적고, 신강이면 복이 있어도, 식신이 많으면 단명 아니면 빈곤하여 말년에 고독해진다.

(10) 時에 인수가 있고 관살이 없으면 예술로서 이름을 떨치나, 고독한 경향이 있다.

(11) 時에 인수가 있으면 자식 복이 있으며 자신은 교묘한 재주가 있다.

(12) 신왕사주에 인수가 많으면 자식이 적고 빈한 고독하다.

(13) 인수가 있는 사주에 정재가 많으면 어머니와 이별수가 있으며, 매사에 막힘이 많다. 재성운을 만나면 나쁘게 죽는다.

(14) 인수와 비견이 동주 : 형제 또는 친구를 위해 진력하는 일이 많다.

　　　겁재가 동주 : 진력하더라도 결과가 좋지 못하다.

(15) 인수와 식신이 동주 : 타인의 존경과 신용을 받으며 이익이 많다.

　　　편재와 동주 : 가정이 원만하고 사업상 이익이 많다.

(16) 인수와 상관이 동주 : 어머니와 의견충돌이 있다.

　　　정재가 동주 : 아내와 어머니 사이가 나쁘다.

(17) 인수와 관살이 동주 : 명리가 많고, 여자는 남편과 자식 복이 있다.

(18) 인수가 편인과 동주 : 결단심이 없다.

양인과 동주 : 심신에 괴로운 일이 많다.

(19) 인수와 장생이 동주 : 부모가 단정하고 어머니가 현명하거나 남의 은애를 많이 받는다.

(20) 인수와 관대가 동주 : 좋은 집안 자손이다.

목욕이 동주 : 직업상 과실이 많고, 어머니가 청상과부로 지내는 수가 있다.

(21) 인수와 건록이 동주 : 가운이 좋을 때 출생하였다.

제왕과 동주 : 아버지가 데릴사위인 경우가 있다.

(22) 인수가 사,묘,절,병과 동주 : 부모덕이 박하다.

(23) 인수가 왕성하고 신왕이면 주색을 좋아한다.

(24) 여자사주에 인수가 많으면 남편과 일찍 이별하고, 자식과도 인연이 없으며, 시부모와도 사이가 나쁘다.

(25) 인수와 정재가 있으면 시어머니와 뜻이 맞지 아니한다.

(26) 여자사주에 인수가 있고 정재가 너무 많으면 음란하거나 천한 여자가 된다.

(27) 여자사주에 관성이 경미하고 인수가 왕성하면 남편 대신 생존경쟁에 시달리며 늙어서 남의집살이를 한다.

(28) 여자사주에 인수와 상관 및 양인이 동주하면 남편, 자식과 인연이 없으며, 여승이 된다고 한다.

(29) 月에 인수 : 총명하며 문장으로 출세한다.

* 통변법 (5) : 편인, 인수가 많을 때

(1) 인성이 많이 있으면 서모, 계모가 있으며, 이복형제가 있다.

(2) 인성이 많고 식 · 상이 있으면서 재성이 있으면 횡액할 사

람이며, 재성이 없는데 대운에 재성을 만나면 큰 액을 당하고, 관·살을 빼버리므로 여자도 급한 액운을 당한다.

(3) 日柱가 도리어 약해질 정도로 인성이 있는데 식·상이 많으면 크게 길하고, 인성이 많고 日干이 약할 때에는 대운에 식상운을 만나면 득남 및 집안이 일어나고 성공한다.

(4) 인성이 많은 경우는 내가 감당을 못하여 내 몸이 너무 약하게 된다. 너무 왕하게 되면 도리어 약해지니 무자식이 된다.

(5) 인성이 많은 사주에 재성이 없으면 크게 발전한다.

(6) 인성이 약할 때에는 관살이 있어야 길하다.

(7) 만약 재성이 있든지 또는 대운에 재성이 들어오면, 재가 와서 인을 깨뜨리니 나쁘게 죽는다.

4) 십신(육친)보충

(1) 사주 중에서 日干은 언제나 자기의 몸으로 생각하고, 年·月은 존속의 운이 되며 日·時는 비속으로 본다. 자기 몸이 되는 日柱는 부부운이 되며 時는 자녀의 궁이 되는 것이다. 사주 중에서 宮位(年은 조상, 月은 부모·형제, 時는 자녀, 日柱는 부부궁)에 의하여 육친을 배정하고, 각 주의 길흉에 따라 해당 육친의 길흉을 판단한다.

(2) 年에 길한 육신이 있다든지, 年의 오행을 생해주는 것이 많다면 조상은 번영하므로 혜택을 받게 되며, 흉신이 年에 있다면 조상의 덕도 없으며 흉하다고 본다.

(3) 月에 길신이 있으면 부모는 귀하고 흥성하여 부모덕을 받게 되고, 흉신이 있으면 부모의 운명이 불길했고 부모덕도 없다고 본다.

(4) 日에 길신이 있으면 본처와 백년해로하고 처덕을 받으며, 日에 흉신이 있으면 부부 이별하거나, 처덕이 없다고 본다.

(5) 時에 길신이 있으면 자녀는 성공하여 자녀 덕이 있다고 보며, 흉신이 있으면 자녀 덕이 없다고 본다.

* 길신이란 각 주에 생하는 오행이 많이 있던지, 충·파·해 또는 공망 등의 살이 없는 것을 말한다.

(6) 형제는 꼭 있어야 할 위치가 없다. 日干오행과 같은 오행이 사주 내 신강·신약을 본 후 비·겁이 길신이 되면 형제가 번창하고 덕이 있으며, 日干과 같은 오행이 꺼리는 오행이 되면 형제 덕이 없다고 본다.

(7) 편재는 아버지, 인수는 어머니인데, 어느 주 아래에 있더라도 부모신이 충·극되지 않으면 부모덕이 있으며, 扶抑(부모신이 약할 때는 생해 주는 오행이 있든지 또는 부모신이 여러 개가 있을 때 부모신을 설기시키는 것을 말함)이 알맞으면 부모가 장수하며, 천을귀인·천덕귀인·월덕귀인이 부모신에 동주하면, 부모가 영달하고 크게 귀하고 길하다.

(8) 부부의 신이 극을 당하지 않으면, 자식이 많으며 자식 덕이 있다고 말하는데, 많고 적음은 12운성이 時에 있는 것에서 숫자를 본다.

(9) 자녀의 신이 상극을 만나지 않으면 자녀 덕이 있으며, 억부가 알맞으면 자손이 창성하며 유덕하다.

(10) 사주 중 부모의 육신이 없는데 귀하고 장수하는 사람이 있고, 또는 자손의 육신이 없는데 자손이 번창하며, 부부 육신이 없는데 부부가 행복하게 생활하는 것이 있다. 이런 것은 월주를 비롯하여 사주 전체가 根氣유무(12운성에 길성이 있는가, 흉성

이 많은가)에 따라 부모의 관계를 살피고, 生氣유무(사주를 생하는 오행이 많은지, 극하는 오행이 많은지)에 따라 자식의 유무를 판별하며, 和氣유무(일주를 충·극·파·해, 오행이 다 있는 것)에 따라 부부 관계를 살핀다. 모든 사주는 중화(木·金이 있을 때 중간에 水가 있다면 중화가 된다)를 좋아한다.

(11) 사주에 비·겁이 많으면 아버지와 떨어져 산다. 만약 아버지와 동거하면 아버지와 불목, 아버지의 운명이 신병으로 흉하게 된다.

(12) 편재가 12운성 중 사나 포(절)이 있는 주에 있든지 충·형 되면, 아버지를 극하거나 아버지가 덕이 없다.

(13) 아버지나 어머니의 육신이 12운성의 장생, 제왕이 있는 주에 있으면서 아버지가 천덕, 월덕, 천을귀인 등에 해당하는 주에 있으면 아버지가 부자이다.

(14) 편재가 절·사·장·쇠 등이 있는 주에 있으면 아버지가 객사하기 쉽고, 편재가 있는 주의 위나 아래에 이를 극하는 비견이 있어도 아버지는 객지로 출타한다.

(15) 어머니의 육신은 인수이다. 사주 안에 인수가 있는데 정재가 많으면 어머니를 쫓아 버리니 어머니가 재가하든지 죽는다.

(16) 인수가 12운성에서 길성이 있는 곳에 있으면서, 인수가 되는 오행을 극하는 오행이 없으면 어머니는 현명하고 자애가 깊으나, 인수가 사,장 등에 있으면, 어머니는 잔병이 있든지 또는 현명하지 못하다. 인수의 살은 정재인데, 정재가 있는 주 아래로 지지에 있는 것을 살지(煞地)에 임한다고 한다.

(17) 재성이 약하고 아주 신강한 사주면 아내를 극하고, 이와

반대로 재성이 강하고 일간이 약한 신약사주면 아내는 남편을 돕지 못한다.

(18) 妻財가 쇠·패·절이 있는 곳에 있으면 병이 많고 현명하지 못하다.

(19) 재성이 많고 신약하면 아내에 의존하기 쉽고, 아내는 남편보다 우수하다.

(20) 재성이 공망되면 아내 덕이 없고, 형·충 되어도 마찬가지다.

(21) 사주 중 편·정재가 같은 주에 있으면, 편·정재가 있는 주의 강약에 따라 본처 편처의 승부를 정한다.

(22) 비견이 사·장·포 등이 있는 자리에 있으면, 형제의 혜택을 얻지 못하고 형제가 적다.

(23) 월주(月柱)는 가정의 문이다. 자기와 형제가 같이 출생한 곳이므로 형제를 극하는 오행이 있고, 또 다른 주에 관·살이 있으면 형제를 극하여 인연도 없다. 월주에 비·겁이 같이 있으면 형제는 자기의 복을 나누는 것이 되므로 복을 나눈 사주(分福사주)라 한다.

(24) 월주에 충이 있으면 일찍이 타향으로 나간다.

(25) 육친에 해당하는 각 신이 극·해·충·공망 등이 되면 그 극·해·충·공망 된 육신이 피해를 입는다고 보면 된다.

(26) 사주는 운로의 판단에서 육신의 감명에 이르기까지, 각각 旺衰·沖剋을 보고 길흉을 감정한다.

(27) 많은 오행이 있을 때는 설기가 되는 오행이 있으면 길하고, 오행이 중화가 되지 않으면 흉하다.

(28) 어느 육신이라도 많으면 반대로 흉하게 된다. 그러므로

다이제스트 명리요결

비 · 겁이 많으면 처첩을 극하고 부모를 해치며, 재성이 많으면 존친을 극하고, 관 · 살이 많으면 형제를 극한다. 편인 · 인수가 많으면 자녀를 극하고 부부를 배반한다.

(29) 月이 형 · 충 되면 육친과 의견을 달리하고 가정에 풍파가 많다.

(30) 여자사주는 관성을 남편으로 본다. 정관이 있는데 편관이 또 있으면서 상관이 있으면 남편을 버리고 정부를 두게 된다.

(31) 남자사주는 정재를 아내로 본다. 사주 안에 편재가 있고 겁재와 양인이 같이 있는 사주는 본처를 극하고 첩을 사랑한다. 남녀 모두 충 · 형 · 극 · 해에 의하여 길흉이 판단된다.

(32) 여자사주에 식상이 많으면 남편을 극하고 재가한다.

(33) 남자사주에 비겁이 많으면 부부 이별하며, 양인살이 많아도 부부 이별한다.

(34) 남녀사주에 자녀를 극하는 육신이 많으면 자녀가 불길하다.

(35) 남녀사주에 자녀를 극하는 육신이 연 · 월주에 있고 왕하면 첫자녀를 잃는다.

(36) 사주에서 시주를 충 · 형하고, 생월을 주동하여 休囚되면 자녀의 운이 흉하다.

(37) 시주에 사 · 포(절)의 12운성이 있으면 자식이 없으며, 자녀의 신이 있는 주 아래에 12운성의 사 · 포 · 장이 있어도 자녀를 두기 힘들고, 두었다 하더라도 덕이 없다.

* 연간이 편재가 되면 아버지 또는 할아버지가 양자이다.

〈문제〉 아래 사주를 보고 신강, 신약을 표시하고, 그 운명을 아는 대로 말하라.

	연 월 일 시		연 월 일 시
1. (남)	甲 乙 丙 丁 子 丑 寅 卯	2. (여)	戊 己 庚 辛 辰 巳 午 未
3. (남)	戊 戊 甲 甲 申 亥 午 子	4. (여)	庚 庚 戊 戊 申 辰 辰 午
5. (남)	庚 壬 甲 丁 卯 卯 子 寅	6. (여)	癸 丙 癸 丁 酉 辰 亥 己
7. (남)	癸 乙 甲 丙 卯 卯 子 寅	8. (여)	申 丁 甲 丁 亥 酉 寅 卯
9. (남)	申 申 壬 癸 巳 丑 寅 卯	10. (여)	乙 申 丙 癸 巳 巳 子 巳

11. 86년 양력, 10월 20일 (음력 9월 17일) 오후 6시 42분 (男)

〈참고〉 왕상휴수(旺相休囚)

日干五行	旺	相	囚	休
木	춘왕	하상	추수	동휴
火·土	하왕	추상	동수	춘휴
金	추왕	동상	춘수	하휴
水	동왕	춘상	하수	추휴

〈참고〉 육신과 육친의 관계

육신 \ 육친	남자의 육친	여자의 육친
비견	형제자매,딸의 시모,누이의 시부	형제자매,시숙부,고모,시부
겁재	형제자매,자부,누이의 시부	형제자매,시부,시고모,숙부,남편의 첩
식신	장모,사위,조모,손자,조카	딸(아들),시누이의 남편
상관	조모,손녀,조카	아들(딸),시누이의 남편,조모
편재	부,숙부,고모,형,제수,누이의 시모	정시모,부,백부,시외숙
정재	처,형제,제수,부,처남,제,누이의 시모	편시모,부친,시외숙,시이모
편관	자식(아들),매부,조카	편부,시동서간
정관	자식(딸),매부,조카	남편,자부,시누이,동생
편인	편모,조부,이모	편모,손자,조부,사위,시조모
인수	생모,장인,이모,외손녀	생모,손녀,사위,사위의 누이

11. 형·충·파·해살(刑沖破害殺)

1) 형살(刑殺)

형벌, 감금, 돌발사고, 부상, 납치 등을 암시.《三車一覽》에 나온다.

(1) 지세지형 (持勢之刑)

寅 - 巳	巳 - 申	申 - 寅

이 刑이 있는 자는 자기의 세력을 믿고 저돌적이어서 일을 좌절시키며, 사주 중에 장생,건록,제왕 등 왕성한 12운성이 같이 있으면 정신이 /강용/하고, 안색도 윤기가 있어 좋다. 그러나 사,절과 같은 약한 12운성이 있으면 교활, 비굴한 자가 많으며 재앙을 만나기 쉽다. 여자는 이 刑이 있으면 고독하다.

사주에 寅 · 巳 · 申 셋이 다 있으면 더 강하고 관재(官災)로 인하여 형무소에 가게 되는 운이다. 궁합을 볼 때, 日支와 日支를 상대하여 지세지형이 되면 서로 자존심이 강해진다.

(2) 무은지형 (無恩之刑)

丑 - 戌	戌 - 未	未 - 丑

이 刑이 있으면 성질이 냉혹하고 따라서 친구 및 은인을 해치고, 적과 내통을 잘한다. 특히 12운성의「사」나「절」이 있으면 은혜를 원수로 갚고, 부도덕한 일을 예사로 한다. 여자는 이

刑이 있으면 임신 중 곤란을 받는 일이 적지 않다.

年,月에 이 刑이 있으면 부모에게 불효하고, 日,時에 이 刑이 있으면 자식이 포악하고, 악처가 있어서 자녀의 무덕으로 일생을 보내게 된다.

궁합을 볼 때는 중요하지 않다.

(3) 무례지형 (無禮之刑)

子 - 卯

이 刑이 있으면 성질이 횡포하고 화애한 기운은 조금도 없으며 예의를 무시하고 타인에게 불쾌감을 준다. 이 刑과 더불어 12 운성의 「사」나 「절」이 있으면 마음이 혹독하여 육친을 해하는 흉조가 있으며, 특히 여자는 남편으로부터 형을 받으며, 모자간에도 화목하지 못하다.

年에 있으면 조상이 감옥 생활을 했고, 月에 있으면 부모 중 형액을 당하여 호적에 붉은 줄이 있거나 반대로 충신이 되는 자도 있다. 日에 있으면 자기 처를 원수 같이 다스리고, 時에 있으면 자손이 깡패 또는 죄인의 신세가 되어 형무소 신세를 지거나, 불구자일 수도 있다.

궁합에서는 건강을 쇠퇴시키는 것으로 본다. 남녀가 동일하다.

(4) 자형 (自刑)

辰 - 辰	午 - 午	酉 - 酉	亥 - 亥

이 刑이 있는 자는 대개 자주독립의 정신이 박약하고, 무슨 일에 대해서나 열성을 가지지 못하고 시종일관하지 못한다. 반면 쓸데없는 자기주장을 내세워 적을 잘 산다. 그 성격도 침울하고 내심 險毒하며, 12운성의 「사」나 「절」이 있으면 생각이 천박하고 심하면 불구자가 된다.

年,月이 자형이면 부모와 조상 사이가 좋지 않고, 日에 있으면 아내에게 질병이 있고, 時에 있으면 자식이 병약하며, 日과 時가 자형이 되면 부자 사이가 원수가 된다.

  * 운세편 : 刑은 순행하여 네번째(順行四位)가 四惑이고, 역행하여 열번째(逆行十位)가 十惡에 해당한다. 寅·巳·申, 丑·戌·未의 三刑도 寅에서 巳까지 순행하여 4번째이고, 寅에서 역행 10번째가 巳에 해당하며, 巳에서 순행하여 4번째가 申이 되며, 巳에서 역행하여 10번째가 申이다. 子·卯刑도 子에서 시작하여 卯가 될 때까지의 순서가 4번째이며, 子에서 역행하여 10번째가 卯이다. 궁합을 볼 때는 크게 작용하지 않는다.

  (子 ― 丑 ― 寅 ― 卯 ― 辰 ― 巳 ― 午 ― 未 ― 申 ― 酉 ― 戌 ― 亥)

〈참고〉교통사고를 당할 확률은 역마나 지살이 日支를 형할 때이거나, 역마,지살이 재살국을 이루거나, 또는 역마·지살이 상관 태왕(太旺)을 이룰 때 크다. 癸丑일, 癸卯일, 癸巳일생이 時에 甲寅을 만나면 길에서 횡액이 있게 된다.

(예) 연 월 일 시   申은 지살이고(일년 신수보는 법 참조), 寅은 역
　　 辛 辛 丙 庚   마이다. 그런데 寅申으로 日支가 형하고 있
　　 亥 卯 申 寅   다. 따라서 교통사고를 당한다.
　　　　지 역마
　　　　살 형

2) 충 (沖)
격전을 암시.

(1) 천간상충 (天干相沖) · 칠충 (7沖)

甲·庚충	乙·辛충	丙·壬충	丁·癸충	戊·甲충
己·乙충	庚·丙충	辛·丁충	壬·戊충	癸·己충

甲·庚, 乙·辛, 丙·壬, 丁·癸는 좀 강하게 충이 된다.

* 천간충을 칠충이라고도 하는데 이것은 甲을 기준으로 하여 7
번째 가서 甲·庚沖이 되므로 칠충이라 한다. 乙을 기준으로 한
다면, 乙에서 일곱 번째 해당되는 辛과 만나면 沖이 된다.

```
        ┌──────── 충 ────────┐
( 甲 ─ 乙 ─ 丙 ─ 丁 ─ 戊 ─ 己 ─ 庚 ─ 辛 ─ 壬 ─ 癸 )
        └──────── 충 ────────┘
```

〈해설〉 천간충 또는 간충. 年干이 甲이고 月干이 庚이라면 年
干이 月干을 충하는 것이 된다. 年干은 조상의 자리이므로(年支는
할머니, 月干은 아버지이다), 月干이 年干을 충하면 月干아버지가 조

상에 피해를 주는 것이 되어 아버지를 출생시킨 후 조상이 패하였거나, 아버지가 어렸을 때 조상이 사망하는 수가 있다. 또한 아버지가 성장하면서 조상의 재산을 탕진하였다고 보며, 月干을 충하면 아버지가 고향을 일찍 떠나서 타향살이를 하며, 자수성가하였고, 日干을 다른 주의 干이 충하였다면 日干은 내 몸이므로 초년의 건강이 쇠약하여 질병으로 성장하였고, 형제간에도 이별하는 수가 있다. 時干을 다른 주가 충하였다면 자식이 초년에 질병이 자주 있거나 어려서 이별하는 수가 있다.

(2) 지지상충 (地支相沖)

子 → 午	丑 → 未	寅 → 申	卯 → 酉	辰 → 戌	巳 → 亥

상충살은 궁합 또는 택일할 때에도 보며, 流年을 볼 때도 보아야 한다. 日支를 주동하여서 본다. 가령 日支가 子이고 다른 주에 午가 있다면 상충살이 있는 사주인데, 年에 午가 있다면 年이 상충살을 당하는 것이며, 月에 午가 있다면 月이 상충살을 당하는 것이 된다. 다른 주에 子가 있는데 日支가 午이면 日柱가 상충살을 당하는 것이 된다.

상충살이란 서로 다투는 것 혹은 별거하는 것을 의미한다. 상충이 있으면 항상 언쟁이 많으며 생이별함을 알 수 있다. 天干은 하늘의 오행이라 할 수 있고, 地支란 땅의 오행이라 할 수 있는데, 天干은 남자요 地支는 여자라고도 구별하여 생각하여 두는 것이 좋겠다. 그러나 天干이라 하여 다 양만 있는 것이 아니고, 地支라 하여 모두 음인 것은 아니다.

어떠한 사주라도 상충이 없으면 해가 없다고 볼 수 있다. 상충

은 子 · 午, 丑 · 未, 寅 · 申, 卯 · 酉, 辰 · 戌, 巳 · 亥 등인데, 子가
午를 충하는 것이고 午가 子를 충하지 못한다. 그러나 子가 午를
충하는 반면에 子도 힘이 약해져서 피해를 입는 것은 사실이나
대단한 것은 아니다.

(1) 사주 중 年을 충하면 조상 및 부모가 동거하지 못한다.

(2) 年을 충하면 사회적 직업이 자주 변화되어서 풍파를 겪게
되며, 年支와 月支가 충되면 조업을 떠나고 생가에 있지 못한다.

(3) 年支와 日支가 서로 충되면 부모와 화목하지 못하고, 年
支와 時支가 서로 충되면 광포, 망은 또는 오랜 질병의 경향이
있다.

(4) 月을 충하면 부모, 형제와 동거하지 못하고 일찍 타향살이
했다고 보며, 月支와 日支 또는 時支가 서로 충되면 광포, 망은,
오랜 질병의 경향이 있다.

(5) 日을 충하면 부부가 동거하지 못하고 언쟁이 많다.

(6) 日支와 時支가 서로 충되면 자식과 화목하지 못하다. (妻
子剋有)

(7) 時를 충하면 자손에 해로우며 자손의 무덕함을 알 수 있다.

(8) 天干이 동일하고 地支가 충이 될 때(예컨대 甲申월과 甲寅일),
항상 마음고생이 많고 조업을 깨뜨린다.

(9) 상충이 2개(예컨대 자오, 축미) 있는 사주는 해당되는 주가
이별의 운세가 되는데, 상충은 사별이 아니고 생이별을 뜻한다.

(10) 공망을 충할 때에는 화가 변하여 길하게 된다.

(11) 酉 · 卯충은 친한 사람을 배반하고 걱정이 그치지 않는다.

(12) 子 · 午충은 항상 일신이 불안전하다.

(13) 巳 · 亥충은 쓸데없이 남의 걱정을 한다.

(14) 寅 · 申충은 다정다감한 경향이 있다.

(15) 丑 · 未충은 매사에 지체됨이 많다.

(16) 酉일생으로서 사주 중에 亥가 있고, 또한 형 · 충이 있으면 술로 인해 패가망신할 수가 있다.

(17) 여자는 日 · 時에 辰 · 戌충이 있으면 고독하다.

(18) 日支가 충이 되고 사주에 간합이 있는 여자는 항상 고생이 그치지 않는다.

(19) 매년 운세를 볼 때도 상충을 본다.

① 年支를 當年 地支가 충해 오면(예컨대 금년이 乙卯이고 年支에 酉가 있다면 卯 · 酉충이 된다), 사회적으로 하는 일에 장애가 생기며, 다른 사람의 배신 및 직업변화 등이 발생한다.

② 月支를 당년의 地支가 충해 오면 가정 이사 또는 부모 · 형제 간에 분가, 이별하게 되며 형제 중 무단가출이 있게 된다.

③ 日支를 당년 地支가 충해 오면 부부 이별 혹은 다른 여자와 연정 관계를 맺었던 것이 이별로 되며 건강 운세도 좋지 않다.

④ 時支를 당년 지지가 충해오면 자손과 이별하게 되며 직업변화도 하게 된다. 더욱이 자손에 질병이 발생하는 수가 있고 무단가출하는 자손이 있기도 쉽다.

(20) 궁합 볼 때 ; 남 · 녀의 사주를 똑같이 나열하고 남 · 녀의 年柱를 상대시켜 보는데, 또는 년과 년, 월과 월, 일과 일, 시와 시를 대립시켜 상충이 있는지를 살피는 것이다.

① 年과 年이 상충되면 결혼 후 되는 일이 없고, 직장에서도 낙직된다. 부부 이별도 된다.

② 月과 月이 충이 될 때는 결혼 후 부모 · 형제에 의리가 없어

지며, 서로 원망을 하거나 불평불만이 발생한다.

③ 日과 日이 상충되면 결혼 후 불평불만이 떠날 날이 없고 결국 이별까지 하게 되며, 무정하고 다른 남녀를 보게 된다.

④ 時와 時가 충이 되면 자손 궁에 해로우며 이별 또는 자손 덕이 없고, 자식의 운세와 부모의 운세가 서로 불평불만이 생긴다. 생남하여서 무사히 결혼할 때까지 성장시켰다 하더라도 결혼 후 따로 분가시키는 것이 좋다. 그렇지 않으면 생남 후 부모가 죽는다.

〈참고〉 천간충과 지지충을 다 살피는 것이나 천간은 작용력이 약하다. 남자 日支가 子가 되고 여자 日支가 午가 되면 작용력이 약하지만, 남자가 午가 되고 여자가 子일생이면 작용력이 강하니 참고하고, 다른 주의 충도 동일하니 많은 연구가 필요하다.

3) 파 (破) · 상파살 (相破殺) · 육살 (6/破/)

子 → 酉	午 → 卯	申 → 巳	寅 → 亥	辰 → 丑	戌 → 未

(1) 年을 파하면 조상이 파산하거나 또는 조상으로부터의 큰 덕이 없다고 본다. 양친과 일찍 헤어지기 쉽다.

(2) 月을 파하면 부모와 일찍 이별하고 풍파가 많고 항상 인덕이 없다. 또 변동이 심하다.

(3) 月과 日支의 파는 妻宮이 나쁘다.

(4) 日을 파하면 부부에게 수술 및 질병이 자주 오며 풍파가 많다. 또는 일신이 고립되고 처자와의 인연이 박하다.

(5) 時를 파하면 낙태 등의 일이 자주 있고, 자궁질환이 발생하며 부부간에 알찬 행복을 느끼지 못하고 항상 불만이 있을 수

가 있다. 또는 말년에 빈재, 고독, 불행을 암시한다.

(6) 특히 日支가 年을 파하면(예컨대 子일 출생자가 酉년생일 때), 부모가 일찍 돌아가시거나 이별한다. 다른 주가 日支를 파하고 時支도 日支를 파하면(예컨대 日支는 酉인데 年도 子며, 時도 子), 파살이 작용하지 못한다.

*(7) 流年을 볼 때 : 당년 지지가 年支를 파하면 되는 일이 없고, 공직자는 낙직 또는 타처로 옮기게 되거나 몸에 병이 오며, 고관인 공직자 이외의 사람은 특히 관재구설을 주의하여야 하며 교통사고 등을 주의해야 한다. 또한 당년 지지가 月支를 파해 오면 부부 이별이 되고, 남자사주일 때는 처가 수술할 운이며, 여자일 때는 남편이 수술하게 되는 악운이 된다.

*(8) 궁합을 볼 때 : 年과 年이 파가 되면 결혼 후 가정이 파괴되고 부부 상봉 후 남자에게 직업에 큰 장애가 생기며, 月과 月이 파되면 부모·형제 사이에 이별, 언쟁이 발생하며, 日과 日이 파되면 부부가 원수 되고, 時와 時가 파되면 무자식 또는 자손이 되는 일이 없고 출세를 못한다.

* 파가 충이 되면 파가 없어지는데, 가령 年과 年이 파가 되었는데 남자는 時가 年을 파했다든지, 여자사주에 年과 年이 파가 되는 것을 충 시키는 地支가 있다면 無破궁합이 된다. 여자사주에서 남자사주에 있는 파에 해당되는 地支를 충 시켜야 되며 남자는 여자에게 있는 支를 충 시켜야 된다.

4) 해(害) · 해살(害殺) · 육해(6害)

子 → 未	丑 → 午	寅 → 巳	卯 → 辰	申 → 亥	酉 → 戌

다이제스트 명리요결

子와 未가 만나면 子 때문에 未가 해를 당한다. 丑 때문에 午가
해를 당하는 것이 된다. 午를 해롭게 하는 丑도 약간의 해를 입
지만 약하다.

해살이란 질병 또는 사별을 의미하며, 사주 안에 해살이 있으
면 해당 주(年柱는 조상, 月柱는 부모 형제 등)가 해를 당하여 육친
전체에 피해가 되는 것이 된다. 반드시 해를 당하는 주의 육친
이 당한다.

(1) 年支를 다른 주에서 해하여 오면(예컨대 年支는 未인데 月支나
日支 등에 子가 있다면 年支가 해가 된다) 고향을 떠날 팔자이며 조실
부모한다. 내 몸이 출생하면서 부모에게 질병이 침범하고 결국
죽음에까지 이르게 되니 반드시 부모와 별거하는 것이 좋다.

(2) 月支가 다른 주의 支로부터 해를 받으면 장자일지라도 분
가 또는 양자로 가는 수가 많으며, 형제 사이에 덕이 없고 친구
덕도 없으며 장관의 운세는 되지 않는다(부하가 없는 운이다). 고
독 · 박명 특히 여자는 그 암시가 깊다.

(3) 日支가 다른 주의 支에게 해를 받으면 부부인연이 없고, 다
른 남자, 다른 여자와 연정의 관계가 깊어지고 풍파가 심하다.
또한 건강도 불길하고 수술하며 신상에 흠이 있게 된다.

(4) 時支가 다른 주의 支에 의해 해를 받으면 자녀에게 해를 주
어서 죽은 자식이 있으며, 종신하는 자손이 없고 노년에 고독하
고 질병까지 침범하여, 원망과 불평으로 생활하게 되며 수명은
길지 못하다. 그러나 자손이 있다면 말년에 고독을 면할 수 없
으며, 어떤 신앙심을 가지고 심신수양을 한다면 말년에 길과 복
이 될 수 있다.

(5) 日과 時에 해가 있으면 노년에 이르러 잔질이 있다.

(6) 寅 · 巳의 해가 사주 중에 2중으로 있으면 불구자 또는 폐병, 간장병을 가진다. 다른 해도 이중으로 사주 안에 있다면 동일하게 간장 질환 등을 가진다.

(7) 卯 · 辰, 丑 · 午의 해가 장생,건록,제왕 등 왕성한 12운성과 같이 있으면 노하기 쉽고, 인내력이 없으면서도 남에게 지기 싫은 성질이 있으나 사,절과 같은 약한 12운성이 있으면 잔상과 기복이 많다.

(8) 卯일辰시, 午일丑시 출생자는 수술 및 자손에 근심이 있어 무자식이 되는 수가 많다.

(9) 酉일戌시생은 농아가 되는 수가 있으며, 머리나 얼굴에 흉한 악창이 있는 수가 많다.

12. 공망(空亡) · 공망살(空亡殺)

공망은 日柱를 주동해서 찾는다.
공망이란 없앤다, 인연이 박하다는 의미를 가진다.

* 공망조견표 (空亡早見表)

갑자	을축	병인	정묘	무진	기사	경오	신미	임신	계유	戌 · 亥
갑술	을해	병자	정축	무인	기묘	경진	신사	임오	계미	申 · 酉
갑신	을유	병술	정해	무자	기축	경인	신묘	임진	계사	午 · 未
갑오	을미	병신	정유	무술	기해	경자	신축	임인	계묘	辰 · 巳
갑진	을사	병오	정미	무신	기유	경술	신해	임자	계축	寅 · 卯
갑인	을묘	병진	정사	무오	기미	경신	신유	임술	계해	子 · 丑

* 공망 암기법

갑자旬중 술해공, 갑술旬중 신유공, 갑신旬중 오미공

갑오旬중 진사공, 갑진旬중 인묘공, 갑인旬중 자축공

(1) 年支가 공망되면 평생 고생과 근심이 끝나지 않고 하는 일이 잘 안되며 빈곤히 살게 된다. 조업을 못 지키며 항상 바쁘다.

(2) 月支가 공망되면 형제가 귀하고 있어도 힘이 되지 못한다. 부모·형제의 덕이 박하다.

(3) 時支가 공망되면 자식을 기르기 힘들고 낳기도 힘들다. 자식 덕이 없다. 늙어서 고독하다.

(4) 年支와 月支를 같이 공망하면 부모·처자와 이별하는 수가 있고, 年,月,時支가 모두 공망되면 반대로 크게 길(부귀)한 사주가 된다.

(5) 공망 당한 地支가 「육합」이 되면 공망으로서의 작용을 못한다.

(6) 공망이 되는데 地支가 상충이 되어도 공망운이 없어진다.

〈참고〉

① 공망은 日柱만 주동하여서 보는 것이 아니고, 年柱를 위주로 해서도 보며, 月柱, 時柱를 위주로 하여서도 본다.

丁丑년생이 申·酉이면 이것을 「年空亡」이라 한다.

甲辰월생이 生日이 寅·卯이면 이것을 「월공망」이라고 한다.

庚申시생은 生日이 子·丑이면 이것이 「시공망」이 된다.

② 年柱로 보아서 日이 공망되면 배우자 인연이 박하다.

*(7) 각 주를 위주하여 日을 상대하여서 각 주가 공망이 되었을 때, 年柱는 부모인연이 박하고, 月柱는 부모·형제인연이 박

하고, 時柱는 자손의 인연이 박하다.

  *(8) 궁합 볼 때 : 남자의 日柱를 주동하여서 여자의 日支가 공망이 되면 처의 건강을 나쁘게 만들어서 남자보다 앞에 가는 악운이 되며, 여자의 日柱를 주동하여 남자의 日支를 공망시키면 남자는 결혼하면서부터 신병이 오고 건강이 허약해져서 죽게 된다.

  *(9) 流年을 보는 법 : 日柱를 주동해서 당년의 年支가 공망이 되면 친한 사람에게 배신당하며, 당년의 간지가 日柱를 공망해 오면 가정의 풍파, 부부 이별하게 된다. 당년의 간지가 年支를 공망해오면, 사회적으로 하는 일이 잘 안 되며, 日支를 공망해 오면 형제 사이에 언쟁이 생기며, 時支를 공망하면 자손의 근심 발생 또는 장자가 병으로 앓거나 죽게 되며 혹은 무단가출하는 수가 있다.

  (10) 공망이 3개 있으면 공망의 작용은 없어지고 오히려 발전한다. 또한 중팔자라 한다.

  (11) 공망이 吉神에 해당되는 주에 생겼을 때, 眞空일 때는 그 작용이 70% 감해지고, 半空일 경우에는 30% 감소된다.

  진공 : 陽이 陽을 볼 때, 陰이 陰을 볼 때.

  반공 : 陽이 陰을 볼 때, 陰이 陽을 볼 때.

  (12) 비·겁이 공망되면 형제가 무력하여 인연 덕이 희박하다.

  (13) 식·상이 공망되면, 남자는 의식에 불편을 느끼고, 여자는 자식 인연이 없다. 특히 상관의 공망은 산고나 수술이 있게 된다.

  (14) 재성이 공망되면 남자는 배우자의 덕이 없고, 여자는 시어머니의 덕이 없다. 또한 공히 재물이 부자유스럽다.

(15) 관성이 공망되면 남자는 자녀인연이 박하고, 여자는 남편덕이 적다.

(16) 인성이 공망되면 부모가 무력하여 가정이 쓸쓸하다.

(17) 십이운성의 +가 공망되면 허영심이 많고, 건달같이 지내기가 쉽다.

(18) 십이운성의 -가 공망되면 일생동안 몸이 피곤하며 성공도 많고 실패도 많다.

13. 원진살 · 양인살 · 비인살(怨瞋殺 · 羊刃殺 · 飛刀殺)

1) 원진살 (怨瞋殺) : 냉전

子 → 未	丑 → 午	寅 → 酉	卯 → 申	辰 → 亥	巳 → 戌

원진살은 이별, 사별의 운은 아니며 항상 원망과 불평을 하는 작용을 한다. 원진살이 있으면 세상살이에 불평불만이 많으며 특히 가정생활에까지 자주 신경질이 발동하여 자기도 모르는 사이에 비감을 가지게 된다.

年支가 未가 되고 月 · 日 · 時 가운데 子가 있다면 항상 사회적으로 불평과 불만이 있다. 月支를 日이 원진 해오면 子가 父를 원수로 삼는다. 父는 子를 원수로 생각하지 못한다. 며느리를 보고 부자 사이가 원수가 된다. 日을 時가 원진살이 되어오면 자손과 원수가 되고, 月과 원진이 되면 역시 부모의 사랑을 받지 못한다. 時를 年이 원진 해올 때(時支는 未인데 年支는 子일 때) 사회적으로 자손이 출세하지 못하며, 月이 원진 해올 때(時는 未인데 月이 子일 때) 할아버지의 은혜 없이 원수로 되며 육친 간에 원망을 하고 일생을 살게 된다.

* 궁합 볼 때 : 年과 年이나, 月과 月이 원진살이 되면 일생을 서로 살기는 살아도 항상 원망과 불평을 하며 다툼을 자주 하면서 살게 된다.

年과 年이 삼합이나 지합이 되든지, 日과 日이 삼합 또는 지합이 되면, 원진살이 작용하지 못하게 된다.

2) 양인살 (羊刀殺)

일간	甲	乙	丙	丁	戊	己	庚	辛	壬	癸
양인	卯	辰	午	未	午	未	酉	戌	子	丑

양인은 형벌을 맡은 살로서 강렬, 횡포, 성급을 나타낸다. 양인이 있으면 인생의 행로에 장애가 많다. 아버지, 아내, 재산, 남편을 극한다. 때로는 드물게 보는 불세출의 괴걸, 열사가 되는 수도 있으며, 특히 군인,경찰,운동가로서 이름을 날리는 수가 많다. 그러나 이 경우에도 이상한 곤액, 험조가 따르는 것은 말할 것도 없다. 양인은 건록 뒤에 있다.

(1) 年支에 양인살이 있으면 초년은 풍파가 많고, 조업을 파하고, 은혜를 원수로 갚는다.

(2) 月支에 양인이 있으면 비굴한 성질이 있다. 그러나 月과 日에 있는 양인은 그 작용력이 좀 약하다.

(3) 時支에 양인이 있으면 처자를 극해하고 말년에 재화를 많이 당하며 처자를 해치고 고독해진다. 그러나 사주 중에 편관이

있으면 이 흉조가 억제된다.

(4) 사주 중 세 주(年,月,時)에 양인살이 있으면 농아·맹인이 되며, 일간이 생해 주는 오행이 양인 되는 주에 같이 붙어 있는 자는 나쁘게 죽는다.(日干이 木이라면 火)

(5) 日支에 양인이 있고 時에 편인이 있으면 처가 난산한다. 日支에 양인이 있고 時에 日干을 생하는 오행이 있으면 처가 난산하며, 日干과 같은 오행이 있고 양인이 동주하면 초년 고독 및 풍파가 많으며 타향살이할 팔자이다.

(6) 日干이 극하는 오행이 팔자 안에 있고 양인이 같은 주에 있으면 재물로 인해 말년에 큰 손해를 당하며 패가망신한다.

(7) 日干을 생해 주는 오행이 팔자 안에 있고 양인이 같은 주에 있으면, 명예적으로는 길하나 오랜 질환을 앓는다.

(8) 여자가 양인이 두 개 있으면 색을 좋아하고 화려한 것을 좋아하며, 얌체이고 에티켓 등은 모르는 사람이다. 3개 있으면 황음하다.

(9) 겁재와 양인이 같은 주에 있으면 조상의 집에 있지 아니하며, 또 외면은 겸양 유화한 듯하더라도 내심은 무자비한 성질을 가지는 수가 많으며, 가정도 적막하다.

(10) 정재와 양인이 같은 주에 있으면 재물로 인하여 사회적 오욕을 입을 수 있다.

(11) 천간의 겁재 또는 상관과 양인이 같은 주에 있으면 말년에 큰 재난을 만나는 경향이 있으며, 패가망신하는 자가 많다.

(12) 인수와 양인이 동주하면 비록 명예는 높더라도 오랜 병을 앓는다.

(13) 12운성의 사,절과 양인이 같은 주에 있으면 성급, 황포

하고, 목욕과 같이 있으면 나쁜 병 때문에 고생하는 수가 많다.

(14) 삼합이 있고 양인이 있으면 출생지를 떠나 먼 곳에서 사는 경향이 있다.

(15) 양인이 많은 남자는 처궁이 자주 변한다.

(16) 日支에 상관, 양인이 같이 있는 여자는 자칫 잘못하면 나쁘게 죽을 경향이 있다.

(17) 상관 및 인수와 양인이 있는 여자는 그 자식에 해가 있다.

(18) 양인이 있더라도 12운성 중 장생,제왕,양 등이 양인이 있는 주에 있으면 보통으로 돌아오지만, 사,장,절 등이 양인이 있는 주 아래에 있으면 완전히 양인살이 작용한다.

* 日干이 약할 때는 양인이 있어야 日干을 돕는다. 비견과 겁재의 성질과 비슷하다.

*(19) 流年을 볼 때 : 日干이 甲일 생인데 卯년을 만나면, 당년 태세에 양인살이 붙는다고 한다. 甲일생 사주가 양인이 되는 해의 운은 수술하지 않으면, 사업실패, 관청구설 등이 발생하며 공직자는 자리가 떨어지기 쉽다.

*(20) 궁합을 볼 때 : 여자를 주동해서만 본다. 여자 日干이 甲일생인데 남자 日支가 卯일생일 때, 여자로 인하여 남편 신상에 해를 주게 되며 남편이 단명하게 된다. 반대로 남자 日干이 甲일생인데 여자 日支가 卯일생이라면 무관하다. 여자는 결혼하는 날부터 새로운 체질로 변화가 오기 때문이다. 남자도 변화는 온다고 보나, 여자처럼 변화가 되지는 않는다. 궁합 볼 때는 양인은 日干과 日支 대결로 보고, 年,月,時는 작용력이 약하다고 생각한다.

3) 비인살 (飛刀殺)

일간	甲	乙	丙	丁	戊	己	庚	辛	壬	癸
비인	酉	戌	子	丑	子	丑	卯	辰	午	未

비인은 양인과 충(衝)되는 地支이다. 예컨대 甲의 양인은 卯이므로 卯와 충되는 酉가 비인이다. 비인의 작용은 양인과 거의 비슷하나 양인 만큼 강렬하지 못하다.

비인의 특성은 일면 무슨 일에 열중하기 쉬우면서도 싫증도 쉽게 내는 즉 지속성이 없는 것이다. 사주 속에 비인이 있으면 모험을 좋아하다가 파산하거나 혹은 모험으로 일시 요행을 얻었더라도 그것이 오래 가지 못한다.

14. 강신살 (强神殺)

1) 수옥살(囚獄殺) · 재살(災殺)

년지 · 일지	寅 · 午 · 戌	申 · 子 · 辰	巳 · 酉 · 丑	亥 · 卯 · 未
수옥살	子	午	卯	酉

수옥살이 있는 사주는 형무소에 간다. 이 살이 있는 자가 경찰, 직업군인, 형무관, 검찰관, 수사관이 되면 흉한 의미는 도리어 길해진다. 수옥살이 되는 곳이 공망이나 충 · 파가 되면 수옥살이 해소되며 작용하지 못한다.

* 流年을 볼 때 : 歲年에 사주 年支를 주동하여서 申년생, 子년생, 辰년생이 午년을 만났을 때는 관액을 주의해야 하며 혹은 수

술하게 된다. 특히 사주 안에 수옥살이 있으면서 수옥살이 되는 年을 만나면 확실하게 살의 작용을 하며 백발백중이 된다.

 * 궁합을 볼 때 : 남자 日支가 申 · 子 · 辰일생이 여자 午일생과 만나면 수옥살이 된다. 이런 궁합이 되면 결혼 후 3년 이내로 남자가 옥중생활을 하든지 관재구설을 받게 된다. 日支 외는 보지 않는다.

2) 역마살 (驛馬殺)

일 지	寅 · 午 · 戌	申 · 子 · 辰	巳 · 酉 · 丑	亥 · 卯 · 未
역 마	申	寅	亥	巳

역마살은 주로 日支를 중심으로 해서 판단하나 年支도 참고한다.

(1) 역마는 떠나는 것을 말하며 일찍 타향으로 나간다.

(2) 역마가 있는 주가 다른 주와 支合이 되면 역마가 길해져서 매사가 다 잘된다. 그러나 돌아다니는 것은 변함없이 많이 돌아다닌다.

(3) 사주 중의 흉신이 역마에 해당하면 풍파를 만나 분주 다사하다.

(4) 역마가 충 · 파 · 해를 당하면 객지에서 객지로 돌아다니게 되며 많은 풍파를 만난다.

(5) 역마가 합이 되면 매사가 더디다.

(6) 사주 중에 역마가 많으면 종신토록 분주하게 돌아다닌다.

(7) 역마가 공망 되면 주거가 불안하다.

(8) 역마와 함지(도화살)가 동주하거나 충 되면 타향에 나가 객사할 수가 있다.

(9) 역마가 정재와 동주하면 현처를 얻는다.

(10) 年에 역마가 들면 항상 다사분주하고,

月에 역마가 들면 객지에서 고생하며,

日에 역마에 들면 항상 분주다사하고,

時에 역마가 들면 자손과 이별하고 객지에서 고독하게 산다.

(11) 年支를 주동해서 日支가 역마 되면, 부부가 별거하며 이별하여서 산다.

*(12) 流年을 볼 때 : 年支를 주동해서 寅년생이 申년을 만났을 때, 외국에 가든지 직업을 변화한다. 月支를 주동하여서 세년이 역마살이 되면 이사 또는 집을 새로 짓기도 한다(예 : 寅월생이 申년을 만나면). 日支를 주동해서 가령 寅일생이 申년을 만났다면 역마년이 되는데, 역마가 드는 당년에 부부 이별 혹은 처가 도망가기도 하며, 간부를 두는 경우도 있다. 時支를 주동해서 역마가 되면 자손을 잃어버리고 혹은 무단가출하는 자식이 있거나 결혼하는 자녀가 있다.

*(13) 궁합을 볼 때 : 年支와 年支가 역마 되면 남녀가 각자 직업을 가지고 서로 협력하여 집안을 이루어 길하지만, 부부간에 별거를 자주한다. 완전 이별은 되지 않는다. 남月支와 여月支가 역마되면 결혼 후 남자의 가문에 행방불명 또는 객사하는 형제가 있다. 남日支와 여日支가 역마되면 부부간에 이별하게 된다. 時支와 時支가 역마 되면 인생의 종말을 객지에서 보내게 된다.

3) 도화살(桃花殺) · 함지살(咸池殺) · 패신살(敗神殺) · 연살(年殺)

일 지	寅 · 午 · 戌	巳 · 酉 · 丑	申 · 子 · 辰	亥 · 卯 · 未
도 화	卯	午	酉	子

도화살은 원칙적으로 日支를 표준으로 해서 정하나, 年支를 중심으로 정할 때도 있다.

(1) 도화살이 있으면 남자는 호색가, 여자는 풍류를 좋아한다. 음란.

(2) 日支와 時支에 도화살이 있으면 주색으로 패가망신한다. 음란한 경향이 많다.

(3) 남자가 도화가 있고 日支가 관성이면 처가의 덕으로 치부한다.(처로 인해 벼슬이 높아진다.) 남자가 도화가 있고 그것이 정재와 동주하면 처로 인해 부자가 된다.

(4) 도화가 장생,건록,제왕 등 왕성한 12운성에 해당하면 용모가 아름답다.

(5) 도화가 사,절 등의 쇠약한 12운성에 해당하면 배은망덕, 교활, 음탕하다.

(6) 여자사주에 역마와 도화가 동주하면 음란하고, 창피한 것을 모르며 남편 모르게 정부와 타향으로 도망간다.

(7) 日支나 時支에 도화가 있고 양인살이 붙어 있으면, 학식 또는 재주가 있고 영리하나 몸이 약하다.(이 때는 年支를 표준으로 도화를 정함.)

(8) 도화살이 공망이 되면 더욱 길해지고, 도화살에 日干을 극하는 오행이 동주하면 복이 있고, 日干오행이 陰인데 日干을 극하는 오행이 陽이 되면서, 극(剋)해 오는 오행이 있는 주에 도화살이 있으면 재물 복이 있다. 도화가 편관과 동주하면 외방출입을 하다가 망신당하기 쉽고, 여자가 도화와 편관이 동주하면 화류계 여성이 되기 쉽다.

(9) 도화는 형이나 합이 되는 것을 기피하며 공망이 되면 오

히려 길하다.

(10) 도화와 편인이 동주하면 박복하고, 정관과 동주하면 복록이 있다. 도화와 인수가 동주하면 처의 어머니를 봉양하게 되거나, 또는 생모가 다른 남자와 통정할 수 있다.

*(11) 流年을 볼 때 : 日支를 주동해서 당년이 도화살이 되면 남녀 간에 바람을 피우게 되며 재산에 손해도 있게 된다. 금년이 卯년인데 寅·午·戌일생이라면 도화살이 되는데 이럴 때는 부부 이별하고, 또는 간부를 두는 수가 있으며, 남자는 첩을 두게 된다.

*(12) 궁합을 볼 때 : 남녀사주를 나열하여 年과 年, 月과 月, 日과 日, 時와 時를 대결하여서 도화살이 있는가를 보는데, 가령 남자가 寅년생인데 여자가 卯년 생이면 결혼 후 되는 일이 없고, 남편의 앞길이 막히며, 月과 月이 도화살이 되면 결혼 후 남자의 부모에게 풍파가 시작되며, 日과 日이 도화이면 결혼 후 남자가 첩을 두는데, 남자가 寅일생, 여자가 卯일 생이면 거꾸로 여자가 간부를 두고 부부 풍파가 일어나며, 時와 時가 도화가 되면 자손들이 불효하고, 가산을 탕진하며, 학업도 중단되고, 무덕한 자손이 된다.

4) 귀문관살 (鬼門關殺)

일지	자	축	인	묘	진	사	오	미	신	유	술	해
년지	酉	午	未	申	亥	戌	丑	寅	卯	子	巳	辰

귀문관살은 日支를 주동하여서 年支를 본다. 이 살은 정신이상이 되든지, 변태적 발작 또는 신경쇠약에 걸리는 것을 말하는

데, 日柱를 주동하여서 年柱가 공망되면 귀문관살이 작용을 못한다. 곧 공망이 될 때는 귀문관살이 없는 사주가 된다. 年支를 중심할 때 日柱와 時柱에 있을 경우 강렬하다.

　* 궁합을 볼 때 : 여자 日支를 주동해서 남자 일지가 해당되면 가령 子일생인 여자 酉일생인 남자, 남자가 결혼한 후 정신이상 또는 혈압으로 환자가 되고, 남자 日支를 주동해서 여자 일지가 귀문관살이면 남자 子일 여자 酉일, 결혼 후 여자가 정신이 온전치 못하게 된다. 궁합에 꼭 적용시킬 것.

5) 백호대살 (白虎大殺)
血光死. 橫死. 피를 흘리며 죽는다.

甲辰	戊辰	丙戌	壬戌	丁丑	癸丑	乙未

　사주 중 年柱에 있으면 조상의 길흉사를 아는 것이고, 月柱에 있으면 부모 형제가 백호대살이 되며, 日柱에 있으면 부부간에 좋지 않게 죽으며, 時柱에 있으면 자손이 흉악하게 죽는 수가 있다.

　백호대살은 급살, 惡殺, 비명횡사하는 것을 말하며, 沖·破가 되면 살이 없어지고 평탄한 것으로 된다. 가령 戊辰년, 임술년, 정축년생 등의 자이면 조상이 악사 또는 일찍 돌아가시고, 月에 있으면 부모 형제가, 時에 있으면 자손이 악사한다.

　* 流年을 볼 때 : 백호대살에 해당되는 生年 가령 戊辰년 출생자가 戊辰년을 만나면 사회적으로 흉악한 운이 되며, 月柱가 백호대살에 해당되는 사주가 戊辰년 등을 만나면 부모가 악사하며, 그렇지 않으면 형제가 악사한다. 日柱가 백호대살인데 백호

대살에 해당되는 甲辰년, 癸丑년 등을 만나면 부부, 첩 등이 악
사하며, 時柱가 백호대살인데 백호대살에 해당되는 年을 만나면
자손이 악사한다.

　* 궁합을 볼 때 : 남녀의 日柱와 日柱를 주동하여서, 남녀 동일
하게 戊辰일생이나 또는 여자 壬戌일주에 남자 壬戌일생 등이면
부부간에 흉하게 사별한다.

6) 낙정살 (落井殺)

일 간	갑·기	을·경	병·신	정·임	무·계
일지·시지	巳	子	申	戌	卯

　甲일이나 己일생 사주가 巳일이나 巳시에 출생하면 낙정살이
있는 사주가 된다. 낙정살은 글자 그대로 우물에 떨어진다는 것,
익사하는 것을 의미한다.

　낙정살이 있는 사주는 누구를 막론하고 승선, 수산업, 해물
업 등은 절대로 금할 것이고, 그렇지 않으면 우물이나 물에 빠
지듯 실패한다. 그러나 日支와 時支가 충이나 파되면 낙정살은
없어진다.

　* 流年을 볼 때 : 日干을 주동해서 當年의 地支가 낙정살이 되
면 물을 조심해야 하며, 물에서 나온 어물 등에 투자하면 손재하
며, 승선 등은 크게 흉하다. 가령 甲일이나 己일생이 巳년을 만
나면 낙정살이 된다.

　* 궁합을 볼 때 :「여자를 주동해서」여자 日干이 甲이나 己이
며 남자의 日支가 巳일생이면 궁합에 낙정살이 붙는다. 낙정살
이 있는 궁합이면 부부간에 만나서 7년 이내에 水難을 당하여

물에 빠져 죽는다(언제나 여자를 주동해서 볼 것). 곧 여자 사주 乙 ·
庚일생이 子일생 남자를 만나면 낙정살이 있다.

7) 다전살 (多轉殺) · 천전살 (天轉殺)

월 지	인·묘·진	사·오·미	신·유·술	해·자·축
일 주	乙卯	丙午	辛酉	壬子

다전살이 되면 직업변동을 많이 하며, 하나의 직업을 오래 유
지하지 못하고 풍파가 많다.

* 流年을 볼 때 : 을묘일에 출생한 자가 寅월, 卯월, 辰월생이
되었을 때 다전살이 되는데, 乙卯년을 만나면 직업에 실패가 많
아서 만사가 크게 흉하다. 가령 丙午일생이 巳월에 출생한 사주
일 때, 丙午년을 만나는 등이면 직업실패 또는 변화하여, 만사
가 크게 흉하게 된다.

* 궁합 볼 때는 참고하지 않음.

8) 지전살 (地轉殺)

월 지	인·묘·진	사·오·미	신·유·술	해·자·축
일 주	辛卯	戊午	癸酉	丙子

辛卯일생이 寅월이나 卯월, 辰월에 출생하면 지전살이 된다.
지전살이 있는 사주는 초기에는 잘 시작되어서 성공이 되나 끝
이 좋지 않아 종말에는 실패하는 악한 운명이 되며, 각종 직업을
한 번씩 가져보게 된다.

9) 효신살 (梟神殺) · 배모살 (培母殺)

日柱	甲子	乙亥	丙寅	丁卯	戊午	己巳	庚辰 庚戌	辛未 辛丑	壬申	癸酉

배모살(효신살)은 어머니(생모)를 일찍 사별하거나 이별하게 되고 또는 서모가 있거나 큰어머니가 있을 수 있다. 배모살은 공망이 되면 작용력이 없어지는데, 年柱를 주동하여서 공망을 본다. (가령 甲子년생이 乙亥일생이 되면 살이 파괴되어 무력해진다.)

* 日支가 편인인 경우 : 日支는 본래 배우자 궁인데, 편인 즉 계모가 앉아 있는 격이니 여자는 산액이 있고 남자는 결혼 운이 나쁘다. 효신살이 사주에 있으면 자식 인연이 박하다.

* 流年을 볼 때 : 甲子일생이 甲子년을 만나든지, 乙亥일생이 乙亥년을 만나면 분가 또는 동업이 시작되는데 반드시 손재 및 사기를 당하게 되며, 혹은 부부이별도 된다. 丙寅 · 丁卯일 등도 동일한 방법으로 본다.

* 궁합을 볼 때 : 甲子일생 남자가 여자 甲子일생을 만나면 서로 주동자가 될려는 고집이 있게 되며, 언쟁하는 일이 많고 결국에는 이별하게 된다. 다른 일주들도 마찬가지이다.

10) 고신살 (孤神殺) · 상처살 (喪妻殺)

년 지	해 · 자 · 축	인 · 묘 · 진	사 · 오 · 미	신 · 유 · 술
고 신	寅	巳	申	亥

고신살이 있으면 부부 운이 평탄치 못하다. 이별, 독수공방을 나타낸다.

(1) 子년생일 때 다른 주에 寅이 있으면 고신살이 붙는다. 남자가 이 살이 있으면 喪妻하여 고독하게 된다. 여자일 때는 생이별하게 되며 또는 별거를 많이 한다.

(2) 年支가 子인데 日支가 寅이면 상처하고 그렇지 않으면 생이별한다. 時支가 子인데 日支가 寅이면 時支가 日支를 고신살을 만드는 것이 되어서 상처 및 생이별하게 된다. 丑년생이 日支가 寅일 때, 寅·卯·辰년생이 日支가 巳일때, 巳·午·未년생이 申일생일 때, 申·酉·戌년생이 亥일생일 때 상처한다고 보는데, 남자사주에 주로 적용하며 여자는 과숙살을 주로 적용한다.

*(3) 流年을 볼 때 : 子, 丑, 亥년생이 寅년을 만나면 고신년이 되는 등인데, 고신년에는 남자는 상처 또는 부부 이별하게 되며 그렇지 않으면 사업 실패한다. 여자는 남자로 근심이 발생하며 간부가 생기게 되는 망신의 운세이다.

*(4) 궁합을 볼 때 : 남자 亥·子·丑년생이 여자 寅일생을 만나면, 寅·卯·辰년생이 巳일생을 만나면, 巳·午·未년생이 申일생을 만나면, 申·酉·戌년생이 亥일생을 만나면 상처하거나 크게 흉하다. 남자 사주에 고신살이 있을 때 여자 사주에도 고신살이 있으면 부부가 반드시 상처 및 이별한다.

(5) 고신살은 합이 되면 작용력이 쇠약해진다. 가령 子년생이 寅일에 출생하였는데 사주 안에 亥가 있든지, 丑이 있으면 子·丑合이나 寅·亥合이 된다. 고신살은 지합, 삼합이 되면 흉살을 길한 것으로 변화시키는 것이 된다.

11) 과숙살 (寡宿殺) · 과부살 (寡婦殺)

년 지	해 · 자 · 축	인 · 묘 · 진	사 · 오 · 미	신 · 유 · 술
과 숙	戌	丑	辰	未

예를 들어 年支가 子이고 다른 주의 支에 戌이 있으면 과숙살
인데, 남자는 부부이별할 운이며, 여자는 과부가 된다. 이 살이
있는 주에 12운성의 길성이 들면 이별 정도이지만 사 · 쇠 · 절 ·
병 등이 붙으면 완전히 과부가 된다. 가령 子년생이 日支에 戌이
있는데 戌 밑에 사 · 쇠 · 절 등이 있으면 크게 흉하다. 길한 12운
성은 제왕 · 양 · 장생 · 관대 등이다.

(1) (日支를 중심으로) 남녀 사주에 과숙살이 年에 있으면 부모운
이 나쁘며, 時나 月에 있으면 부부 자녀와 인연이 나쁘다.

(2) 과숙이 화개와 동주하면 남녀가 다 중이 될 팔자이다.

(3) 時支에 과숙이 있으면 자식들이 불초하다.

(4) 과숙이 역마와 동주하면 타향에 나가 방탕하게 지낸다.

(5) 과숙이 공망을 만나면 젊어서 고생이 있다.

(6) 과숙살이 여자에게 있으면서 또는 남자에게 고신살이 있
으면 대개 형별을 한 번 정도 받는다. 일생을 안락하게 지낼 수
도 있다.

(7) 流年을 볼 때 : 여자 年支가 子인데 戌년을 만나면 과숙년
이 되고, 寅년생이 丑년을 만나면 과숙년이 되는 등이다. 과숙년
을 만나면 되는 일이 없고, 남편과 생이별 아니면 사별하여 과부
가 되는 운이며, 재산에 실패도 있게 된다. 다른 支도 동일하다.
남자가 과숙살을 만나면 몸에 질병이 침범하고, 부부 사이에 언
쟁하는 일이 많으며 가정이 온화하지 못한 운이 된다.

(8) 궁합을 볼 때 : 여자사주에 과숙살이 있는데 남자사주에도 과숙살이 있으면 부부가 생이별하며, 서로 불행하게 된다.

여자 亥 · 子 · 丑년생과 남자 戌일생,

　寅 · 卯 · 辰년생과　　丑일생,

　巳 · 午 · 未년생과　　辰일생,

　申 · 酉 · 戌년생과　　未일생은 만나지 말 것.

과숙살이 되는 궁합은 남자가 일찍 죽으며, 여자는 과부가 된다.

(9) 과숙살도 지합, 삼합이 되면 살의 작용력이 약하게 된다.

〈참고〉 남녀 생사별의 일진 :

생일	甲寅	辛酉	己丑	乙卯	乙未	壬子	丙午	戊辰	庚申	戊申	戊戌

남자에게 있으면 처가 일찍 죽고, 여자사주에 있으면 남자가 일찍 죽는다. 그러나 그 일진이 남녀 다 들었으면 무방하다. (예컨대 남자가 辛酉일, 여자가 己丑일이면 무방하다.)

* 生月이 상기일이 되면 외상을 입거나 병신이 된다.

* 상기일이 일주에 있는 사람이 일주와 동일한 세년을 만났다면, 바로 그 해에 부부 생사별한다. (가령 甲寅일생이 甲寅년을 만났을 때)

12) 수액살 (水厄殺)

이 살이 있으면 물에 빠져 죽지 않으면 죽을 고비를 겪는다.

월지	인 · 묘 · 진	사 · 오 · 미	신 · 유 · 술	해 · 자 · 축
시 지	寅	辰	酉	丑

수액살이 있는 사람이 수액년을 만나면 수액을 당한다. 인월
인시생이 寅년을 만나든지, 사월 진시생이 辰년을 만나면 수액
을 당한다.

13) 맹인살 (盲人殺)

맹인 아니면 눈에 이상이 있다. 두 부부가 맹인살이 있으면 맹
인자식을 낳는다.

월 지	인 · 묘 · 진	사 · 오 · 미	신 · 유 · 술	해 · 자 · 축
일지 또는 시지	酉	辰	未	戌

14) 농아살 (聾啞殺)

년 지	인 · 오 · 술	신 · 자 · 진	해 · 묘 · 미	사 · 유 · 축
시 지	卯	酉	子	午

귀머거리 아니면 귀에 이상이 있다. 남녀 부부가 동일하게 농
아살이 있으면 농아인 자손을 낳는다.

15) 병신살 (病身殺)

생일이나 생시	乙巳	乙未	己巳

이 날이나 시에 출생한 사람은 병신 아니면 항상 몸이 아프다.
병신살이 있는 사주가 즉 乙巳일생이 乙巳년을 만나면 병신이
되며, 부부가 동일하게 병신살이 있으면 병신의 자손을 낳는다.

16) 백일살 (百日殺)

생 월	인·묘·진·사	오·미·신·유	술·해·자·축
일지나 시지	辰·戌·丑·未	子·午·卯·酉	寅·申·巳·亥

이 살은 출생하여 100일 이내에 죽지 않으면, 죽을 고비를 겪는다.

17) 음착살, 양착살 (陰錯殺, 陽錯殺)

음착살	癸巳日	辛卯일	丁未일	辛酉일	癸亥일	丁丑일	
양착살	壬辰일	丙午일	壬戌일	丙子일	戊寅일	甲寅일	戊申일

차착(差錯)살이라고도 한다. 부부간에 파란, 불화, 고독해지는 별이다. 이 살은 출생일을 가지고 본다. 이 살이 있는 사람은 결혼 후 파란이 많으며, 불화, 喪妻, 喪中得妻 등의 흉사가 있다. 일주가 음착살일 때 년주를 주동해서 일지가 공망되면 음착, 양착살의 작용력이 상실된다. (가령 癸亥일이나 壬戌일생이 甲子,乙丑,丙寅,丁卯,戊辰년생 등일 때.)

이 별이 남자에게 있을 경우, 특히 일주에 있으면 외삼촌이 없거나, 고독하게 되며, 시주에 있으면 처남이 고독하다. 여자에게 있으면 특히 일주나 시주에 있으면 남편의 집안이 영락한다. 또는 남편이 바람을 피운다거나 하여 속을 썩인다.

18) 철직살 (鐵職殺)

壬子일이나 戊辰일 : 기생팔자이며, 남자는 양처득운.

辛酉일이나 丙寅일 : 기생팔자이며, 남자는 바람이 많다.

庚戌일이나 甲午일 : 세상 사람의 처요, 남자는 브로커이다.

壬申일이나 丁未일 : 기생팔자요, 남자는 첩을 둘 팔자이다.

* 철직살은 궁합을 볼 때 작용한다. 남자가 壬子일생인데 여자가 戊辰일생이면 남녀 다 철직살이 있게 되는데, 두 사람이 다 있으면 행복하게 잘 산다.

19) 홍염살(紅艶殺)

일간	갑·을	무·기	임·계	정	병	신	경
홍염살	午	辰	申	未	寅	酉	戌

외도, 작첩, 호색음란. 연예인, 기생 등 인기 직업에 종사하는 자가 많다. 이 살이 들면 여자는 기생의 팔자요, 남자는 妻宮이 산란하고 외방에 작첩한다. 남녀간에 이 살이 있으면 허영과 사치를 좋아한다.

20) 신체를 파괴하는 7살

水일土7살:聾,鼻,냉증.　(壬·癸(수)-辰·未·戌·丑(토):토극수)

金일火7살:肺經.　　　　(庚·辛(금)-巳·午(화):화극금)

火일水7살:맹인.　　　　(丙·丁(화)-亥·子(수):수극화)

木일金7살:요통증있음.　(甲·乙(목)-申·酉(금):금극목)

土일木7살:질병이 많다.　(戊·己(토)-寅·卯(목):목극토)

가령 丁亥일생이면 丁은 火요 亥는 水이니까, 亥水가 올라오면서 丁火를 상극시키기 때문에 7살이 붙는다고 한다. 반드시 올라가면서 상극시켜야 한다. 예컨대 일주가 甲申일이라면 천간甲木을 지지申金이 올라가면서 금극목하므로 요통증으로 인하여 크게 고생한다.

21) 강성살 (剛星殺)

일 주	壬辰	壬戌	庚戌	庚辰

　강성살이 일주에 있으면 타살된다. 이런 사람은 인내심이 꼭 필요하다. 또한 여자사주에 있으면 질투심과 생활력이 강하고, 강성살이 있는 사주가 간합이 되든지, 지합이 되면 강성살은 작용력을 상실하게 된다. 예컨대 庚辰일 출생자가 년지에 酉가 있으면 辰酉合이 되고, 월간에 乙이 있으면 乙庚合이 된다. 사주 안에 어느 곳에 있더라도 일간과 일지와 간합 · 지합이 되는 것을 말한다.

22) 재살(災殺)

　(1) 孤厄殺 : 柱在孤厄 東西奔走 男則喪妻. 離鄉則吉. 孤厄風波 他鄉之客 女則喪夫 喪則頻頭 獨宿空房 枯梅逢春

　(2) 寡宿殺 : 靑龍世業 廣大天地 平生之事 殺在寡宿 漂浪如雲 一身無依 獨宿無依獨宿空房 中年當根 自手成家

　(3) 火厄殺 : 火厄喪敗 東西奔走 四方有殺 大敗之中 災厄頻父 食小事煩 一身安過術業得名 因宿之餘 敗數何言

　(4) 赤狼殺 : 內其不利 千里關山 莫近酒色 胃貧如載 敗財何言 獨自跋涉 損在落名離故他鄉 狼星本凶 精厄制殺

　(5) 八敗殺 : 少年時節 古其不利 初年風事 遠近他鄉 感敗何事 離鄉八字 有頭無尾肺疾可畏 若不然則 一身浪敗

　(6) 天狼殺 : 驚風吊問 若不然則 若非長涉 莫入沈山 落淚之厄 官厄愼之 疾病可畏病患可畏 天狼本凶 數而奈何

　(7) 小狼殺 : 男則喪妻 情人相別 雁行失席 産業自疏 女則喪夫

哀情不忌 各飛分散子孫貧寒 祖業如烟 喪敗頻頻

(8) 破家殺 : 幸配世業 古基不利 東家西宿 知我自强 散如浮雲 離鄉爲吉. 一身奔 走 功名浮雲 賣酒店村 到處生涯.

(9) 三刑殺 : 柱臨三刑 長沙之行 若不然則 自足有父 獄門難免 一時困難 喪妻剋子何剋此數 雖有自厄 衣食自足

(10) 六合殺 : 夫婦之間 旺則要妻 若臨刑沖 中年當根 百年偕老 衰則何言 損財頻頻 或富或貴 末年運命 沖破無吉

(11) 大耗殺 : 長沙一行 秋來孤客 救象之人 論其刑宮 身在千里 豈不傷心 離鄉之格 生離死別 積功然後 不事如意

(12) 四關殺 : 寺門法階 柱臨四關 長念禱厄 佛前祈禱 必是念佛 孤獨之人 可免此數 若非山綠 至誠禱厄 末年一子

〈재살횡간법〉(災殺橫看法)

재살/년	甲	乙	丙	丁	戊	己	庚	辛	壬	癸
고액살	5월	4월	4월	7월	6월	10월	10월	10월	1월	10월
과숙살	4월	10월	4월	4월	10월	1월	7월	7월	1월	1월
화액살	9월	11월	12월	12월	3월	3월	7월	6월	6월	9월
적랑살	5월	11월	12월	5월	5월	11월	2월	8월	2월	2,9월
팔패살	6월	12월	6월	6월	3월	9월	9월	3월	3월	6월
천랑살	9월	12월	9월	12월	6월	11월	6월	6월	6월	6월
소랑살	5월	3월	7월	7월	5월 병신	12월	1월	8월	6월	10월
파가살	1월	6월	6월	2월	2월	10월	5월	10월	1월	11월
삼형살	2월	8월	7월	10월	9월	12월	11월	3월	1월	5,1월
육합살	8월	5월	7월	10월	9월	12월	12월	3월	2월	6월
대모살	10월	1월	9월	8월	10월	7월	4월	4월	3월	5월
사관살	1월	3월	4월	5월	6월	6월	8월	9월	10월	11월

23) 육친흉살(六親凶殺)

(1) 육친흉살간법(六親凶殺看法)

생년	寅	午	戌	甲	子	辰	亥	卯	未	巳	酉	丑	남-多妻
八 敗	12월	6월	2월	9월	6월	3월	3월	12월	6월	3월	9월	9월	여-화류
飛天殺	5월	5월	10월	1월	2월	3월	10월	5월	10월	3월	1월	1월	신병
重婚殺	6월	10월	2월	12월	4월	8월	3월	7월	11월	9월	1월	5월	結婚누차
穿胎殺	4월	2월	6월	4월	2월	6월	7월	5월	3월	7월	5월	3월	不胎액
産兒殺	10월	2월	6월	4월	8월	12월	7월	11월	3월	1월	5월	9월	다산액사

(2) 육친살(六親殺) · 재살(災殺)

寅午戌년	申子辰년	亥卯未년	巳酉丑년	육친살해설
5월	11월	2월	8월	三妻
9월	3월	8월	12월	晩子格
7월	1월	4월	10월	兩妻나 이별
8월	2월	5월	11월	부부사별
6월	12월	3월	9월	兩妻나 無子
4월	10월	1월	7월	兩妻나 無子
3월	9월	12월	6월	兩妻不合
2월	8월	11월	5월	부부불합
1월	7월	10월	4월	부부불합
12월	6월	9월	3월	부부불합
11월	5월	8월	2월	妻 生이별
10월	4월	7월	1월	兩妻和合

가령 寅년이나 午년, 戌년에 출생한 사람이 7월생이면 처가 둘
이거나 이별을 나타낸다는 말이다. 육친살의 해소 또는 예방은

없다고 한다. 그런데 《松鶴秘傳 · 符作篇》을 보면 각종 殺을 소멸 시기는 부적이 있다고 하는데, 이 부적을 사용하면 큰 악운이 작은 악운으로 변화된다고 한다.

24) 단명살(短命殺)

정월 巳일생	정월 巳일생	3월 丑일생	4월 寅일생
5월 卯일생	5월 卯일생	5월 卯일생	5월 卯일생
9월 酉일생	9월 酉일생	11월 未일생	12월 午일생
7월 巳, 亥일생	8월 辰, 戌일생		9월 卯, 酉일생
10월 寅, 申일생	11월 丑, 未일생		12월 子, 午일생
1, 2, 3월 酉, 戌, 辰시생	4, 5, 6월 丑, 卯, 子시생		
7, 8, 9월 寅, 午, 未시생	10, 11, 12월 亥, 申, 巳시생		

〈참고〉 장수사주(長壽四柱)

정월 亥일, 2월 戌일, 3월 酉일, 4월 申일, 5월 未일, 6월 午일, 7월 巳일,

8월 辰일, 9월 卯일, 10월 寅일, 11월 丑일, 12월 子일에 출생하면 장수한다.

25) 삼재살(三災殺), 삼재입출법(三災入出法)

(1) 巳 · 酉 · 丑년생 : 亥년에 들어오고(들삼재), 丑년에 나간다(날삼재).

(2) 申 · 子 · 辰년생 : 寅년에 들어오고, 辰년에 나간다.

(3) 寅 · 午 · 戌년생 : 申년에 들어오고, 戌년에 나간다.

(4) 亥 · 卯 · 未년생 : 巳年에 들어오고, 未년에 나간다.

<삼재팔난출입법>(三災八難出入法)

출생일	삼재	나 이						
子午卯酉	入	3	15	27	39	51	63	75
生		4	16	28	40	52	64	76
人	出	5	17	29	41	53	65	77
寅申巳亥	入	7	19	31	43	55	67	79
生		8	20	32	44	56	68	80
人	出	9	21	33	45	57	69	81
辰戌丑未	入	11	23	35	47	59	71	83
生		12	24	36	48	60	72	84
人	出	13	25	37	49	61	73	85

삼재가 들면 재수가 없으며 되는 일이 없다. 財數, 人難에 그렇지 않으면 병고가 있다. 그러나 대운이 길하면 福三災가 되니 무사하다. 삼재란 水災, 火災, 風災의 악운을 당한다는 것이며, 이 삼재는 10년마다 들어 왔다가 3년 동안 머물고 나가는 악운인데, 사주 대운법에서 대운이 드는 해에 삼재가 드는 사람은 복삼재로 간주하며, 그 외에 드는 삼재는 악운이 된다.

가령 寅년생이면 申년에 入三災요, 酉년은 묵삼재요, 戌년은 出三災라 칭한다. 亥, 卯, 未년생이라면 巳가 되는 해에 입삼재, 午년은 묵삼재, 未년은 출삼재라고 한다. 삼재는 입춘날에 들며 동짓날에 나간다. 대운이 흉하고 삼재가 끼면 크게 파산한다.

26) 상문조객살 (喪門弔客殺)

상문은 상복을 입고, 조객은 가택이 안녕하지 못하다. 대운이나 流年運 즉 세운에 만나도 역시 그러하다.

일지	자	축	인	묘	진	사	오	미	신	유	술	해
喪門	戌	亥	子	丑	寅	卯	辰	巳	午	未	申	酉
弔客	寅	卯	辰	巳	午	未	申	酉	戌	亥	子	丑

　　　　　　　　　　　　　　　다이제스트 명리요결

27) 고란살 (孤鸞殺) · 신음살 (呻吟殺)

고독한 부부인연. 신음. 한숨.

일주	甲寅	乙巳	丁巳	戊申	辛亥

주로 여자의 경우를 보는데, 남편 때문에 고생하거나 남편이 첩을 두거나 하여 독수공방하는 날이 많다. 남자인 경우 처를 극한다.

28) 급각살 (急脚殺)

신경통, 다리를 저는 일. 어느 육신에 급각살이 해당되느냐에 따라 그 해당되는 육친이 당하게 된다.

월 지	인 · 묘 · 진	사 · 오 · 미	신 · 유 · 술	해 · 자 · 축
급각살	亥 · 子	卯 · 未	寅 · 戌	丑 · 辰

29) 단교관살 (斷橋關殺)

넘어지거나 떨어져서 팔다리가 상한다는 별이다. 여기에 刑이 가중되면 이로 말미암아 신경통 내지는 소아마비까지 앓게 된다.

월지	인	묘	진	사	오	미	신	유	술	해	자	축
단교관살	寅	卯	申	丑	戌	酉	辰	巳	午	未	亥	子

30) 탕화살 (湯火殺)

몸에 흉터나 부상을 입는 살이다. 불이나 끓는 물에 덴다거나, 화살, 파편 등으로 몸을 다치거나, 음독하거나 하는 등이다.

일지	寅	午	丑	戊寅일주	戊子일주
地支	巳·申	辰·午·丑	午·未·戌	많은 寅	寅·巳·申

31) 부벽살 (斧劈殺)

부벽이란 도끼로 쪼갠다는 뜻이니, 만사가 쪼개져 망가진다는 살이다. 사람도 고생하고 재물도 파산되는 고생이 있다. 따라서 이 살이 있으면 만사가 잘 안된다.

월 지	寅·申·巳·亥	子·午·卯·酉	辰·戌·丑·未
부벽살	酉	巳	丑

32) 천라지망살 (天羅地網殺)

종교, 수도의 별이다. 만사가 막혀 큰 뜻을 이루지 못하고, 잘 되어 가다가도 결국에 성취되지 못한다.

	日柱五行이 火·土	日柱五行이 水
天羅煞	戌·亥	
地網煞		辰·巳

(일주가 木·金인 사람은 살이 없다. 일주오행은 〈60갑자와 오행〉을 참고)

33) 겁살 (劫殺)

재기불능의 흉살이다. 겁탈, 도난, 부상. 사주에 이 살이 있으면 평생 사람에 시달리고 돈에 속는 일이 많게 된다.

일지·년지	寅·午·戌	巳·酉·丑	亥·卯·未	申·子·辰
겁 살	亥	寅	申	巳

34) 낙목관살 (落木關殺)

나무에서 떨어진다는 뜻이니, 허리나 다리 등이 신경통으로 아픈 형태이다.

월 지	寅·卯·辰	巳·午·未	申·酉·戌	亥·子·丑
日·時	丑·未	辰·戌	寅·申	巳·亥

〈육합·삼합·형·파·해·원진 조견표〉

	子	丑	寅	卯	辰	巳	午	未	申	酉	戌	亥
자		합		형	삼합		충	해원진	삼합	파		
축	합				파	삼합	해원진	형충		삼합	형	
인						형해	삼합		형충	원진	삼합	합파
묘	형				해		파	삼합	원진	충	합	삼합
진		파		해	형				삼합	합	충	
사		삼합	형해						합형파	삼합	원진	충
오	충	해원진	삼합	파			형	합			삼합	
미	해원진	형충		삼합			합				형파	삼합
신	삼합		형충	원진	삼합	합형충						해
유	파	삼합	원진	충	합	삼합				형	해	
술		형	삼합	합	충		삼합	형파		해		
해			합파	삼합	원진	충		삼합	해			형

15. 희신(喜神) : 길성(吉星)

1) 정록(正祿)과 암록(暗祿)

(1) 정록, 십간록(十干祿)

녹이란 나라의 작록 즉 버슬을 함으로써 받는 부귀를 말한다. 따라서 사주에 정록이 있으면 풍족한 의식과 사회적인 지위도 얻을 수 있다. 이 정록은 다른 길성과 동주하면 그 복락이 더욱 왕성해지나 형·충·파·해 등 흉성과 만나면 변한다. 대체로 이 별이 있으면 공부하여 출세 공명할 수 있다고 보면 된다.

일 간	甲	乙	丙	丁	戊	己	庚	辛	壬	癸
정 록	寅	卯	巳	午	巳	午	申	酉	亥	子

〈암기법〉 甲祿은 在寅, 乙祿은 在卯,
　　　　　丙戊祿은 在巳, 丁己祿은 在午,
　　　　　庚祿은 在申, 辛祿은 在酉,
　　　　　壬祿은 在亥, 癸祿은 在子.

(2) 암록

일 간	갑	을	병	정	무	기	경	신	임	계
암 록	亥	戌	申	未	申	未	巳	辰	寅	丑

(암록암기법)
　　甲猪 乙犬 丙戊申, 　丁己未兮 庚見蛇,
　　辛龍 壬寅 癸見丑, 　此是十干 暗祿星.

(1) 암록이 있으면 위험한 장소에서도 귀인이 도와주며 한평생 재물이 떨어지지 아니하고, 영리하고 복록이 있으며 자기를 도와주는 사람이 많다. 암록은 정록과 합이 되고 있다.

(2) 年에 암록이 있으면 조상이 재산이 많고 덕이 있으며, 月에 암록이 있으면 형제 덕·부모덕이 있으며, 時에 있으면 자손에 덕이 있는 사주이다.

(3) 年干을 위주로 하여 日支에 암록이 들면 처덕이 있으며, 평생 연복이 있는 사주이다.

*(4) 궁합을 볼때 : 남녀의 日柱를 주로 대결시킨다.

남자 甲일생인데 여자 亥일생이면 여자는 남자에게 사랑과 복된 인생의 향락을 받게 되며, 여자 甲일생인데 남자가 亥일생이 되면 결혼하면서 여자의 사랑과 더욱이 재산과 복이 무궁하게 저축되어 크게 부귀한다. 즉 처덕이 있다.

*(5) 流年(신수)을 볼때 : 日支가 亥인데 甲년을 만나면 횡재운이 있고, 戌일생이 乙년을, 申일생이 丙년을, 未일생이 丁년을, 申일생이 戊년을, 未일생이 己년을, 巳일생이 庚년을, 辰일생이 辛년을, 寅일생이 壬년을, 丑일생이 癸년을 만나면 횡재하고 귀인의 협조가 생긴다.

〈주의〉 日支가 亥일생인데 甲년을 만나면 암록이 되지만, 암록이 흩어져서 좋다가 결과는 나쁘게 되는 수가 있다. 甲년을 만나되 甲子년이라면 子는 亥와 도화살이 된다. 도화살이 될 때는 반대로 암록이 되지 않는다. 戌일생은 乙년에 암록이지만 乙卯년은 암록이 되지 않으며, 申일생은 丙,戊년에 암록이지만 戊申,丙申년은 암록이 되지 않으며, 未일생은 乙,丁년에 암록이지만 乙亥,丁亥년은 암록이 되지 않으며, 巳일생은 庚년에 암록이지만 庚午년은 암록이 되지 않으며, 辰일생은 辛년이 암록이지만 辛酉년은 암록이 되지 않으며, 丑일생은 癸년에 암록이지만 癸巳년은 암록이 되지 않는다. 되지 않을 때는 반대로 약하게 된다.

2) 교록성 (交祿星)

년 주	甲申	乙酉	戊子 丙子	己亥 丁亥	庚寅	辛卯	壬午	癸巳
교 록	庚寅	辛卯	癸巳	壬午	甲申	乙酉	己亥 丁亥	戊子 丙子

(1) 교록이란 물품을 주고 돈으로 바꾼다든지, 물건을 주고 물건을 바꾼다는 뜻이다. 교록이 있는 사주의 주인공은 사업소개소, 복덕방 등이 크게 길하며, 무역업, 외교관으로 직업을 가지게 되며, 또한 노력하면 해당 직업으로 성공할 수 있다.

*(2) 流年을 볼 때 : 교록이 해당되는 年 즉 甲申년생이 庚寅년을 만나면, 사업, 직업변동이 되어서 실패하며, 일주가 甲申일생이 庚寅년을 만나면 부부 언쟁이 심하며 다른 여자와 연정 관계가 있다.

*(3) 궁합을 볼 때 : 甲申년생 남자가 庚寅년생 여자를 만나면 부부 이별하며 또는 남자 모르게 여자가 간부를 두게 되고, 庚寅년생 남자가 甲申년생 여자와 만나면 첩이 있고, 乙酉년생 남자가 辛卯년생 여자를 만나면 여자는 남자에게 피해를 입으며 풍파,이별이 있고 간부를 두며, 辛卯년생 남자가 乙酉년생 여자

를 만나면 첩이 있으며 주색에 흥청거린다. 다른 교록도 동일하
게 감명한다.

3) 진신성 (進神星)

월 지	寅·卯·辰	巳·午·未	申·酉·戌	亥·子·丑
生日 혹은 生時	甲子	甲午	己卯	己酉

(1) 진신이란 모든 일에 계획을 세우거나 일을 도모하면 아무
런 장애 없이 진행되고 풀린다는 길성이다. 고집을 강하게 충동
시키는 길성이기도 하다.

충이나 공망이 되지 않으면 하는 일에 열심히 노력하여 성공
하게 되지만, 충이나 공망이 되는 진신성은 작용을 하지 못한다.
가령 인월 甲子일생인데 년,月,時 중 午가 있다면 충이 되므로 진
신성이 작용하지 못하고, 年柱를 주동하여 공망이 되면(壬戌·癸
亥년생이라면 일지子는 공망이 된다) 진신성이 작용하지 못하게 된다.

*(2) 流年을 볼 때 :①인·묘·진월 甲子일생이 甲子년을 만
나면 무슨 일이든지 노력하면 성공이 되며, ②사·오·미월 甲
午일생이 甲午年을 만나면 동업으로 합자하여서 억지로 밀고 나
가도 어떤 일이라도 성공하며, ③신·유·술월 己卯일생이 己
卯년을 만나면 송사 문제가 성공이 되며, 결혼 및 재혼에 성공
하고, ④해·자·축월 己酉일생이 기유년을 만나면 전에 실패하
였던 일이 성공하고 고등고시 및 각종 시험에 합격하는 길한 해
가 된다.

* 진신성은 궁합에 작용하지 않는다.

4) 금여성 (金輿星)

일간	갑	을	병	정	무	기	경	신	임	계
금여	辰	巳	未	申	未	申	戌	亥	丑	寅

(1) 금여는 황금가마를 뜻한다. 따라서 남녀 모두 좋은 배우자를 만나 행복하게 산다. 여성은 온후,유순,절의,음덕,좋은 인연 등을 특성으로 하고, 자연의 행복을 받을 암시가 많다. 즉 항상 면모에 화애한 기운이 있으며, 몸가짐에 절도가 있고 세상 사람의 도움을 받는 수가 많다. 남자는 발명의 재간이 있고 처가 덕을 본다. 여자는 대체로 미모이며 결혼 운이 좋다.

특히 日支 또는 時支에 있으면 시종 편안하게 지내며, 친근한 사람을 돕고, 남녀 모두 좋은 배우자를 만나고 자손도 번창하는 경향이 많다. 황족들의 사주에 금여가 많다.

*(2) 流年을 볼 때 : 甲일생이 年,月,時 어디라도 辰이 있으면 금여성이 있는 사주인데, 이런 사주가 아니더라도 甲일생이 辰년을 만나면 사회적으로 귀인을 만나고 대발전의 운세가 되며, 辰일생이 甲년을 만나면 재산이 많은 여자가 나에게 따라서 여자의 덕을 보게 되며, 여자 辰일생이 甲년을 만나면 재산이 많은 남자에게 사랑을 받으며 재물의 도움을 많이 받게 된다.

*(3) 궁합을 볼 때 : 남자가 辰일생일 때, 여자 甲일생을 만나면 처덕이 매우 많으며, 여자 辰일생이 남자 甲일생과 결혼하면 남편 덕이 많고 백년해로 하며 평생을 향락으로 생활한다.

〈주의〉금여성이 있으면 궁합이 크게 길하지만, 형 · 충 · 공망을 꺼린다. 금여성이 무력하게 되기 때문이다. 예컨대,

다이제스트 명리요결

辰일생이 甲일생을 만나면 금여성이지만, 甲戌일이면,

巳일생이 乙일생을 만나면 금여성이지만, 乙亥일이면,

未일생이 丙일생을 만나면 금여성이지만, 丙戌일이면,

申일생이 丁,己일생을 만나면 금여성이지만, 丁巳일생이나 己
巳일생이면,

未일생이 戊일생을 만나면 금여성이지만, 戊戌일이면

戌일생이 庚일생을 만나면 금여성이지만, 庚辰일이면

亥일생이 辛일생을 만나면 금여성이지만, 辛巳일이면

丑일생이 壬일생을 만나면 금여성이지만, 壬辰일이면

寅일생이 癸일생을 만나면 금여성이지만, 癸亥일이면

금여성이 작용하지 못한다.

5) 괴강성(魁罡星)

괴 강	庚戌	庚辰	壬辰	戊戌	壬戌

(1) 괴강은 모든 사람을 제압하는 강렬한 살로, 큰 부귀,엄격,
총명 및 황포,살생,극빈,재앙 등 길흉이 모두 극단적으로 작용
한다. 용모는 좋은 편이나 고집과 이론이 세다. 日이나 時에 있
음을 아주 꺼린다.

(2) 괴강이 日辰에 있으면 병이 자주 침범하며, 과부가 되고,
또는 생이별하며, 사주 중 3개 있으면 반대로 부귀하며 크게 길
해진다. 쇠,병,사,장 등 약한 12운성이 일진 밑에 있고 일진이
괴강살이 되면 괴강살은 완전히 살아 있는 것이 되지만, 장생,
제왕,관대,건록 등 강한 12운성이 붙어 있으면 괴강살이 작용
을 못한다.

(3) 괴강살은 악화되기도 하고 좋아지기도 한다. 악화될 때는 약한 12운성 중 쇠가 오면 쇠퇴하고, 병을 만나면 병들고, 사가 오면 죽었다는 뜻이 된다. 또 장생,제왕 등이 있다면 괴강살을 서서히 달래는 격이 되어 성격을 죽이며, 완화된 성품을 가지게 되니 싸움이나 악한 처세를 하지 않는다.

(4) 괴강이 日에 있는 사람 중 庚戌, 庚辰일생은 사주 속에 정관 및 편관이 있으면, 戊戌 및 壬辰일생은 정재 및 편재가 있으면 극도로 곤궁할 수가 있다.

(5) 괴강이 형·충 되면 이상한 화를 당할 염려가 있다.

(6) 여자사주에 괴강이 있으면 용색은 아름다우나 고집이 세서 남편과 참다운 화합을 할 수 없어 이혼하거나, 과부가 되거나, 병으로 신음하는 수가 많다.

(7) 남자는 괴강이 있으면 이론적 토론을 좋아하며 성격이 지나치게 결벽하다.

여명에 괴강살이 관성(남편)에 해당하면 남편이 가산을 탕진하며 가사에 무책임하다. 여명의 관성이 괴강살과 형·충 되어도 남편으로 인해 고생하며 불만스럽게 살게 된다.

*(8) 流年을 볼 때는 작용력이 없다.

*(9) 궁합을 볼 때 : 남녀의 일주가 다 괴강이라면 상호간 자기의 고집을 세워서 이기려고 노력하게 되니 항상 다투며 불안한 생활을 하게 되어 좋지 않다. 될 수 있으면 日柱 대 日柱가 괴강이 되면 결혼하지 않는 것이 좋다. 특히 괴강일에 출생한 자는 남녀 불문하고 괴강일에 결혼을 하게 되면 꼭 생사별한다.

6) 천을귀인 (天乙貴人)

일 간	甲·戊·庚	乙·己	丙·丁	壬·癸	辛
천을귀인	丑·未	子·申	亥·酉	巳·卯	午·寅

(1) 천을이란 모든 凶神을 주재하는 가장 존귀한 별로서 일체의 흉살을 제거하고 평생을 아무 탈 없이 지내게 하는 길성이다. 천을귀인이 있으면 지혜가 있고 총명하며, 흉한 사주라도 길한 것으로 변하고 크게 흉한 사주라면 보통이 되고 크게 길한 사주라면 더욱 길한 사주가 되며, 각종의 좋지 않은 살이 있어도 평탄해진다.

(2) 천을귀인을 형·충·파·해,공망 해서는 안 되며, 이를 범하면 귀인이 파괴되고 오히려 한평생 풍파와 고생이 많다. 그러나 다른 길성과 만나거나 합이 되면 더욱 길해진다.

(3) 귀인이 왕성한 12운성과 같이 있으면 한평생 복이 많으며, 사,절 등 약한 12운성과 동주하면 복이 없다.

(4) 귀인이 있는 天干이 간합이 되거나, 귀인이 합이 되면 널리 사회적 신용을 얻어 출세를 빨리 하며, 한평생 형벌을 받지 않는다. 또 地支가 지합, 삼합이 되어도 동일하다.

(5) 귀인과 괴강이 같이 있는 사주는 성질이 활발하고, 경우에 밝으며, 남들에게 존경을 받는다.

(6) 귀인과 12운성인 건록이 같이 있으면 글을 잘하여 그 계통에서 출세한다.

(7) 어려울 때, 급한 위기를 만났을 때 구원의 손길을 받는 것을 곧 천을귀인이라 하는데, 혹은 玉堂天乙貴人, 回生天乙貴人이라고도 한다. 천을귀인에서 덕을 받지 못하는 地支가 2개 있다.(

즉 辰, 戌)

(8) 귀인이 年柱에 있으면서 충 · 파 · 해 등의 살이 해당되지 않으면 조상덕이 많았고, 月柱가 충 · 파 · 해 되지 않고 천을귀인이 되었다면 부모 형제가 덕이 있음을 알 수 있으며, 時支가 천을귀인이 되면서 충 · 파 · 해되지 않으면 자손에 덕이 많다고 본다. 年干을 기준하여서 日支가 천을귀인이 되었다면 처덕을 많이 받는다.

*(9) 流年을 볼 때 : 甲 · 戊 · 庚일생이 丑이나 未년을 만났을 때(매년의 太歲)는 우연히 귀인을 만나서 어려운 난관이 해소되고 길운이 되며 재운도 길하다. 특히 남녀 연정 관계의 일이 발생하기 쉬운데 길한 인연이라 볼 수 있다.

*(10) 궁합을 볼 때 : 남자 甲 · 戊 · 庚일생이 여자 丑 · 未일생을 만나면 궁합이 크게 길하다 하고 남편 덕이 있다고 하며, 여자 甲 · 戊 · 庚일생이 남자 丑 · 未일을 만나면 귀인이 되는데 처를 얻은 후 만사가 순조롭고 뜻과 같이 모든 일이 되어서 처덕으로 성공한다고 본다. 또한 다른 천을귀인에 속하는 乙 · 己에 子 · 申의 경우도 동일하다.

*(11) 결혼택일할 때 : 주로 여자 日干으로 본다. 가령 여자 일간이 辛일생일 때 결혼일이 午일이나 寅일이면 좋다. 주의할 것은 甲 · 戊 · 庚일생은 丑 · 未일이 좋지만, 남자가 未 · 午년생이라면 좋지 않다. 남자 年支와 日이 상충이 되든지 원진살이 되면 흉일이어서 결혼이 불길하여 풍파가 많아지고 자동적으로 이별, 破財가 된다.

7) 천주귀인 (天廚貴人)

일간	갑	을	병	정	무	기	경	신	임	계
월지	巳	午	巳	午	申	酉	亥	子	寅	卯

　천주귀인은 일간이 甲이며 월지가 巳가 되든지, 丙일생이 월지에 巳가 되든지, 丁일생이 월지에 午가 오면 천주귀인이 된다. 천주귀인이 되는 사주는 일생 동안 재산을 많이 가지고 복된 생활로 삶을 영위하게 된다.

8) 태극귀인 (太極貴人)

일간	갑·을	병·정	무·기	경·신	임·계
年支	子·午	酉·卯	辰·戌·丑·未	寅·卯	巳·申

　(1) 태극귀인은 뜻밖의 복이 오는 것, 횡재, 急來福을 뜻하는데, 태극귀인이 있으면 일생 동안 많은 부하를 두고 사장, 국장, 장관도 되는 수가 많다. 그러나 年支를 충, 파, 해 시키는 것이 時支에 있다면 태극귀인이 사멸되며 불길하게 된다.

　*(2) 流年을 볼 때 : 일간을 주동하여 당년이 태극귀인이 되면 횡재가 있는 해가 되며(충, 파, 해가 되지 않는 태극귀인일 때) 길한 해가 된다.

　*(3) 궁합을 볼 때 : 여자를 주동하여 본다. 여자가 甲일생일 때 남자가 子·午일생이면 태극귀인이 되어서 행복을 누리고 백년해로하며, 여자 甲·乙년생이 남자 子·午년생을 만나면 남편이 하는 사업이 순조롭게 잘 되며 크게 성공한다.

　丙·丁, 戊·己, 庚·辛, 壬·癸도 동일하다.

9) 천덕귀인 (天德貴人)

월 지	인	묘	진	사	오	미	신	유	술	해	자	축
천덕귀인	丁	申	壬	辛	亥	甲	癸	寅	丙	乙	巳	庚

(1) 천덕은 하늘의 은총이다. 천덕귀인이 있는 사람은 길한데, 年에 있으면 조상 덕이 있고, 時에 있으면 자손 덕이 있으며, 日에 있으면 처덕이 있다. 천덕귀인이 공망, 형·충·파·해가 되면 파괴되며, 지합이나 삼합이 되면 더 왕성해져서 확실하게 작용을 하여, 일생 동안 형액이나 횡액 없이 살게 된다.

(2) 日이나 時에 천덕·월덕귀인이 있고, 형·충·파·해되지 아니하면 한평생 형벌이나 도난을 당하지 않는다. 여자가 두 가지를 구비하면 성질이 온순하고, 정조 관념이 있다.

*(3) 流年을 볼 때 : 寅월생이 丁년을 만나면 재운이 왕성하여 하는 일이 순조롭고 만사형통하며, 새로운 직업을 가져서 성공과 출세의 운이 된다. 예를 들어 국회의원에 출마하면 당선되는 경우이다.

(4) 궁합을 볼 때 : 寅월생이 丁월생을 만나면 행복하고 가정이 안락하며, 평생 액이 없이 살게 되는데, 공망·형·충·파·해가 되면 안 된다.

* 이사, 개업, 결혼 같은 택일에 제일 먼저 꼽는 날이기도 하다.

10) 월덕귀인 (月德貴人)

월 지	인·오·술	신·자·진	해·묘·미	사·유·축
월덕귀인	丙	壬	甲	庚

(1) 월덕은 땅의 보호와 은혜이다. 월덕귀인이 있으면 결혼하여 처덕으로 크게 길하며, 형제 덕도 있고 길운이나, 12운성 중에서 쇠·병·사·장 등 약한 12운성과 만나면 허사가 된다. 또충·파·해가 月支에 해당하면 파괴된다.

(2) 남자가 日이나 時에 있으면 한평생 액이나 풍파가 없이 길하며, 여자가 日이나 時에 있으면 정조 관념이 강하고 산액이 없다.

(3) 流年을 볼 때 : 寅월생인 사람이 丙년을 만나면 귀인을 만나고, 또는 귀한 자식을 잉태하게 되며, 남자는 멀리 나간 친척이나 외국에 갔던 친척이 찾아오고, 행방불명되었던 부모 형제를 만나게 되는 수가 많고, 재수도 크게 길하다.

(4) 궁합을 볼 때 : 남자가 寅월생이고 여자가 丙월생이면, 여자는 남자의 사랑을 많이 받고, 여자가 寅월생이고 남자가 丙월생이면 남자가 처의 사랑을 받는다. 月과 月만 상대시키는데, 약한 12운성인 사·장·병·쇠가 月支에 있으면 월덕귀인은 작용을 못한다.

* 이사, 개업, 결혼 같은 택일에 제일 먼저 꼽는 날이기도 하다.

11) 장성 (將星)

日支	인·오·술	신·자·진	사·유·축	해·묘·미
장성	午	子	酉	卯

(1) 장성은 부하를 거느린다는 뜻이다. 장성이 사주 중에 있으면 문무겸비하여 높은 벼슬에 오른다. 일반적으로 관에 출입하며, 장성과 편관 또는 양인이 동주하면 손에 생살권을 쥐고, 재

성과 동주하면 국가재정을 장악한다. 약한 말직을 택한다 하더라도 큰 회사의 재정을 장악하게 된다.

(2) 일간이 상극시키는 오행이 있다면(가령 일간이 木인데 다른 주에 土가 있을 때) 재산관리를 하는 관리자가 되는데, 특히 일간과 대결하여서 지지에 土가 있으면 더욱 확실하며 한 나라의 재정을 장악하게 된다.

*(3) 流年을 볼 때와 택일할 때는 필요하지 않다. (앞으로 특별히 유년을 볼 때 또는 택일할 때라고 명기되지 않은 것은 필요하지 않기 때문이다.)

12) 화개 (華蓋)

日支	인 · 오 · 술	신 · 자 · 진	사 · 유 · 축	해 · 묘 · 미
화 개	戌	辰	丑	未

(1) 화개가 사주 중에 있으면 문장이나 예술에 능하고 어질다. 종교 · 예술 · 고독을 뜻하는 별이다.

(2) 화개와 인수가 동주하면 큰 학자가 된다.

(3) 화개가 공망을 만나면 총명하지만 큰 성공은 하지 못하고, 객지에서 풍파가 있다. 출가하는 사람.

(4) 화개가 年에 있으면 사회적으로 명망을 떨치고, 月에 있으면 형제지간에 출세하는 사람이 있으며, 時에 있으면 천재적인 머리를 가지며 자손까지 출세하는 사주가 된다.

(5) 화개가 형 · 충 되면 문화사업으로 동분서주하며 부부인연이 안 좋다.

(6) 辰 · 戌 · 丑 · 未가 다 있더라도 화개가 형 · 충 되면 가정

이 온전하지 못하며 고생을 한다. 의사,역술인,예술인,종교인
등이 많다.

13) 문창성 (文昌星)

日干	갑	을	병	정	무	기	경	신	임	계
문창성	巳	午	申	酉	申	酉	亥	子	寅	卯

 (1) 문창성은 학문, 총명의 별이다. 문창성이 있으면 사주 안
의 흉성(쇠 · 병 · 사 · 장 등)을 길하게 만들며, 총명 · 다재다능하
고 · 글씨를 잘 쓰며 · 시를 잘 지으며, 문장가가 된다.
 (2) 문창성이 형 · 충 · 파 · 해되거나 합 또는 공망이 되면 그
작용을 하지 못한다.

14) 삼기 (三奇)

天上三奇	人中三奇	地下三奇
乙-丙-丁	壬-癸-辛	甲-戊-庚

 삼기는 日柱를 중심으로 셋이 나란히 있는 경우이다. 이것을
얻으면 귀인이 도와주며 크게 귀한 팔자라 한다. 머리가 비상하
고, 신기하며 위대한 것을 좋아한다.《三命通會》에 보인다.

15) 관귀학관 (官貴學館)

日干	갑 · 을	병 · 정	무 · 기	경 · 신	임 · 계
관귀학관	巳	申	亥	寅	申

이 별은 벼슬길에 들어서면 빨리 승진, 출세하게 된다는 길성이다.

16) 문곡귀인(文曲貴人) · 학당귀인(學堂貴人)

日干	갑	을	병	정	무	기	경	신	임	계
문곡귀인	亥	子	寅	卯	寅	卯	巳	午	申	酉
학당귀인	亥	午	寅	酉	寅	酉	巳	子	申	卯

*(1) 학당귀인은 12운성의 장생에 해당한다.

(2) 문곡귀인은 양 일간은 학당귀인과 같으나, 음 일간은 학당귀인과 충이 되고 있다. 문곡귀인의 음 일간은 12운성의 병에 해당한다.

17) 천사성 (天赦星)

月支	인 · 묘 · 진	사 · 오 · 미	신 · 유 · 술	해 · 자 · 축
천 사	戊寅	甲午	戊申	甲子

천사란 하늘이 인간의 큰 재난이나 질병을 탕감해 준다는 뜻이다. 사주에 이 별이 있으면 평생 복록이 끊이지 않는다.

〈참고〉 사주감정순서

(1) 사주방식을 정하고 오행을 놓고 日干으로 月支와의 관계를 중요시하여 강 · 약 · 왕 · 쇠를 살핀다.

(2) 月支의 性情기능을 살핀다. 月支는 月令 혹은 提綱이라고도 하는데, 月支는 운명의 중추신경과도 같다. 人命의 司令을 내

리는 곳이 月支이다.

(3) 태양과의 관계도 본다. 1년 중 3개월 마다 나타나는 춘하추동 기후의 消長변화만 보더라도 지구와 태양의 관계가 얼마나 밀접한가를 알 수 있다. 그러므로 운명학에서도 生月을 중요시하는 것이다.

(4) 천지인을 본다. 天干은 天元, 地支는 地元, 藏干을 人元이라 한다. 이것은 사주팔자를 소우주로 간주하고 정한 명칭이다. 人元은 중요한 것인 고로 藏干通變을 日干의 需要用神으로 정한 것이다.

(5) 체·용을 본다. 즉 체와 용은 日干五行 甲·乙木하는 것을 기본으로 하여, 이것을 體用神으로 정하고, 地支藏干을 표출시켜서 運元, 命元으로 하여 용신을 정한다.

(6) 절기의 깊이를 본다. 月節에서 며칠 째에 태어났는가를 측정하며, 初, 中, 正氣의 人元藏干을 조사한다.

(7) 생극을 찾아낸다. 日干을 기본으로 하여 3干 4支 중에서 간합, 지합에서 나오는 오행을 대조하여, 상생, 상극, 중화 등을 살피고, 신강, 신약을 가려낸다.

(8) 通變 중 4吉神(官, 比, 食, 財 4吉神과 편관, 상관, 편인, 겁재 4凶神)이라 하여 항상 길신으로 되는 것은 아니며, 흉신이라 하여 항상 흉한 것으로 되는 것은 아니다. 상생, 상극, 扶·抑法에 의해 길흉의 변화가 많다.

(9) 신왕, 신약인가를 (日干을 주동해서) 살피는 동시에 용신을 잡는다.

(10) 격국 및 용신을 잡는다. 격은 다종다양하여 운명의 목표이니 從强格인가, 從弱格인가, 身强格인가, 身弱格인가, 從殺

格인가까지는 찾아야 한다. (格局에는 五局 및 五氣化格 등이 있는데 强, 旺, 從財, 從殺, 從兒格 등이다)

(11) 喜神, 忌神을 찾는다. 격을 정함과 동시에 사주에는 일정불변의 희신과 기신이 있다. 日干의 강약에 따라 희·기신이 있다. 이 희기의 설정으로 비로소 참된 운명을 通鑑할 수 있다.

(12) 行運을 본다. 四柱命式은 선천의 운명이며, 돌아오는 운을 후천운이라 한다. 이 선천운과 후천운을 비교하여 참된 운을 추구할 수 있다.

(13) 사주의 감정은 1.환경 2.성격 3.애정 4.건강 5.재난 6.자손 7.직업 8.운세 등을 중점으로 하여 본다.

16. 용신(用神) 및 격국(格局)

* 강약(强弱)

사주학에 있어서 운명 감정의 중추적 작용을 하는 것은 사주상의 오행의 조화여부를 보고 운명의 길흉을 판단하는 것이다. 전술한 제 煞, 제 合, 육신(육친), 12운성에 의한 운명감정법도 궁극적으로는 오행의 조화 여부를 살, 육신 등의 이름을 빌어 설명한 것에 불과하다. 이제 오행의 조화 여부에 의하여 운명의 길흉을 판단하는 방법을 설명하겠다.

사주팔자는 이 방법에 의하여 길흉과 선악이 판단된 연후에 제 살, 육신 및 12운성 등에 의한 감정법이 적용되어야 한다. 예컨대, 사주 오행의 조화가 잘 되어 인격자라고 판단되면 양인,

도화 등의 惡煞이 있더라도 비인격자라고 판단해서는 안 되며, 반대로 천덕, 월덕 등의 길신이 있으면 금상첨화로 훌륭한 인격자이며 자비심이 많다고 판단하여야 한다. 결국 살, 육신 등에 의한 감정법은 오행에 의한 감정법에 부수되는 것에 불과하다.

오행의 조화 여부에 의하여 숙명의 길흉을 판단하는 방법은 사주 상의 음양과 오행의 지나침 및 모자람을 관찰하여 운명의 선악을 감정하는 것으로, 지나침 및 모자람이 없는 오행의 중화를 높이 친다. 오행의 조화는 우선 사주팔자의 기준이 되는 日干 즉 日柱의 오행부터 되어야 한다. 日柱의 오행이 甲 또는 乙木인 경우 사주 상의 木氣가 지나치게 왕성하면 파재, 손처 등의 흉악이 있으며 지나치게 日柱가 쇠약하면 병고, 빈천 등의 흉운을 만나기 쉽다.

日柱가 왕성하고 강력한 것을 신강이라 하고, 쇠약하고 무력한 것을 신약이라고 한다. 신강 및 신약을 구별하는 표준은 다음과 같다.

(1) 우선 출생월이 日柱가 왕성한 달인지를 살핀다. 즉 月令이 日柱오행이 왕성해지는 달인가 쇠약해지는 달인가를 관찰한다. 예컨대 日干이 甲일이면 봄·겨울은 왕성하고, 여름·가을에는 쇠약해진다.

(2) 日柱가 生助되면 신강이고, 日柱가 극해되면 신약이다. 日柱가 생조된다는 것은 日柱의 오행과 같은 氣 또는 상생하는 오행, 즉 인수, 편인, 비견, 겁재, 양인 등을 만나는 것을 말하고, 극해된다는 것은 日柱의 오행과 상반되는 오행 즉 정관, 편관, 정재, 편재 등을 만나는 것을 말한다. 日柱의 오행을 누출시키

는 오행 즉 식신 또는 상관을 만나면 기운이 누출되어 일주가 약해진다.

(3) 日柱가 地支에 12운성의 장생, 건록, 제왕 등을 만나면 得 氣하였다 하여 강해지고, 병, 사, 절 등을 만나면 失氣하였다 하 여 약해진다. 그러나 이것은 陽日干인 경우에만 적용된다고 봐 야 할 것이다. 또 日柱가 地支의 장간 속에 오행 상으로 같은 氣를 만나면 강해지는데 이를 通根하였다고 한다.

* 용신 정하는 법

1) 간단히 정하는 법
(1) 신강사주
· 사주에서 편관이나 정관이 강하면 편관, 정관이 용신.
· 편관이나 정관이 약하고 편재나 정재가 있으면, 편재나 정 재가 용신.
· 편인이나 인수가 강하면 편재나 정재가 용신.
· 비겁이나 겁재가 강하면 편관, 정관이 용신.
· 비겁이나 겁재가 강하고 편재나 정재 또는 편관이나 정관 이 없거나 약할 때는   식신, 상관이 용신.

(2) 신약사주
· 편관이나 정관이 강하면 편인, 인수가 용신.
· 식신이나 상관이 강하면 편인, 인수가 용신.
· 편재이나 정재가 강하면 비견, 겁재가 용신.

2) 중화법(中和法)

사주가 대부분 더운 오행인 甲·乙·丙·丁·戊, 寅·卯·巳·午·未·戌로 구성되어 너무 더울 때는 차가운 金, 水가 용신이고, 차가운 오행인 己·庚·辛·壬·癸, 申·酉·亥·子·丑·辰으로 구성되어 너무 차가울 때는 더운 오행인 木과 火가 용신이 된다.

차가운 사주에서 日干과 月支를 제외한 다른 주에 火가 한·두개 있더라도 月支의 육신이 편인, 인수, 비견, 겁주로 日干을 생해주면 日柱가 더욱 강해져 조후법에 의해 더운 오행인 火와 木이 용신이지만, 月支가 日干을 극하는 경우면 중화법으로 보지 않고 신강으로 보아 편관, 정관 또는 편재, 정재가 용신이다. 더운 사주도 같이 해석한다.

3) 종격(從格)

사주 대부분이 어느 한 가지 육신으로 구성되어, 그것이 강력한 작용을 할 때는 그 육신을 용신으로 삼는다.

(1) 종강격(從强格)

사주가 편인이나 인수 또는 비견이나 겁재로 구성되어 있는데, 편인이나 인수가 비견이나 겁재 보다 많은 경우; 편인, 인수가 용신.

(2) 종왕격(從旺格)

사주가 편인이나 인수 또는 비견이나 겁재로 구성되어 있는데, 비견이나 겁재가 더 많은 경우; 비견, 겁재가 용신.

(3) 종재격(從財格)

사주구성이 대분분 편재나 정재로 구성된 경우; 식신, 상관
이 용신.

(4) 종관살격(從官殺格)

사주가 대부분 편관, 정관으로 구성된 경우; 편재, 정재, 편관,
정관이 희신과 용신. 관도 많으면 살이 되므로 일반적으로는 그
냥 종살격이라 한다.

(5) 종세격(從勢格)

사주의 구성에서 편재나 정재, 편관이나 정관, 식신이나 상관
의 세 육신이 똑같이 있고 그 세력이 왕성하여 편인이나 인수,
비견이나 겁재가 한·두개 있어도 그 세력이 약한 경우; 편재,
정재, 편관, 정관, 식신, 상관이 용신. 편인, 인수, 비견, 겁재운
을 만나면 불길.

(6) 종아격(從兒格)

대부분 식신이나 상관으로 구성된 경우; 식신이나 상관이 용
신. 사주에 편재나 정재가 있거나 편재나 정재운을 만나면 크게
발달. 편인, 인수, 편관, 정관, 비견, 겁재운에는 불길.

(7) 가종격(假從格)

사주가 주로 식신이나 상관, 편재나 정재, 편관이나 정관으로
구성되어 있고, 편인이나 인수, 비견이나 겁재를 극하는 경우;
식신, 상관, 편재, 정재, 편관, 정관이 용신. 곧, 다른 기물들이
방해하고 있어서 완전히 從하기에는 어렵지만, 그렇다고 다른
격국을 정하기도 어려운 상태에 있는 것을 말한다. 運에서 가종
이 眞從이 되면 오히려 좋아진다.

4) 병약법(病藥法)

日干을 생하는 편인이나 인수를 극하는 편관이나 정관이 병인데, 이 병을 다시 극하는 비견이나 겁재가 약이고, 이것이 용신.

5) 통관법(通關法)

사주 구성에서 두 오행이 싸우면 그 사이에서 화해시키는 오행이 용신.

6) 화격(化格)

(1) 甲己합土화격

甲 · 己일생이 다른 주의 己 · 甲과 간합하여 土가 되고, 辰 · 戌 · 丑 · 未월에 출생하고 다른 곳에 木이 없으면 토화격; 土가 용신. 火 · 土 · 金운은 좋고 水 · 木운은 나쁘다.

(2) 乙庚합金화격

庚 · 乙일생이 다른 주의 庚 · 乙과 간합하여 金이 되고, 申 · 酉월에 출생하고 다른 곳에 火가 없으면 금화격; 金이 용신. 土 · 金 · 水운은 좋고, 火 · 木운은 나쁘다.

(3) 丙辛합水화격

丙 · 辛일생이 다른 주의 丙 · 辛과 간합하여 水가 되고, 亥 · 子월에 출생하고 다른 곳에 土가 없으면 수화격; 水가 용신. 水 · 金 · 木운은 좋고, 土 · 火운은 나쁘다.

(4) 丁壬합木화격

丁 · 壬일생이 다른 주의 丁 · 壬과 간합하여 木이 되고, 寅 · 卯월에 출생하고 다른 곳에 金이 없으면 목화격; 木이 용신.

木 · 水 · 火운은 좋고, 金 · 土운은 나쁘다.

(5) 戊癸합火화격

戊 · 癸일생으로 다른 주의 戊 · 癸와 간합하여 火가 되고. 巳 ·
午월에 출생하고 다른 곳에 水가 없으면 화화격; 火가 용신.
木 · 火 · 土운은 좋고 水 · 金운은 나쁘다.

7) 일행득기격(一行得氣格)

(1) 인수곡직격(仁壽曲直格)
甲 · 乙일생이 月支를 포함하여 地支가 亥 · 卯 · 未 또는 寅 ·
卯 · 辰으로 구성되어 있고 金에 해당하는 오행이 없으면 木이
용신. 木 · 水 · 火운은 좋고 金 · 土운은 나쁘다.

(2) 염상격(炎上格)
丙 · 丁일생이 月支를 포함하여 地支가 寅 · 午 · 戌 또는 巳 ·
午 · 未로 구성되어 있고 水에 해당 되는 오행이 없으면 火가 용
신. 火 · 木 · 土운은 좋고 水 · 金운은 나쁘다.

(3) 가색격(稼穡格)
戊 · 己일생이 月支를 포함하여 地支가 辰 · 戌 · 丑 · 未로 구성
되어 있고 木에 해당 되는 오행이 없으면 土가 용신. 土 · 火 · 金
운은 좋고 水 · 木운은 나쁘다.

(4) 종혁격(從革格)
庚 · 辛일생이 月支를 포함하여 地支가 巳 · 酉 · 丑 또는 申 ·
酉 · 戌로 구성되어 있고 火에 해당 되는 오행이 없으면 金이 용
신. 金 · 土 · 水운은 좋고 火 · 木운은 나쁘다.

(5) 윤하격(潤下格)

壬 · 癸일생이 月支를 포함하여 地支가 亥 · 子 · 丑 또는 申 · 子 · 辰으로 구성되어 있고 土에 해당 되는 오행이 없으면 水가 용신. 水 · 金 · 木운은 좋고 火 · 土운은 나쁘다.

(6) 양신성상격(兩神成象格)

사주 각 주의 대부분이 土 · 金, 金 · 水, 木 · 火, 火 · 土와 같이 상생하는 干과 支로 구성되어 있으면 그 강한 세력이 용신이 된다. 예를 들어 木 · 火의 양신성상격은 木 · 火운으로 가면 좋고 土 · 金운으로 가면 나쁘다.

17. 유형별 天機의 원리

1) 고향을 떠나 바삐 산다.

(1) 年이나 日에 지살이 있는 자. (2) 日 · 月이 서로 충하거나 형한 자.

(3) 月建이 공망 된 자.

2) 부모형제와 사이가 좋지 않다.

(1) 日 · 月이 충극 된 자. (2) 日 · 月이 형 또는 원진 된 자.

3) 부친이 횡사한다.

(1) 甲辰, 己未일생인 자. (2) 편재가 백호대살을 만난 자.

4) 모친이 소실, 재가인 자.

(1) 月에 도화나 망신살이 있는 자. (2) 인수가 자기의 관성과 암합한 자.

(3) 인수가 재와 日支와 암합한 자.

5) 외삼촌, 처남이 고독하다.

(1) 生日에 음착살, 양착살이 있는 자는 외삼촌이 고독하다.

(2) 生時에 음착살, 양착살이 있는 자는 처남이 고독하다.

6) 이복형제자매가 있다.

(1) 日支의 비·겁이 다른 비·겁과 합한 자.

(2) 日干과 합이 되어 그것이 비·겁이 된 자.

7) 고부 사이의 갈등(남)

(1) 인성이 적고 재성은 많은 자. 재성은 적고 인성이 많은 자.

(2) 日·月이 충이나 원진 되거나, 주 중에 재성과 인성이 싸움하는 자.

8) 시모와 갈등(여)

(1) 비견·겁재가 많은 자. (2) 인성이 많은 자.

(3) 재가 많고 신약에 관살이 있는 자.

9) 길에서 횡액이 있다.

(1) 癸巳, 癸未, 癸丑일생이 時에 甲寅이 있을 때.

(2) 역마 또는 지살이 日支와 刑할 때.

(3) 역마 또는 지살이 財煞局을 이루는 자.

(4) 역마 또는 지살이 상관태왕을 이루는 자.

10) 화상이나 음독

(1) 寅, 午, 丑일생인 자. (2) 寅일생이 巳·申을 만난 자.

(3) 午일생이 辰·午·丑을 만난 자. (4) 丑일생이 午·未·戌을 만난 자.

(5) 戊寅일생이 많은 寅을 만난 자.

(6) 戊子일생이 寅·巳·申을 만난 자.

11) 한 번 이상 갇혀 본다.

(1) 日支가 형된 자. (2) 수옥살이 있는 자.

(3) 日에 羅網煞이 있는 자. (4) 己亥일생이 다시 己亥를 만난 자.

12) 손발에 이상이 있다.

(1) 日 또는 時에 급각살이 있는 자. (2) 日 또는 時에 단교관살이 있는 자.

(3) 年月 辰酉에 戊午일생인 자. (4) 戊일생이 年月日에 寅巳申이 있는 자.

13) 히스테리, 정신이상이 있다.

(1) 귀문관살이 있는 자. (2) 水·火·己 日柱가 매우 약한 자(身太弱).

14) 눈에 이상이 있다.

(1) 가을 태생의 乙丑, 乙酉, 甲戌일생이 다시 재살 또는 상관을 많이 만난 자.

(2) 丙申, 丙子, 丙辰, 丙戌일생이 주 중에 辛이나 壬을 보고 재살이 왕한 자.

(3) 亥·子월의 戊·己일생이 다시 재살을 이루어 왕한 자.

(4) 주 중에 丁巳가 있고, 金·水가 태왕한 자, 또는 甲木일생이 지나치게 메마른 자.

15) 수액이 있다.

(1) 日이나 時에 낙정살이 있는 자. (2) 甲·乙일생이 水星으로 가득한 자.

(3) 戊·己일생이 金·水 또는 재살이 왕성한 자.

16) 치질, 맹장염을 앓아 본다.

(1) 寅·卯·巳·午·未월생에 庚寅, 庚午, 庚戌일이 된 자.

(2)   〃   辛巳, 辛卯, 辛未일이 된 자.

(3) 庚·辛일이 많은 木·火를 만난 자.

17) 비위가 약하다.

(1) 戊·己일생이 많은 金·水·木을 만난 자.

(2) 주 중의 戊·己가 재살을 만난 자.

(3) 寅·午·戌·巳·未월생에 戊·己일이 많은 火·土를 만난 자.

18) 해수, 천식이 있어 본다.

(1) 寅·午·戌·巳·未월생에 甲寅, 甲午, 甲戌, 乙巳, 乙
未일이 된 자.

(2) 16)에 해당된 자.　(3) 壬·癸일생이 地支에 火국을 이
룬 자.

(4) 亥·子·丑월생에 壬申, 壬子, 壬寅, 乙亥, 乙卯일이고,
다시 木·水가 응결된 자.

19) 성병을 앓아 본다.

(1) 壬·癸일생이 많은 火·土를 만난 자.　(2) 도화가 刑을
만난 자.

(3) 天干은 상합하고, 地支는 상형하는 滾浪桃花를 만난 자.(
己卯일 甲子시와 같은 경우)

20) 야뇨증이 있다.

(1) 가을, 겨울에 난 金·水일생이 다시 金·水를 만난 자.

(2) 壬·癸일생이 地支 火局한데 다시 水·火가 있는 자.

21) 임신에 이상이 있다.

(1) 丙·丁일생이 辰·戌·丑·未월에 나고, 많은 土를 만
난 자.

(2) 일진이 많은 식·상에 刑을 만난 자.

22) 본처와 해로 못하는 남자사주.

(1) 時에 상관이 있거나, 日과 時가 沖되거나, 時에 편재가 있

는 자와 사주에 인수가 왕성하거나, 비겁이 왕성한 자.

(2) 癸년 壬월 戊·己일생, 壬년 癸월 戊·己일생, 日·時의 天干과 地支의 오행이 동일한 것에 다시 주 중에 비겁이 많은 자.

(3) 時가 공망된 자, 日·時에 양인살이 있거나 日·時가 형, 원진, 고신살이 있는 자.

23) 본남편과 해로 못하는 여자사주.

(1) 관이 미약한데 식·상이 왕성한 자. 반대로 관살이 태왕한데 식·상이 약한 자.

(2) 申·酉·戌월, 亥·子·丑월에 난 庚·辛·壬·癸일생이 왕성한 火를 얻지 못한 자. 또는 巳·午·未월의 戊·己일생이 충분한 水를 얻지 못한 자. 또는 고신살, 과숙살을 만난 자.

24) 재취, 늙은이에 출가.

壬·癸일, 戊子일, 丙申일, 庚戌일생.

25) 남편이 무책임한 사주.

괴강살이 있는 庚辰, 庚戌, 壬辰, 壬戌, 戊戌일생의 사주.(특히 日이나 時에 있으면 뜻이 강하다.)

26) 무자식이기 쉬운 남자사주.

(1) 時에 관·살이 있고 다시 살이 왕성한 자.

(2) 時에 상관이 있어 관을 극하고 있는데, 다시 주 중에 상관을 만난 자.

(3) 時에 공망, 형이 있고, 상관이 왕성하거나, 반대로 관살이

왕성한 자. 또는 관살이 매우 약한데 재마저 없을 때.

27) 무자식이기 쉬운 여자사주.
(1) 日과 時에 인수가 있고, 주 중에 상관을 극하고 있는 자.
日·時의 상관에 형·충·공망된 자.
(2) 상관이 매우 약하거나 또는 상관이 매우 강한 자. 丙午일,
壬辰시에 상관이 많은 자. 卯일 酉시, 酉월 卯시인 자.

28) 불구자손이 있게 되는 남자사주.
(1) 관살이 미약한데 상관·식신이 왕성한 자.
(2) 관살이 時에 공망·형·충 또는 급각살, 단교관살을 만
난 자.

29) 불구자손이 있게 되는 여자사주.
식·상이 많은 인성을 만나서 훼을 당하거나 또는 식·상이
급각살, 단교관살, 형을 만난 자.

18. 사주에 의한 적당한 직업

1) 언론계, 예술계, 학계
(1) 月에 인수가 있는 사람.
(2) 봄여름에 난 甲·乙일생, 申·酉월에 난 戊·己일생.
(3) 겨울에 난 金·水일생.
(4) 酉월 丁丑일, 戌월 壬·癸일, 寅월 戊·己일생이 다시 인
수를 만난 사람.

(5) 亥월에 난 丁亥, 丁卯, 丁未일생. 申월에 난 甲일생.

2) 경찰 계통

(1) 生日 기준으로 형을 만난 자.

(2) 사주에 수옥살이 있는 사람.

(3) 辰·戌·巳·亥일생이 다시 辰·戌·巳·亥를 하나 이상 만난 자.

3) 의사, 약사 계통

(1) 巳·午·未월에 난 辛亥, 辛卯, 辛未, 辛巳, 辛丑일이 다시 壬辰, 戊戌시를 만난 사람.

(2) 甲寅, 丙寅, 戊寅, 庚寅, 壬寅일생이 月 또는 時에 巳나 申을 만난 사람.

(3) 甲申, 丙申, 戊申, 庚申, 壬申일생이 月 또는 時에 巳나 寅을 만난 사람.

乙巳, 丁巳, 己巳, 辛巳, 癸巳일생이 月 또는 時에 申이나 寅을 만난 사람.

(4) 寅·午·戌·巳·未월이 庚寅, 庚午, 庚戌일에 난 사람.

卯월 甲子일, 亥·子월 壬辰일에 난 사람.

(5) 丁未일생이 月 또는 時에 庚戌을 만난 사람.

(6) 甲·乙·丙·戊·己일이 月 또는 時에 戌이나 亥를 만난 사람.

巳·午·未·戌·亥월생이 壬午일, 癸未일에 난 사람.

(7) 寅·卯·巳·午·未월생이 甲·乙일에 난 사람.

亥·子·丑월생이 辛丑, 辛未, 辛亥일에 난 사람.

(8) 사주에 卯 · 酉나 酉 · 戌 또는 卯 · 戌을 만난 자.

4) 공무원(재정분야)

(1) 日이 재와 합해 財旺한 사람

(2) 辰 · 戌 · 丑 · 未와 日柱가 합인 사람

(3) 관과 재와 日柱와 삼합한 사람

5) 법관 계통

(1) 丙일생이 주 중에서 庚을 만난 자. 庚일생이 주 중에서 丙을 만난 자.

(2) 壬 · 癸 · 甲 · 乙일생이 戌 · 亥일 또는 戌 · 亥시를 만난 사람.

(3) 丁 · 己일생이 地支에 재 또는 관으로 격을 이룬 자.

(4) 壬 · 庚子일에 많은 子, 辛 · 癸亥일에 많은 亥, 丙午일에 많은 午, 丁巳일에 많은 巳를 만난 자.

6) 서비스업 계통

(1) 乙일생이 時에 상관되는 丙子시나 丙戌시에 다시 亥 · 子 · 丑월이나 巳 · 午 · 未월에 나서 관성이 旺하여 균형을 잃었거나 상관이 왕성해 관성이 상한 자.

(2) 壬 · 癸일생이 주 중에 水가 많은 자. 時에 상관이 있고, 관성이 미약한 자.

(3) 관살이 왕성한데 이를 제어하는 상관 · 식신이 부족한 자. 또는 관이 미약한데 이를 제어하는 상관 · 식신이 왕성한 사람.

7) 음식물업 계통

(1) 壬申, 壬子, 壬辰일생인 사람. 庚申, 庚子, 庚辰일생인 사람.

(2) 戊申, 戊子일이 상관·식신, 재성을 만난 자.

己丑, 己卯일생이 財煞局을 놓은 자.

(3) 丙申, 丙子, 丙辰일생이 地支에 재살국을 놓은 자.

壬·癸일생이 식·상·財星局을 이룬 자.

(4) 주 중에 傷官生財格을 이룬 자.

8) 교통업 계통(항공, 버스 등)

寅 또는 巳가 역마나 지살에 해당할 경우.

9) 외교관 계통

역마나 지살에 관 또는 인성이 임한 자.

10) 종교 계통

(1) 寅·巳·午·未·申·酉·戌월에 난 戊·己일,

亥·子·丑월에 난 庚·辛일.

寅·卯·巳·午·未·亥·子·丑월에 난 甲·乙일,

申·酉·戌·亥·子·丑월에 난 壬·癸일.

(2) 甲寅, 甲午, 甲戌, 戊寅, 戊午, 戊戌일생이 다시 주 중에 巳·午·未·戌·亥 가운데서 하나 이상을 만난 자.

(3) 乙巳, 乙未, 乙亥, 己巳, 己未, 己亥일생이 다시 주 중에 巳·午·未·戌·亥 가운데서 하나 이상을 만난 자.

(4) 丙·丁일이 寅·卯·辰월에 난 자. 亥월에 난 丙寅, 丁

卯, 丁未일.

(5) 壬申, 壬子, 壬辰일생이 年·月·時에 金·水가 응결되어 있는 사람.

11) 역술 계통

(1) 印綬가 왕성한데 官이 부족한 자. 比劫이 왕성한데 官이 부족한 자.

(2) 丙辰일이 신강하고 다시 인수가 많거나 또는 관살이 왕성한 자.

丁巳, 丁酉일생이 주 중에 많은 재성 또는 인수를 만난 사람.

(3) 乙亥, 乙丑, 丁亥, 丁丑, 己亥, 己丑, 辛亥, 辛丑, 癸亥, 癸丑일생이 時나 月에 戌·亥·丑·寅을 놓은 자.

甲戌, 丙戌, 戊戌, 庚戌, 壬戌일생이 時나 月에 戌·亥·丑·寅을 만난 자.

(4) 戊申, 戊子일생이 주 중에 金·水가 많은 자.

乙巳, 乙卯일생이 午·未·戌·亥월이나 時에 난 자.

(5) 壬子, 癸酉일생이 月이나 時에 寅·卯를 놓고, 다시 주 중에 水·木을 많이 만난 자.

제 3 부
성명학(姓名學)과
역리(易理)

1. 성명의 7대 관찰

(1) 字意精神: 성명의 정신.

(2) 字形印象: 성명의 육체.

(3) 音靈五行: 성명의 생명.

(4) 陰陽配置: 성명의 조직.

(5) 三元五行(數理五行): 성명의 性情.

(6) 數理組織: 성명의 노선.

(7) 易理大象: 성명의 운행.

2. 성명학상 불길한 문자

(다음 글자는 아래 사항을 암시한다.)

(1) 敏 : 성품이 날카로움, 정신 박약, 不伸, 박명.

(2) 龜 : 성품은 剛溫, 平過, 박명.

(3) 伊 : 담대심소, 모든 일에 결과가 미진, 곤궁.

(4) 愛 : 성품은 온유, 가정불화, 정신 박약으로 인해 불행 초래.

(5) 輝 : 성품은 강렬, 모든 일에 실패 손해 많고, 변화무상.

(6) 勝 : 성품은 활발 온순, 고독. 困苦와 재액이 자주 일어남.

(7) 虎 : 성품이 과격하여 불행 초래, 고독. 병고. 자손에 불길.

(8) 鶴 : 구성에 따라 양호할 수도 있으나 박명, 不伸.

(9) 長 : 허영, 機慾, 불행, 불길.

(10) 大 : 성품이 침착 담대하여 엉뚱한 실패를 하게 됨, 형

을 극함.

　(11) 新 : 천품이 온유, 고독, 곤고, 병약으로 인한 단명.

　(12) 眞 : 성품이 온난, 화란과 불행이 자주 일어남. 고독으로
인한 박약 초래.

　(13) 福 : 성품이 거칠어 곤고, 재액으로 고독.

　(14) 子 : 곤액, 재화, 가정불화.

　(15) 疌 : 下賤, 형제 분산, 불운과 빈곤.

　(16) 孝 : 성품은 충직, 부모덕 박약, 不伸의 不吉.

　(17) 伸 : 발전과 不伸의 차별이 크며, 불행과 고독이 빈번.

　(18) 上 : 형을 극, 자손에 흉.

　(19) 泰 : 욕망 과대, 형제 자손에 흉.

　(20) 東 : 성품 단정, 형제 불길, 자손에 수심.

　(21) 千 : 성품 정밀, 형을 극, 고독, 육친 무덕.

　(22) 完 : 성품 강직, 형을 극, 성패가 빈번함.

　(23) 喜 : 박약, 단명, 형제 불목, 비애, 의지박약, 사업에 수
심, 빈곤 重重.

　(24) 元 : 형제 수심, 고독, 자손 불길.

　(25) 吉 : 품격 단정, 불화, 조난.

　(26) 南 : 여자에 있어서는 부모를 극하며, 무의무탁.

　(27) 姬 : 타인의 덕을 못 본다.

　(28) 紅 : 성품이 침착하지 못함. 경솔, 고독.

　(29) 好 : 不成, 속성속패, 시종일관하지 못함.

　(30) 順 : 下賤, 부부 운이 불길.

　(31) 地 : 재액重重, 조난, 단명.

　(32) 月 : 孤寡.

(33) 夏 : 파란중중, 不謀不成의 凶.

(34) 冬 : 성품 극강, 不成의 흉사가 重重.

(35) 龍 : 極賤, 不伸, 고독.

(36) 童 : 下賤, 不伸의 困苦, 고독.

(37) 光 : 체질 박약, 단명, 재운에 성패多.

(38) 川 : 재산 분산, 곤고, 고독.

(39) 天 : 대성이지만 극히 천하다(가급적 불용)

(40) 日 : 성품 淸秀, 고독, 육친 무덕.

(41) 星 : 大計不成.

(42) 春 : 의지 박약, 不伸.

(43) 秋 : 정신 박약, 불운, 단명.

(44) 花 : 성품 온유, 주관력 박약, 허영, 孤寡, 단명.

(45) 山 : 성품이 고지식, 불운, 비애.

(46) 雪 : 속성속패, 散財, 부부 무정.

(47) 笑 : 뜻밖의 災禍, 비참, 곤고.

(48) 石 : 성품 투철, 지나친 고집, 박명.

(49) 榮 : 천품 단정, 不伸, 不成, 자손근심.

(50) 銀 : 강직, 불운, 不伸, 박명.

(51) 松 : 투지는 있으나 박약, 고독.

(52) 美 : 성품 근량, 명랑, 허영심, 조난, 박약.

(53) 法 : 고지식, 재해, 곤고, 박명.

(54) 桃 : 인내력 박약, 허영심, 고난, 이별.

(55) 梅 : 허영심, 향락, 이별 암시.

(56) 實 : 고독, 부진, 부부 운 불길.

(57) 初 : 고난, 고독, 태만.

(58) 鐵 : 성품 영민, 매사 불성, 고독, 재물 운 없음.

(59) 鎖 : 파란, 재앙, 下賤.

(60) 國 : 심신 중 어느 하나가 박약하다. 조난, 박명.

(61) 仁 : 후천적으로 박덕, 고질, 불행.

(62) 玉 : 발전 저해, 喪敗, 고독.

(63) 富 : 산재, 쇠패, 박명.(여자에게는 平吉)

(64) 女 : 고독, 散敗.

(65) 明 : 고독, 쇠패, 박명, 散財.

(66) 韓 : 후천적 박약, 파란, 단명.

(67) 鑛 : 고독, 不成.

(68) 竹 : 가정 수심, 자손 박덕.

(69) 進 : 고난, 부진, 중단.

(70) 平 : 경솔, 쇠약.

(71) 良 : 소극적, 고독, 불신.

(72) 文 : 학업에 박덕, 부부 무정, 육친 무덕.

(73) 死, 末 : 辛苦, 고독, 무덕.

(74) 留, 霜 : 미결, 부부 불합.

(75) 豊, 貴 : 박약, 재운과 자손 불길.

(76) 珍, 錦, 菊 : 극약, 자손 불길, 고독.

(77) 庚, 柱 : 不伸.

(78) 隅, 殺 : 不伸, 부부 불합, 多苦.

3. 자형인상(字形印象) : 성명의 육체

성명 자체가 인상적으로 풍기는 것이 인물의 경중, 또는 형체와 용도를 추상케 하며, 반사적 심리작용은 육체, 외모, 기질, 인품에 영향 되는 바 크다.

4. 음령오행(音靈伍行) : 성명의 생명

성명의 음령이란 태고에 문자가 없을 때에도, 소리로 인명을 칭하였고, 五音이 발하면 생명이 동하는 고로 五音의 상생상극은 곧 행동의 去取波調를 지배하여 생명의 안위와 평생의 득실관계에 중요한 역할을 하게 된다.

금: ㅈ,ㅊ,ㅅ (齒音)　　　예: 고 현 숙　　　백 정 광

목: ㄱ,ㅋ. (牙音)　　　　　ㄱ ㅎ ㅅ　　　ㅂ ㅈ ㄱ

수: ㅁ,ㅂ,ㅍ (脣音)　　　　(목 토 금)　　　(수 금 목)

화: ㄴ,ㄷ,ㄹ,ㅌ. (舌音)

토: ㅇ,ㅎ. (喉音)

5. 삼원오행(三元伍行)·수리오행(數理伍行) : 성명의 性情

삼원오행이란 성명학상 수리오행이라고도 칭하며, 성명 전체의 운기에 각기 상하 오행 상생 상극의 運波관계에 따라 이해득실과 성공, 가정의 기초 운과 消長盛衰를 지배함은 물론, 특히 건강, 개성에 영향이 크다.

1) 수리로 본 오행

木	火	土	金	水
1, 2	3, 4	5, 6	7, 8	9, 10

2) 삼원오행의 조직

(예)

洪　吉　童　성10 + 1 = 11 (10 이상은 10을 뺌)　　11 - 10 = 1 1은목

(성) (명) (자)　성10 + 명6 = 16　　　　　　　　16 - 10 = 6 6은토

10획 6획 12획 명6 + 자12 = 18　　　　　　　18 - 10 = 8 8은금

(목　토　금)

* 姓이 單字일 때는 無極에 속하므로 변역할 수 없다. 그러므로 姓 單字로서는 아무런 운이 파생할 수 없으므로 무극을 변역시키려면 우선 1을 더하여 太極이 되게 하여야 하므로 姓에 1을 더하여 생동시킨다. 복수姓에는 1을 더하지 않는다.

* 수리오행은 기본단수이므로 10단위 이상은 자동으로 감하여야 한다.

6. 오행해설

1.金金金:孤獨災難格.　　6.金木金:流轉失敗格.　　11.金水金:富貴功名格.

2.금금木:平生病苦格.　　7.금목木:秋風落葉格.　　12.금수木:發展成功格.

3.금금水:發展向上格.　　8.금목水:苦痛難免格.　　13.금수水:發展平安格.

4.금금火:敗家亡身格.　　9.금목火:寒山空家格.　　14.금수火:善無功德格.

5.금금土:大志大業格.　　10.금목土:心身過勞格.　　15.금수土:不意災難格.

16.金火金:早起晚敗格.　　21.金土金:意外得財格.　　26.木金金:不和爭論格.

17.금화木:慾求不滿格.　　22.금토木:平地風波格.　　27.목금木:骨肉相爭格.

18.금화水:無主空山格.　　23.금토水:災變災難格.　　28.목금水:萬事不成格.

19.금화火:病苦呻吟格.　　24.금토火:枯木逢春格.　　29.목금火:獨坐歎息格.

20.금화土:立身揚名格.　　25.금토土:立身出世格.　　30.목금土:初失後得格.

31.木木金:苦難辛苦格.　　36.木水金:魚變龍成格.　　41.木火金:平地風波格.

32.목목木:立身出世格.　　37.목수木:富貴雙全格.　　42.목화木:春山開花格.

33.목목水:成功發展格.　　38.목수水:大富大貴格.　　43.목화水:先富後貧格.

34.목목火:立身出世格.　　39.목수火:速成速敗格.　　44.목화火:枯木逢春格.

35.목목土:苦難辛苦格.　　40.목수土:早起晚敗格.　　45.목화土:大志大業格.

46.木土金:敗家亡身格.　　51.水金金:順風順成格.　　56.水木金:一吉一凶格.

47.목토木:四顧無親格.　　52.수금木:暗夜行人格.　　57.수목木:萬花方暢格.

48.목토水:枯木落葉格.　　53.수금水:漁變龍成格.　　58.수목水:淸風明月格.

49.목토火:骨肉相爭格.　　54.수금火:開花狂風格.　　59.수목火:立身出世格.

50.목토土:速成速敗格.　　55.수금土:發展成功格.　　60.수목土:茫茫大海格.

61.水水金:春日方暢格. 66.水火金:心身波亂格. 71.水土金:先苦後安格.

62.슈슈木:萬景暢花格. 67.슈회木:病難身苦格. 72.슈토木:風前燈火格.

63.슈슈水:平地風波格. 68.슈회水:善無功德格. 73.슈토水:病難辛苦格.

64.슈슈火:孤獨短命格. 69.슈회火:一葉片舟格. 74.슈토火:落馬失足格.

65.슈슈土:百謀不成格. 70.슈회土:先貧後困格. 75.슈토土:江上風波格.

76.火金金:四顧無親格. 81.火木金:先苦後破格. 86.火水金:雪上加霜格.

77.회금木:開花風亂格. 82.회목木:富貴安泰格. 87.회슈木:意外災亂格.

78.회금水:開花無實格. 83.회목水:自手成家格. 88.회슈水:病難辛苦格.

79.회금火:無主空山格. 84.회목火:龍得逢雲格. 89.회슈火:秋風落葉格.

80.회금土:先苦後吉格. 85.회목土:萬花方暢格. 90.회슈土:錦依夜行格.

91.火火金:有頭無尾格. 96.火土金:花流長春格. 101.土金金:幽谷回春格.

92.회회木:日進月加格. 97.회토木:先吉後苦格. 102.토금木:鳳鶴傷翼格.

93.회회水:平地風波格. 98.회토水:大海片舟格. 103.토금水:錦上有紋格.

94.회회火:開花逢雨格. 99.회토火:日興中天格. 104.토금火:再起無力格.

95.회회土:美麗江山格. 100.회토土:萬花方暢格. 105.토금土:日光春風格.

106.土木金:小事難成格. 111.土水金:先貧後苦格. 116.土火金:苦難自成格.

107.토목木:虛名無實格. 112.토슈木:勞而無功格. 117.토회木:日光春城格.

108.토목水:有頭無尾格. 113.토슈水:一場春夢格. 118.토회水:進退兩難格.

109.토목火:雲中之月格. 114.토슈火:風波折木格. 119.토회火:春日方暢格.

110.토목土:枯木落葉格. 115.토슈土:敗家亡身格. 120.토회土:立身出世格.

121.土土金:古園回春格.

122.토토木:先苦後敗格.

123.토토水:四顧無親格.

124.토토火:錦上有紋格.

125.토토土:一慶一苦格.

7. 수리(數理) 해설

1–10 만물의 일(物的)   41–50 수도의 일(心的)

11–20 인간의 일(〃)   51–60 성도의 일(〃)

21–30 세간의 일(〃)   61–70 해탈의 일(〃)

31–40 천하의 일(〃)   71–81 완성의 일(〃)

1 始生頭看運 (頭領)	11 更新興家運 (興家)	21 頭領自立運 (頭領)
2 孤愁分難運 (分難)	12 軟弱孤獨運 (薄弱)	22 薄弱中折運 (中折)
3 新生壽福運 (福壽)	13 明理智達運 (智達)	23 革新隆昌運 (隆昌)
4 歸魂破壞運 (破滅)	14 難産破鏡運 (破鏡)	24 立身蓄財運 (畜財)
5 紫微成功運 (成功)	15 統率福壽運 (福壽)	25 安全健暢運 (健暢)
6 繼成豊富運 (畜財)	16 德望豊厚運 (德望)	26 大望怪傑運 (變怪)
7.自力發展運 (發達)	17.勇進健暢運 (剛健)	27.英雄中折運 (中斷)
8.開發健康運 (健暢)	18.剛健發展運 (發達)	28.風雲遭難運 (派亂)
9.極難窮迫運 (窮迫)	19.盛衰病惡運 (病難)	29.成功受福運 (受福)
10.空虚短命運 (短命)	20.虚妄短壽運 (短命)	30.春夢浮沈運 (浮夢)

31.矯世開拓運 (開拓)	41.正道高名運 (高名)	51.春秋成敗運 (一成一敗)

32.破竹僥倖運 (僥倖)　　42.苦行失意運 (失意)　　52.御龍躍進運 (躍進)

33.登龍昇天運 (旺盛)　　43.錯綜散財運 (散財)　　53.不測障害運 (障害)

34.變亂破滅運 (破壞)　　44.魔障破滅運 (破滅)　　54.無爲破壞運 (辛苦)

35.平和安康運 (平安)　　45.大覚順調運 (順調)　　55.太極反盛運 (不忍)

36.英傑是非運 (波蘭)　　46.悲哀不知運 (悲哀)　　56.呼鳴破亡運 (亡破)

37.政治奏功運 (奏功)　　47.出世展開運 (展開)　　57.時乘剛健運 (努力)

38.立身福祿運 (凡平)　　48.齊家榮達運 (榮達)　　58.普化後德運 (浮沈)

39.安樂長壽運 (長壽)　　49.明暗變化運 (吉凶相半)　59.雲外逆難運 (不遇)

40.無常變化運 (吉凶相半)　50.解脫成敗運 (一成一衰)　60.眞空不安運 (動搖)

61.妙利名利運 (榮逢)　　71.好計難成運 (吉凶相半)

62.但時寂寞運 (衰敗)　　72.吉多小凶運 (吉凶相半)

63.現證發展運 (發展)　　73.大凡平福運 (亨通)

64.沈滯滅亡運 (滅亡)　　74.暗昧不遇運 (不交)

65.滿地興家運 (興隆)　　75.萬花旺盛運 (吉凶相半)

66.進退兩難運 (艱難)　　76.先苦後盛運 (難散)

67.天惠通達運 (通達)　　77.春城回春運 (吉凶相半)

68.賢母發明運 (昂進)　　78.鳳鶴失巢運 (無力)

69.空谷窮迫運 (衰弱)　　79.無翼飛落運 (不伸)

70.四顧寂寞運 (暗難)　　80.忘動多敗運 (陰迫)　　81.草木回春運 (還喜)

8. 음양배치 : 성명의 조직

음양의 조화로써 만물이 화생하고 새로운 생명력이 동하게 되며, 음양이 부조화하면 힘의 균형을 잃게 되어 새로운 생의 연장을 저해하므로 마찰 파괴 작용이 발생하게 된다. 따라서 성명의 음양 조화, 부조화 여부는 곧 육체의 성쇠 내지 생명을 파괴하는 身命 運路의 急變에 영향이 크다.

〈 음양배치의 예 〉(○ 양, ● 음)

1) 신체건강, 장수, 행복을 누림.

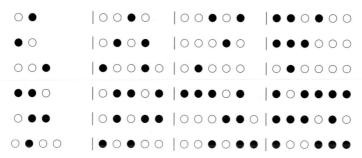

```
○●        |○○●○    |○○●○●    |●●○●○○
●○        |○○○●    |○○○●○    |●●●○●○
○○●       |●○○○    |○●○○○    |○●○●○○
●●○       |●○●○●●○ |●●○●●●○  |○○●○●●
○●●       |●○●●    |○○○●●    |○○●●○●
○●○○      |●○●○    |○●○●●    |●○○●○○
```

2) 불구자, 발광, 얼어 죽음, 단명.

```
○●○       |●●●●    |●○○○●    |●●●●●
●○●       |○●●●○   |○○●○○    |
```

3) 단명, 빈곤.

```
●●        |●●●     |●●●●     |●●●●●
```

○ ○ | ○ ○ ○ | ○ ○ ○ ○ | ○ ○ ○ ○ ○

4) 일시 성공하는 수가 있으나, 몸은 점차로 약하여 지고, 불
평불만을 가져옴.

● ● ○ ○ | ○ ○ ○ ● ●

○ ○ ● ● | ● ● ● ○ ○

5) 원인모를 재난, 수난, 劍難, 발광, 형벌의 재난 초래.

● ○ ○ ○ | ○ ○ ○ ● | ○ ○ ○ ○ ●

○ ● ● ● | ● ● ● ○ | ● ● ● ● ○

* 오행 속의 인체 부분.

　목 : 1. 골절, 左腹, 수족, 혈관, 간장, 신경, 눈, 위장.

　　　 2. 근육, 골격, 호흡, 눈, 간장, 왼 어깨, 위장.

　화 : 3. 눈, 신경계통, 혈압

　　　 4. 심장, 뇌, 신경, 머리, 얼굴, 눈, 혈액.

　토 : 5. 비장, 허리, 掌指, 왼발, 피부.

　　　 6. 비장, 위장, 오른손, 오른 어깨, 근육, 자궁.

　금 : 7. 골격, 폐, 척추, 머리, 가슴, 피부左.

　　　 8. 口齒, 흉부, 폐부, 왼쪽 배, 눈, 코.

　수 : 9. 방광, 전립선

　　　 10. 신장, 허리, 국부, 이.

9. 성격10형(性格十型)

亨格(人格)의 수에서 10단위를 뺀 1에서 10까지의 수로써 감정한다. 내면의 성격은 형격의 구성 수(數)를 보고 참고한다.

(예) 李 承 晚　　元 (地格) 19　성쇠병악운(병난)

　7　8　11 :　亨 (人格) 15　통솔복수운(복수)

　+　-　-　　利 (天格) 18　강건발전운(발달)

　　　　 :　　貞 (總格) 26　대망괴걸운(변괴)

亨格 15에서 10을 빼면 5가 남으므로 5가 표면적 성격이고, 李의 7과 承의 8이 내면적 성격이다.

第 1 數	甲목陽	樹幹之象	교육가, 종교가, 군인, 실업가
第 2 數	乙목陰	樹根之象	사무가, 기술자, 노동적인 직업
第 3 數	丙화陽	火炎之象	군인, 정치가, 실업가
第 4 數	丁화陰	燻煙之象	예술가, 종교가
第 5 數	戊토陽	沃土滋育之象	정치가, 실업가, 군인, 기술자
第 6 數	己토陰	硬地之象	군인, 기술자, 노동직업
第 7 數	庚금陽	鍊鐵之象	군인, 정치가, 실업가, 기술업
第 8 數	辛금陰	鑛石之象	군인, 기술자, 노동직업
第 9 數	壬수陽	河水之象	예술가, 상업, 학자
第 10 數	癸수陰	海水之象	예술가, 종교가, 저술가, 학자

〈참고〉 관인8법(觀人八法).

　1. 威　2. 厚　3. 淸　4. 古　5. 孤　6. 薄　7. 惠　8. 俗

* 골상학(骨相學)**적 운명의 감정**

　1.관골(광대뼈) : 반항.　　2.準頭(코끝뼈) : 획득.　　3.山根年上壽上 : 지배력.

　4.시骨 (턱뼈) : 욕구.　　5.地閣(아래턱) : 지구력. 6.田宅宮 : 의욕.

　7.眉上部 : 기억력.　　8.天庭,司空 : 직감력. 9.天中 : 추리력.

　10.邊地 : 조직력.　　11 邊地側部 : 구조력.　12.前頭頂上 : 모방력.

　13.後頭上部骨 : 활동력. 14.耳上 양변두리 : 방어력.

　15.동물의 뿔나는 부분 : 창조력. 16.耳後骨(枕骨) : 인내, 투쟁력.

　17.耳後下部骨 : 성욕.

10. 인격 10형(人格十型)

1) 人格(亨) 1, 2인 경우.

天格(利) 1, 2 : 성공, 순조, 안락, 장수.

　　〃　　3, 4 : 향상 발전, 목적달성.

　　〃　　5, 6 : 외견은 양호하게 보이나 마음에 곤란이 많고 희
망하는 바 달성이 지지부진하다.

　　〃　　7, 8 : 운명 억압, 불신, 불만, 득병으로 건강 해침.

　　〃　　9, 10 : 초목(草木)양격, 대길.

2) 人格(亨) 3, 4인 경우.

天格(利) 1, 2 : 성공순조.

〃 3, 4 : 동료 相補로 지장 없음.

〃 5, 6 : 희망 如氣, 수리가 나쁠 시는 불우 초래.

〃 7, 8 : 성공 곤란, 심신 과로, 신경쇠약, 심하면 발광, 변사.

〃 9, 10 : 성공억압, 急變災, 득병.

3) 人格(亨) 5, 6인 경우.

天格(利) 1, 2 : 성공운 억압, 위장병, 복부질환 조심.

〃 3, 4 : 안락.

〃 5, 6 : 성질 약간 둔중, 성공이 지지부진 하지만 행복한 수.

〃 7, 8 : 성공 순조, 목적달성.

〃 9, 10 : 성공 약간 곤란, 대세 만회.

4) 人格(亨) 7, 8인 경우.

天格(利) 1, 2 : 성공 곤란하나 노력하면 대성, 심신 과로, 불과 불평.

〃 3, 4 : 운을 억압, 신경쇠약, 예외로 천재적 운력을 가져 성공하는 자도 있으나 극히 드뭄.

〃 5, 6 : 심신 안강, 노력에 의한 성공.

〃 7, 8 : 성격 딱딱, 협소, 불화쟁론.

〃 9, 10 : 성공 순조, 장수.

5) 人格(亨) 9, 10인 경우.

天格(利) 1, 2 : 외견 성공 순조이나 일면 흉화도 발생.

〃 3, 4 : 곤란, 급화, 일생 불행.

〃　5, 6 : 성공 억압, 불신, 노이무공.

〃　7, 8 : 건강 해침, 사회적 성공도 일편(의외로 귀인의 혜택을 받는 자도 있음.)

〃　9, 10 : 무기력, 가정 적막.

11. 역리대상(易理大象)

1) 팔괘(八卦)

易數	卦劃	卦名	卦象	卦德	方位	五行
1. 一乾天	☰	乾	天	강건	乾方	금
2. 二兌澤	☱	兌	兌	희열	西方	금
3. 三離火	☲	離	火	美麗	南方	화
4. 四震雷	☳	震	震	動進	東方	목
5. 五巽風	☴	巽	風	겸손	巽方	목
6. 六坎水	☵	坎	水	陷險	北方	수
7. 七艮山	☶	艮	山	停止	艮方	토
8. 八坤地	☷	坤	地	온순	坤方	토

2) 팔괘법(八卦法)

(1) 태호복희씨결(太侯伏羲氏訣)

姓과 名 + 字를 각각 8로 나누어 남은 수를 택함. (단, 8 이하는 나누지 않음.)

(보기) 柳(성) 9　　　9　　9÷8＝1 · · · · · · · 1 → 一 : ☰ 天

　　　 寬(명) 15

　　　　　＋ ＝ 27　 27÷8＝3 · · · · · · · 3 → 三 : ☲ 火

順(자) 12　　　　　　　　　同人

　　　 天火同人 : 君臣相會之象.

(2) 수리역상(數理易象)

名과 字를 각각 8로 나누어 남은 수를 택함. (단, 8 이하는 나누지 않음.)

(보기). 金(성) 8

　　　 炳(명) 9　　　9÷8＝1 · · · · · · · · 1 → 一 : ☰ 天

　　　 錫(자) 16　　16÷8＝2 · · · · · · · · 0 → 八 : ☷ 地

　　　　　　　　　　　　　　　　　　　　　　否

　　　 天地否 : 相隔各難之象.

(3) 64괘상의(64卦象意)

1. 1/1 重乾天　　必接雲梯早發之象　　9. 2/1 澤天夬　　　沈水取土之象

2. 1/2 天澤履　　　　　晩發之象　　　10. 2/2 兌爲澤　　　光耀積財之象

3. 1/3 天火同人	君臣相會之象	11. 2/3 澤火革	夭逝之象
4. 1/4 天雷無妄	先凶后達之象	12. 2/4 澤雷隨	時時變通之象
5. 1/5 天風姤	終身獨苦之象	13. 2/5 澤風大過	自滅之象
6. 1/6 天水訟	憂苦訟舌之象	14. 2/6 澤水困	憂困之象
7. 1/7 天山遯	前路不得暗昧之象	15. 2/7 澤山咸	敗亡往來之象
8. 1/8 天地否	相隔各離之象	16. 2/8 澤地萃	淹留反害之象

17. 3/1 火天大有	移鄕得祿之象	25. 4/1 雷天大壯	先困後泰之象
18. 3/2 火澤暌	伍逆之象	26. 4/2 雷澤歸妹	典炭靑食之象
19. 3/3 重離火	內吉外凶之象	27. 4/3 雷火豊	快騰振起之象
20. 3/4 火雷噬嗑	光榮之象	28. 4/4 重震雷	才超虛起之象
21. 3/5 火風鼎	光明發達之象	29. 4/5 雷風恒	安靜不動之象
22. 3/6 火水未濟	不具之象	30. 4/6 雷水解	訟說自解之象
23. 3/7 火山旅	先笑後怨之象	31. 4/7 雷山小過	疾足呻吟之象
24. 3/8 火地晉	攀龍之象	32. 4/8 雷地豫	自爲媚君之象

33. 5/1 風天小畜	散隔之象	41. 6/1 水天需	光耀貴族之象
34. 5/2 風澤中孚	利涉大川之象	42. 6/2 水澤節	和樂之象
35. 5/3 風火家人	和樂之象	43. 6/3 水火旣濟	初弱之象
36. 5/4 風雷益	變易之象	44. 6/4 水雷屯	早喪之象
37. 5/5 重巽風	亨通進達之象	45. 6/5 水風井	安身勿遷之象
38. 5/6 風水渙	渙散之象	46. 6/6 重坎水	他鄕逢死之象
39. 5/7 風山漸	不幸之象	47. 6/7 水山蹇	蹇滯之象
40. 5/8 風地觀	發達之象	48. 6/8 水地比	貴人之象

49.7/1 山天大畜	自達之象	57.8/1 地天泰	大發之象
50.7/2 山澤損	缺陷之象	58.8/2 地澤臨	金卵紫抱之象
51.7/3 山火賁	招起之象	59.8/3 地火明夷	早發之象
52.7/4 山雷頤	榮耀通達之象	60.8/4 地雷復	和樂發展之象
53.7/5 山風蠱	鬼賊相害之象	61.8/5 地風升	利見大人之象
54.7/6 山水蒙	窮困乞焉之象	62.8/6 地水師	夫婦不和之象
55.7/7 重艮山	雖貴早死之象	63.8/7 地山謙	賣買興利之象
56.7/8 山地剝	枷鎖之象	64.8/8 重坤地	眉於一人之象

(4) 64괘의 교훈

(1) 乾爲天(重乾天): 이 괘를 얻은 사람은 내리막길에 들어섰다고도 할 수 있다. 왜냐하면 이 괘는 「너무 올라간 용」이니, 앞으로 발전할 여지가 없기 때문이다. 그러므로 자기 행동에 조심하고 경솔한 짓을 삼가야 한다.

(2) 天澤履: 이 괘를 얻은 사람은 윗사람의 뜻을 좇아서 난국을 타개하도록 해야 한다. 어른의 말을 따르면 거의 무슨 일에나 모가 나지 않게 마련이다. 따라서 남의 앞장을 서서는 안 된다. 그렇다고 해서 남의 눈치를 보면서 꽁무니를 빼라는 말은 아니다.

(3) 天火同人: 이 괘를 얻은 사람은 서로 협력하려고 노력해야 한다. 사업가라면 뜻이 맞는 동지를 얻어 합작해도 좋겠다. 그러나 모든 괘가 다 그렇듯이 나쁜 면도 생각해 보지 않을 수 없다. 동지를 얻어 어떤 목적을 향해 협력할만한 괘라고는 하지만, 쓸데없는 일을 위하여 작당해서는 안 된다.

(4) 天雷無妄: 이 괘를 얻은 사람은 모험을 하려 들거나 새로

운 무엇을 계획해 봐야 소용없다. 그렇다고 해서 바람 부는 대로 몸을 내맡기라는 말은 아니다. 이럴 때일수록 경건한 마음으로 자연법칙에 순응하려고 노력해야 한다.

(5) 天風姤: 이 괘를 얻은 사람은 좋은 의미건 나쁜 의미건 주변에 돌발적인 사건이 일어나기 쉽다. 그러나 우연히 재화를 모을 수 있는 기회가 왔다고 보아도 좋다.

(6) 天水訟: 이 괘를 얻은 사람은 남과 다투지 않도록 각별히 조심해야 한다. 비록 자기가 우세한 위치에 있다 하더라도 때가 아직 이르지 않았으므로 상대방을 궁지에 몰아넣지 말아야 한다.

(7) 天山遯: 이 괘를 얻은 사람은 현상에서 몸을 피하는 것이 좋다. 운수가 쇠했기 때문에 무엇을 해보려 해도 뜻대로 되지 않는다. 비록 자기주장이 옳다 하더라도 앞장서지 말 것이며, 상대가 약해 보이더라도 겨루어 볼 생각을 가져서는 안 된다. 오직 다음 기회를 기다리면서 몸을 피하는 것이 상책이다.

(8) 天地(비)否: 이 괘를 얻은 사람은 절대로 은인자중하지 않으면 안 된다. 무엇을 해도 안 된다고 보아야 한다. 정치가라면 국민과 뜻이 맞지 않는 때요, 사업가라면 부하직원들과 도무지 손발이 맞지 않는 때이다. 그저 너그러운 마음과 신중한 태도만이 이 난국을 넘길 수 있다.

(9) 澤天夬: 이 괘를 얻은 사람은 위험한 상태에 직면했다고 할 수 있다. 주위의 핍박이 심해지고 공갈과 협박도 당하게 된다. 또 소송관계가 일어남직도 하다. 이럴 때는 폭력을 삼가고 원만히 수습하도록 힘써야 한다. 윗사람에게는 공손히, 아랫사람에게는 너그럽게, 그리고 적대관계에 있는 사람에게는 관용의 미

덕을 발휘하는 것이 상책이다.

(10) 兌爲澤: 이 괘를 얻은 사람은 말조심을 잊지 말아야 한다. 그러나 말과 관계된 직업을 가진 이는 크게 이롭다고 하겠다.

(11) 澤火革: 이 괘를 얻은 사람은 일신상의 일이나 환경이 바뀐다. 직장생활에서는 직원의 인사이동이 있을 때요, 가정생활에서는 결혼문제가 있든지 새 식구가 생겨난다든지 하여 새로운 활기를 찾을 때라 할 수 있다.

(12) 澤雷隨: 이 괘를 얻은 사람은 강한 운수에서 약한 운수로 옮아가고 있다는 것을 알게 된다. 그리고 지금 하던 일을 서서히 정리하고 다음 기회를 위해 관망해야 할 때가 온 것이다. 비록 재주가 있는 사람이라 하더라도 남의 의견에 귀를 기울이고 자신을 반성하고 앞날의 계획을 세워야 할 때이다.

(13) 澤風大過: 이 괘를 얻은 사람은 대개 괴로움에서 허덕일 때에 처해 있다고 할 수 있다. 지나치게 무거운 책임을 짊어졌다거나 일에 쫓겨 괴로워 할 때이다. 그러나 이럴 때일수록 침착하게 행동하면서 이 악운을 넘기도록 힘써야 한다.

(14) 澤水困: 이 괘를 얻은 사람은 가난에 쪼들리고 있는 때라고 보아도 좋고, 위장을 해친 때라고 보아도 좋다. 여하튼 물질면이나 정신면에서 몹시 곤란을 당할 때이다. 허황된 꿈을 버리고 현실 타개를 위한 배전의 노력을 하는 길 밖에는 별 도리가 없다. 자포자기로 해결될 것도 아니고, 만용을 부려 해결을 볼 일도 아니다.

(15) 澤山咸: 이 괘를 얻은 사람은 감수성이 가장 강한 때에 처해 있다고 할 수 있다. 너무 감상에 사로잡혀 이성을 잃을지도 모른다. 그러나 직관에 의해서 움직이면 모든 일이 잘 해결

될 것이다.

(16) 澤地萃 : 이 괘를 얻은 사람은 어떤 경쟁에 몸을 담고 있다고 볼 수 있다. 그러나 이 괘는 잉어가 용문을 오르는 상이니 반드시 경쟁에서 이길 수 있다. 경쟁시험에서는 합격이 무난하고 장사에서는 크게 번창할 수 있으며, 승급의 기쁨도 누릴 수 있는 때이다.

(17) 火天大有 : 이 괘를 얻은 사람은 지금 당도한 좋은 기회를 놓치지 않도록 조심한다. 지금까지 은인자중하면서 기다리던 절호의 기회라고 생각해도 좋다. 중천에 떠 있는 태양도 멀지 않아 기울게 될 것이니, 지금 이 좋은 기회를 놓치지 말아야 한다.

(18) 火澤睽 : 이 괘를 얻은 사람은 심한 내면 갈등에 처해 있다고 볼 수 있다. 가정에서는 가족끼리 뜻을 달리하고, 동업하는 사이에서는 동상이몽을 꿀 때이다. 그러나 작은 일에는 길하다고 했으니, 생각보다는 희망적인 괘라 할 수 있다. 절대로 큰일에 손을 대서는 안 된다.

(19) 離爲火 : 이 괘를 얻은 사람은 자신의 능력을 최대한으로 발휘하여 태양처럼 군림할 때가 온 것이다. 그러나 자칫하면 경솔에 빠질 염려가 있고, 타협을 모르는 외고집에 빠질 염려가 없지 않다.

(20) 火雷噬嗑 : 이 괘를 얻은 사람은 운수가 매우 강한 때라 할 수 있다. 몸도 건강하고 생활력도 왕성하다. 비록 어떤 장애물이 앞을 가로막는다 하더라도 굳세게 밀고 나가면 목적을 달성할 수 있다. 그러나 잡음이 꼭 따르게 마련이라는 것을 잊지 말아야 하겠다.

(21) 火風鼎 : 이 괘를 얻은 사람은 동료 간에 조화를 이루어 화

음이 잘되는 트리오라 하겠다. 결혼에도 유리하고 동업에도 유리하다. 그러나 셋은 둘보다 단합이 잘 안 되는 것이니, 서로 양보하고 서로 도와서 원만한 발전을 기하도록 힘써야 한다.

(22) 水火未濟: 이 괘를 얻은 사람은 때가 올 때까지 무리하지 말고 기다려야 한다. 그렇다고 두 손을 묶고 앉아 운만 기다리란 뜻은 아니다. 가을이 되면 오곡이 무르익지만 누워서 가을을 기다린 자에겐 풍성한 가을이 약속되지 않는 것과 마찬가지이다.

(23) 火山旅: 이 괘를 얻은 사람은 공연히 외롭고 불안한 감정에 싸여 있을 때라 하겠다. 나그네가 낯선 마을에서 시속을 따르면서 조심스럽게 하루하루를 지내듯이 적극적으로 나서지 말고 때와 장소에 따라서 적응해 가도록 힘써야 하겠다.

(24) 火地晋: 이 괘를 얻은 사람은 개인적으로나 사회적으로 바삐 활동할 때를 맞았다고 보겠다. 사업은 번창 일로에 들어섰다고 할 수 있겠고, 사회적인 지위도 올라갈 기회라 할 수 있겠고, 명성도 떨칠 기회에 들어섰다고 할 수 있겠다. 그러나 이런 경우 항상 주위의 시기와 질투가 따르는 법, 위만 보고 독주하다가는 라이벌의 방해 공작도 생기게 된다.

(25) 雷天大壯: 이 괘를 얻은 사람은 사업을 확장해도 좋을 때에 이르렀다고 할 수 있다. 사업뿐 아니라 무엇이든 닥치는 대로 해 나갈 수 있는 굳센 운수라 할 수 있다. 무엇이든 지나치면 모자라는 것만 못한 법, 자칫하다간 실속은 없고, 소문만 날 수 있는 위험도 따를 수 있으니, 강한 운수만 믿고 저돌적으로 돌진하지는 말아야 한다.

(26) 雷澤歸妹: 이 괘를 얻은 사람은 감정에 사로잡히는 일이 없도록 해야 할 것이다. 만약 여자 쪽의 혼사라면 재취가 되기

쉽고, 남자의 사업이라면 중도에서 포기하기 쉽다. 여하튼 감정의 지배에서 벗어나도록 노력하는 것이 좋다.

(27) 雷火豊: 이 괘를 얻은 사람은 다음에 올 사태에 대해 미리 준비해 두어야 한다. 오곡이 무르익는 가을을 구가함과 동시에 겨울 준비도 잊지 말아야 하는 것과 같다. 그리고 어떤 일을 대했을 때는 재빨리 처리하도록 해야 한다.

(28) 重震雷(震爲雷): 이 괘를 얻은 사람은 크게 놀라는 일이 있지만 아무런 피해도 입지 않을 것이며, 큰일을 하겠다고 덤벙대고 돌아다녀 봤자 아무 소식이 없을 것이다. 실천에 옮기기 전에 면밀한 계획과 침착성이 앞서야 한다.

(29) 雷風恒: 이 괘를 얻은 사람은 욕구불만에 사로잡히는 일이 없도록 각별히 주의하지 않으면 안 된다. 변함이 없다는 것은 안정된 상태를 뜻하기도 하지만 권태를 수반하는 것이 상례이다. 중년 부부의 안정된 생활 속에는 부부생활의 권태도 따르게 마련이다. 그러나 감정에 치우쳐서는 안 된다.

(30) 雷水解: 이 괘를 얻은 사람은 이제 활동할 때를 맞이한 것이다. 지금까지 갇혀 있던 우울한 분위기는 사라지고, 새로운 일에 자신만만히 손을 대 볼 수 있는 희망의 새 아침을 맞이한 것이다. 어제까지만 해도 시기와 질투, 모략으로 괴롭혔던 사람들도 하나둘 협조하게 되니, 무엇을 꺼리겠는가? 그러나 운만 믿고 마음이 풀려서는 안 된다.

(31) 雷山小過: 이 괘를 얻은 사람은 소인배들로 말미암아 지극히 곤란을 당하고 있다고 하겠다. 동업하는 두 사람 사이나 부부 사이에도 서로 틈이 생기기 쉬운 때이다. 되도록 문제를 크게 벌이지 말고 행동을 삼가며, 양보와 인내로써 위험이 지나갈 때

를 기다리는 것이 현명하다.

(32) 雷地豫: 이 괘를 얻은 사람은 미리 준비하는 태도가 있어야 한다. 또 부하를 거느린 사람일 경우에는 부하에게 확실한 계획표를 일러 주도록 해야 한다.

(33) 風天小畜: 이 괘를 얻은 사람은 때를 기다려야 한다. 뭇 남성(5개의 양효)들 사이에 끼인 연약한 여성(1개의 음효)의 힘만으로는 아무리 바둥거려 봐야 소용이 없다. 곧 큰 뜻이 이루어질 것이니, 때가 올 때까지 참고 견뎌야 한다.

(34) 風澤中孚: 이 괘를 얻은 사람은 암탉이 병아리를 깨듯 조심과 정성으로 일을 처리하면 모든 것이 이루어질 것이다.

(35) 風火家人: 이 괘를 얻은 사람은 내부를 충실히 다질 때에 처해 있다. 사업가라면 회사 내부에 관한 정비를, 가정을 가지고 있는 사람이라면 집안 일을 먼저 보살펴야 한다. 여성답게 차근차근히, 그리고 불처럼 따뜻이 주위를 정비하는 것이 급선무이다.

(36) 風雷益: 이 괘를 얻은 사람은 무슨 일에나 적극성을 띠어야 한다. 특히 공익사업이면 더욱 좋다. 농사에는 풍작이 기대되고, 사회생활에서는 지위가 높아질 수 있다. 그러나 졸속은 절대로 금물이니, 맹목적인 저돌성은 피하고 계획성 있는 적극성이 바람직하다.

(37) 重巽風(巽爲風): 이 괘를 얻은 사람은 겸손이 지나쳐 우유부단한 생활에 빠질 염려가 있다. 바람처럼 물건을 옮기는 무역업 계통에 크게 좋을 것이다.

(38) 風水渙: 이 괘를 얻은 사람은 새로운 전환기를 맞이했다고 할 수 있다. 그러나 항해는 큰 위험이 따르게 마련이다. 거

센 파도와 싸워야 할 것을 잊어서는 안 된다. 지금까지 침체했던 사업이 만회를 맞이했고, 높은 관직에 이를 수 있는 기회가 다가왔다.

(39) 風山漸: 이 괘를 얻은 사람은 순서를 무시하지 말아야 한다. 커다란 이익이 눈앞에 보인다 하더라도 결코 덤비지 말고, 차례를 밟아 노력해야 한다. 여자에게는 결혼할 운수이다. 남자에게는 바람을 피울 염려가 없지 않다 하겠다. 또 객지로 전전할 운명이라고도 할 수 있다.

(40) 風地觀: 이 괘를 얻은 사람은 자신의 주변을 잘 관찰하고 반성해야 할 때에 처해 있다. 불안정한 정신을 다시 정리하고 미적인 세계, 절대적인 세계, 관념적인 세계에 자신의 마음을 의탁해야 할 때에 이른 것이다. 어수선한 사회의 군중심리에 이끌리어 뛰어들 것이 아니라, 냉철한 판단으로 자기가 취할 태도를 깊이 생각해야 한다.

(41) 水天需: 이 괘를 얻은 사람은 유유자적하면서 때를 기다려야 한다. 어떤 목적을 위해 오랫동안 노력해 왔다면 멀지 않아 좋은 결과가 오게 될 것이고, 양자 택일을 해야 하는 경우라면 좀 더 참았다가 결정을 내려야 한다.

(42) 水澤節: 이 괘를 얻은 사람은 음식을 절제하여 건강에 유의해야 한다. 음식은 육신을 길러 주지만, 절제 없는 음식은 오히려 건강을 해친다. 또 사업에 투자해도 안 된다. 이익은 커녕 원금도 찾기 어려울 것이다.

(43) 水火旣濟: 이 괘를 얻은 사람은 지금 가장 왕성한 운에 놓여 있다고 하겠다. 그러나 사업이 번창 일로에 있다 해도 몸은 도사릴 때이다. 현상을 잘 정리해서 확고한 기반을 닦을 때이다.

외부로의 번창보다 내부의 충실에 힘을 기울여, 어떤 악조건에
도 견딜 수 있는 예방에 노력하는 것이 현명하다.

(44) 水雷(준)屯: 이 괘를 얻은 사람은 고뇌 속에 있을지라도
희망을 갖고, 참고 견뎌야 한다. 屯의 뜻이 비록 막힌다는 뜻이
있어 사대난괘 중의 하나라고는 하지만, 신중하게 난국을 돌파
하면 전화위복이 될 수도 있다.

(45) 水風井: 이 괘를 얻은 사람은 건실한 노력으로 일을 해
나가되, 남을 위해서도 일을 할 수 있는 아량을 지녀야 하겠다.

(46) 重坎水(坎爲水): 이 괘를 얻은 사람은 겹친 괴로움에 파묻
혀 어찌할 바를 모를 때에 있다 하겠다. 만일 아무 일이 없다 하
더라도 신변에 어떤 위험이 다가오고 있다는 것을 잊어서는 안
된다. 그러나 역경을 헤치고 얻은 성공이야말로 값진 것이니, 용
기백배하여 현실을 타개하도록 해야 하겠다.

(47) 水山蹇: 이 괘를 얻은 사람은 조금도 움직여서는 안 될 불
운에 직면해 있다. 사대난괘 중의 하나이다. 그러나 우리는 악
운을 받아들일 줄도 알아야 한다. 위험에 직면했을 때 그 위험을
피하면 위험이 아니다. 악운에 직면했다 하더라도 슬기롭게 악
운을 피하면 즉 하던 일에서 손을 떼고 시세의 변천을 관망하면
악운을 피할 수 있는 것이다.

(48) 水地比: 이 괘를 얻은 사람은 화평한 내일을 기대할 수 있
다. 그러나 좋은 일에는 마가 끼는 법이니 인화 단결에 더욱 힘
을 기울여야 한다.

(49) 山川大畜: 이 괘를 얻은 사람은 먼저 자기 실력을 쌓도록
노력해야 한다. 그리고 운수도 매우 좋다. 웬만한 어려움쯤은 그
동안에 길러 놓은 실력으로 능히 극복할 수 있으니, 고생 끝에

낙을 보는 셈이다.

(50) 山澤損: 이 괘를 얻은 사람은 남을 위한 봉사로써 정신적인 희열을 맛봄과 동시에, 큰일을 위해 작은 일에 얽매이지 말아야 한다. 이 괘는 결혼에 좋은 괘이다. 부부가 화목하려면 자기를 희생하고 상대방을 위해 봉사하는 미덕이 있어야 한다.

(51) 山火(비)賁: 이 괘를 얻은 사람은 허례허식에 마음을 두기 쉽다. 냉철한 지성보다도 유행에 눈이 끌려 자기 파멸을 초래할 위험도 갖추고 있는 때이다. 내일의 파멸을 생각하지 못하고 허황된 이상향만을 그리기 쉬운 때이니, 건전한 생활을 찾도록 힘써야 한다.

(52) 山雷頤: 이 괘를 얻은 사람은 입을 조심해야 한다. 입에서 나오는 말도 조심하고, 입으로 들어가는 음식도 각별한 조심이 필요하다. 위턱과 아래턱처럼 서로 뜻이 맞는 동지가 있다면 공동목표를 향해 함께 뭉쳐 볼 수도 있다.

(53) 山風蠱: 이 괘를 얻은 사람은 철저히 자기반성을 해야 한다. 사업을 하는 사람이라면 자체 내의 갈등과 내분을 철저히 조사하여 제거해야 한다. 남들이 보기에는 번창한 사업 같지만 속으로 곪아드는 사업이요, 남 보기에는 단란한 가정인 것 같지만 부부간의 미묘한 갈등이 오가는 집안이다.

(54) 山水蒙: 이 괘를 얻은 사람은 전도가 양양하다. 지금은 산골짜기에서 흘러나오는 샘처럼 보잘 것 없지만 꾸준히 노력해 나아가면 강에도 이르고 바다에도 이르게 되는 것이다.

(55) 重艮山(艮爲山): 이 괘를 얻은 사람은 굳은 신념을 갖고 때를 기다려야 한다. 적극적으로 행동할 때가 아니다. 또 협조해 줄 사람도 아직 나서지 않는다. 그러나 나쁜 괘는 아니다. 산처

럼 무겁게, 굳세게 꾸준히 일해 가노라면 대성할 날이 다가올 것이기 때문이다.

(56) 山地剝: 이 괘를 얻은 사람은 하던 일을 포기하고 새로운 각도에서 재출발을 계획하는 것이 현명하다. 계절로 보면 겨울이다. 새봄 맞을 준비 외에 할 일은 없다.

(57) 地天泰: 이 괘를 얻은 사람은 순풍에 돛 단 격으로 만사가 형통한다 하겠다.

(58) 地澤臨: 이 괘를 얻은 사람은 결단력이 필요하다. 지금은 처지가 호전되어 가고 있지만, 곧 변화할 운명에 처해 있다. 방심해서는 절대로 안 된다. 평소에 방심하지 말 것이며, 위기에 봉착하면 현명한 결단을 내려야만 한다.

(59) 地火明夷: 이 괘를 얻은 사람은 소인배로부터 시기와 모함을 당하는 처지에 놓여 있다. 아무리 정의를 펴려 해도 들어주는 이는 없고, 아무리 힘써 일해 보려 해도 하는 일마다 뜻대로 되지 않는다. 이런 때는 하던 일에서 손을 떼고 다음 기회를 위해 실력을 기르는 편이 상책이다.

(60) 地雷復: 이 괘를 얻은 사람은 때를 더 기다리면서 준비태세를 갖추어야 한다. 일이 호전될 기미가 보였다 해서 성급히 덤벼들지 말아야 한다.

(61) 地風升: 이 괘를 얻은 사람은 희망에 부풀어 있다. 그러나 적극적으로 나서기에는 아직 이르다. 이제 갓 싹튼 여린 순이니 위험이 따르기 때문이다. 출세의 기미가 보이기는 하지만, 성급히 굴지 말고, 실력배양에 주력해야 할 것이다.

(62) 地水師: 이 괘를 얻은 사람은 제 능력에 자만심을 가질 것이 아니라, 아래로 부하를 사랑하고 유능한 협력자를 구하도

록 힘써야 한다.

(63) 地山謙: 이 괘를 얻은 사람은 자기 재능을 너무 믿어서도
안 될 것이고, 교만해서도 안 된다. 산이 갖는 겸허한 미덕을 본
받아, 자기보다 못한 사람을 위할 줄 알아야 한다.

(64) 重坤地(坤爲地): 이 괘를 얻은 사람은 암말처럼 온순하
게 자기 자신을 지키고 있으면 모든 일이 순조롭게 이루어진다.

3) 대정수(大定數)

	연	월	일	시		연	월	일	시
甲子	31	49	211	1831	乙丑	90	106	250	1690
甲寅	33	49	193	1633	乙卯	88	102	228	1488
甲辰	35	49	175	1435	乙巳	82	94	202	1282
甲午	37	55	217	1837	乙未	90	106	250	1690
甲申	39	55	199	1639	乙酉	84	98	224	1483
甲戌	35	49	175	1435	乙亥	86	98	206	1286
丙子	71	87	231	1671	丁丑	30	44	170	1430
丙寅	73	87	213	1473	丁卯	28	40	148	1228
丙辰	75	87	195	1275	丁巳	22	32	122	1022
丙午	77	93	237	1677	丁未	30	44	170	1430
丙申	79	93	219	1479	丁酉	24	36	144	1224
丙戌	75	87	195	1275	丁亥	26	36	106	1026

戊子	51	65	191	1451	己丑	110	127	280	1810
戊寅	53	65	173	1253	己卯	108	123	258	1608
戊辰	55	65	155	1055	己巳	102	115	232	1402
戊午	57	71	197	1457	己未	110	127	280	1810
戊申	59	71	179	1259	己酉	104	119	254	1604
戊戌	55	65	155	1055	己亥	106	119	254	1604
庚子	91	108	261	1791	辛丑	50	65	200	1550
庚寅	93	108	243	1593	辛卯	48	61	178	1348
庚辰	95	108	225	1395	辛巳	42	53	152	1142
庚午	97	114	267	1797	辛未	50	65	200	1550
庚申	99	114	249	1599	辛酉	44	57	174	1344
庚戌	95	108	225	1395	辛亥	46	57	156	1146
壬子	11	26	161	1511	癸丑	70	83	200	1370
壬寅	13	26	143	1313	癸卯	68	79	178	1168
壬辰	15	26	125	1115	癸巳	62	71	152	962
壬午	17	32	167	1517	癸未	70	83	200	1370
壬申	19	32	149	1319	癸酉	64	75	174	1164
壬戌	15	26	125	1115	癸亥	66	75	156	966

* 대정수 활용법

만약 壬申년, 庚戌월, 辛巳일, 丙申시라는 사주가 있다면 위 표에서 해당되는 연월일시의 숫자를 찾아본다. 그러면 壬申년은 19, 庚戌월은 108, 辛巳일은 152, 丙申시는 1479가 된다. 이

수를 모두 더하면 1658이 되는데 4 단위에서 중간 두 수만 택하면 6·5가 된다. 6·5를 64괘 象意에서 찾으면 수풍정이 나오니, 이것을 자기 사주의 일생 동안의 교훈으로 보면 된다. 단 중간 두 수가 8이 넘을 때는 8을 제한 나머지 수를 취한다. 0이면 10-8이니까 2/8로 간주한다.

12. 대수론(代數論)

인생의 前運과 後運을 姓·名·字로 보는 법이다.

(보기) 金 容 佑   전운은 名 대字   10 대 7
    (성) (명) (자)   후운은 姓 대名＋字   8 대 17
      8 10 7

            10 대7은 大富, 壽, 吉, 多子.
            8 대17 富, 壽 吉, 好.

* 〈대수론 속견표〉

	財 命 夫婦 子孫		財 命 夫婦 子孫		財 命 夫婦 子孫
1 대					
3.	富 短 晚 好	8.	富 短 兩 好	11.	平 短 晚 好
13.	貧 壽 凶 凶	18.	貧 短 凶 凶	19.	貧 短 晚 好
21.	凶 短 吉 好	25.	凶 短 凶 凶	26.	平 短 吉 好
2 대					
2.	平 短 凶 好	5.	富 短 凶 好	7.	富 壽 凶 好

10. 平 短 凶 好　13. 凶 平 凶 好　18. 凶 短 凶 好
19. 凶 壽 晚 好　22. 凶 短 凶 好　25. 平 短 吉 好
38. 平 短 吉 好

3 대

　2. 富 短 凶 好　　6. 平 短 凶 凶　　7. 貧 短 凶 凶
11. 平 短 晚 好　14. 平 短 吉 好　15. 平 短 凶 凶
16. 平 平 吉 凶 凶　18. 平 短 凶 好　19. 平 短 吉 好
22. 平 短 吉 好　23. 貧 凶 凶 凶　24. 平 短 吉 好
31. 貧 凶 凶 凶

4 대

　8. 平 短 凶 好　15. 貧 短 吉 凶　18. 平 短 吉 凶
22. 平 短 吉 好　30. 平 短 兩 好　35. 平 短 吉 好

5 대

　4. 貧 短 凶 凶　　7. 貧 凶 凶 凶　12. 平 壽 凶 好
14. 貧 短 凶 凶　15. 貧 短 凶 凶　22. 平 短 凶 凶
28. 富 短 兩 好　31. 平 短 凶 凶　38. 平 凶 兩 凶

6 대

　4. 貧 短 凶 凶　　5. 平 壽 凶 凶　　6. 貧 短 凶 凶
　8. 平 壽 凶 好　13. 平 凶 凶 好　14. 貧 短 凶 凶
16. 平 凶 凶 好　20. 貧 短 兩 凶　21. 貧 短 凶 凶
24. 平 短 兩 好　28. 平 短 兩 好　29. 平 凶 凶 凶
30. 貧 凶 凶 凶　36. 凶 短 凶 凶　37. 凶 短 凶 凶
38. 平 短 吉 好

7 대

　8. 平 短 凶 凶　11. 平 短 凶 凶　13. 平 短 晚 好

16. 貧 凶 凶 凶　19. 富 壽 凶 凶　20. 平 短 凶 好
21. 平 短 兩 好　27. 平 短 兩 凶　32. 平 壽 吉 凶
35. 平 短 凶 好

8 대

3. 貧 短 凶 好　6. 平 短 凶 好　11. 平 短 凶 凶
12. 平 短 凶 好　14. 平 壽 凶 凶　19. 平 短 凶 好
22. 富 壽 凶 好　23. 富 壽 凶 好　28. 平 短 吉 好
35. 平 短 凶 好　36. 平 短 吉 好

9 대

2. 平 壽 凶 好　3. 平 短 晩 凶　5. 富 短 凶 凶
7. 富 短 晩 好　8. 貧 壽 凶 好　10. 貧 凶 凶 凶
11. 平 短 晩 好　13. 貧 短 凶 凶　14. 富 壽 凶 好
17. 平 壽 晩 好　18. 貧 短 凶 好　21. 富 壽 凶 好
23. 平 短 吉 凶　27. 平 短 兩 好　31. 平 短 凶 凶

10 대

2. 平 短 凶 好　10. 平 短 凶 好　13. 富 短 衰 好
18. 貧 短 凶 好　26. 平 短 凶 好　30. 貧 短 吉 好
34. 貧 短 凶 好　40. 平 短 凶 好

11 대

2. 平 壽 凶 好　3. 平 短 晩 好　7. 貧 凶 凶 凶
10. 富 壽 凶 好　11. 平 短 晩 好　14. 平 短 凶 好
15. 貧 凶 凶 凶　18. 平 壽 凶 好　21. 平 短 凶 凶
22. 平 短 吉 好　23. 貧 凶 凶 凶　29. 平 短 晩 好
30. 平 短 吉 好　31. 貧 凶 凶 凶　38. 平 短 吉 凶

12 대

7. 平 凶 凶 凶　　8. 平 短 凶 好　　10. 平 短 兩 好

14. 平 平 凶 好　　15. 貧 短 凶 凶　　16. 平 短 兩 好

23. 平 短 凶 好　　24. 平 短 凶 好　　31. 貧 短 凶 凶

32. 平 短 凶 凶　　39. 貧 短 凶 凶

13 대

6. 貧 凶 凶 凶　　7. 貧 凶 凶 凶　　9. 平 短 凶 好

12. 平 短 凶 好　　13. 平 短 晩 平　　14. 富 短 兩 凶

15. 貧 短 凶 凶　　22. 富 短 兩 好　　23. 平 凶 凶 凶

30. 貧 短 凶 凶　　31. 貧 凶 凶 凶　　38. 富 短 兩 好

14 대의 凶 ─────────────────────────

5, 6, 7, 8, 12, 14, 16, 20, 21, 22, 24, 27, 28, 29, 30, 36, 37, 40

15 대의 凶 ─────────────────────────

3, 4, 5, 8, 11, 12, 16, 19, 27, 29, 34,

16 대의 凶 ─────────────────────────

3, 4, 6, 11, 12, 14, 21, 24, 27, 28, 37

17 대의 凶 ─────────────────────────

2, 3, 5, 9, 10, 11, 13, 19, 21, 23, 26, 31, 32

18 대의 凶 ─────────────────────────

2, 5, 10, 13, 26

19 대의 凶 ─────────────────────────

2, 3, 7, 10, 11, 15, 16, 21, 23, 30, 31, 34

20 대의 凶 ─────────────────────────

2, 7, 8, 23, 24, 30, 31, 32

21 대의 凶 ─────────────────────────

6, 7, 15, 21, 22, 23, 25, 28

22 대의 凶 ─────────────────────

4, 5, 6, 12, 13, 20, 21, 22, 28

* 이상, 위 표에 나타나지 않은 것은 모두 좋은 富, 壽, 吉, 好를
의미한다.

제 4 부
통변의 실제 :
약술(略述)

1. 남명(男命) 50대

壬	戊	癸	壬
子	午	丑	寅

77	67	57	47	37	27	17	7
辛	庚	己	戊	丁	丙	乙	甲
酉	申	未	午	巳	辰	卯	寅

가. 四柱 五行 : 목(木)1, 화(火)1, 토(土)2, 금(金)0, 수(水)4.

나. 四柱 陰陽(運氣) : 陽 6, 陰 2 → 陽 4, 陰 4.　氣 ≥ 運

다. 通變 基準 : 丑月戊土, 月劫 丑中癸水, 戊癸合, 財多身弱

　　　　　　　日刃, 丑寅合, 寅午合, 子丑合, 丑午怨瞋, 子午沖.

라. 六親 / 十神 : 年 – 偏財/偏官, 地煞.　月 – 正財/劫財, 天煞.

　　　　　　　,日 – 正印, 將星/將星.　時 – 偏財/正財, 災煞.

마. 四柱 原局 分析:

무토(戊土) 일간(日干)이 축월(丑月) 양(養)지(地)로 강절(强節)에 태어났다. 축중(丑中) 계수(癸水)에 근(根)을 둔 월령(月令) 정재(正財) 계수(癸水)가 투간(透干)하니, 기본 정재격(正財格)으로 정한다.

일인(日刃)에 년지(年支)로 인목(寅木) 편관(偏官)칠살(七殺)을 놓으니, 곧 양인(陽刃)대살(帶煞)의 아름다움을 얻었다. 천간(天

干)으로 자수(子水)에 뿌리를 둔 임수(壬水) 편재(偏財)와 계수(癸水) 정재(正財)가 강왕(强旺)하고, 무토(戊土)를 방조(幇助)하는 축토(丑土) 겁재(劫財)는 인목(寅木)과 합하고자 하면서, 정인(正印)과 양인(陽刃)을 겸한 오화(午火)와 원진(怨嗔)하며, 금고(金庫)로써 재(財)를 생한다. 오화(午火)는 인오(寅午)로 합하여 무토(戊土)를 생조(生助)하고자 하나, 시지(時支) 자수(子水) 정재(正財)에 충극(沖剋)을 당하니, 오히려 인(寅)은 축(丑)과 합하고자 한다. 자축(子丑) 합(合) 역시 오화(午火)가 방해하니, 결국은 축인(丑寅) 합(合)과 자오(子午) 충(沖)의 형국으로 남겨진 상황이다.

이로써 비록 한 때의 강왕(强旺)함으로 본명(本命)을 지키고자 한다 하더라도 결국은 종격(從格)의 뜻을 벗어나기 어려우니, 이는 곧 전체적으로 가종재(假從財)의 뜻을 취한 것이다. 지금은 이제 기미(己未)의 대운(大運)을 당하여 본명(本命)의 뜻을 살리고자 하는데, 다만 강왕(强旺)한 수기(水氣)와의 다툼을 어찌 아름답다 할 것인가. 오히려 종재(從財)의 뜻을 살려감이 더욱 아름답지 않겠는가.

2. 여명(女命) 40대

丙	戊	乙	戊
辰	子	卯	午

77	67	57	47	37	27	17	7
丁	戊	己	庚	辛	壬	癸	甲
未	申	酉	戌	亥	子	丑	寅

가. 四柱 五行 : 목(木)2, 화(火)2, 토(土)3, 금(金)0, 수(水)1.

나. 四柱 陰陽(運氣) : 陽 6, 陰 2 → 陽 4, 陰 4. 氣 ≧ 運

다. 通變 基準 : 卯月戊土, 時上偏印, 正官格, 官印相生, 官旺身強. 午卯破, 子卯刑, 子午沖, 卯辰方合, 子辰合 化水, 坐下正財.

라. 六親 / 十神 : 年 – 比肩/正印, 災殺. 月 – 正官/正官, 六害.
　　　　　　　　　 日 – 正財, 災煞/將星. 時 – 偏印/比肩, 華蓋.

마. 四柱 原局 分析 :

무오(戊午)년, 무토(戊土) 일간(日干)으로 묘월(卯月) 약절(弱節)에 태어나고, 월간(月干)으로 을목(乙木)을 투출(透出)하여 기본적으로 정관격(正官格)을 이루었다. 이 같은 정관격에는 인수(印綬)의 향배(向背)가 대단히 중요한 의미를 가지는데, 시상(時上)에 병화(丙火) 편인(偏印)을 투로(透露)하고, 년지(年支)에 오화(午火) 정인(正印) 양인(羊刃)으로 뿌리를 두어, 관인(官印)상생(相生)

의 아름다운 뜻을 쥐었다.

　여기에 다시 시지(時支)로는 진토(辰土) 비견(比肩)을 더하여 일간(日干)의 뿌리를 삼으니, 신약(身弱)이 변하여 신강(身强)함을 이루므로 충분히 재관(財官)을 향유할 수 있는 명(命)이 된 것이다. 여기에 좌하(坐下) 일지(日支)로 정재(正財) 자수(子水)를 두고 월령(月令)에는 묘목(卯木)을 놓아 재생관(財生官)으로 정관을 생하는 형상(形象)을 취하였으니, 관(官)도 왕(旺)하고 본신(本身)도 강력한 아름다움을 얻은 것이다.

　천간(天干)을 보면, 월(月)·시(時)로 관인(官印)상생(相生)에 청(淸)함을 이루었으나, 신강(身强)함을 도와야 할 년간(年干) 무토(戊土)가 을목(乙木)에 막혀 약해지는데, 다행히도 병화(丙火)가 을목(乙木)을 설기(洩氣)하고 본신(本身) 무토(戊土)를 생하니, 오히려 방조(幫助)가 온전해진 것이다.

　지지(地支)를 보면, 시지(時支) 진토(辰土)가 자진(子辰)합(合)을 이루어 수기(水氣)로 변하고자 하는데, 다시 월령(月令) 제강(提綱)의 묘목(卯木) 정관(正官)이 묘진(卯辰)의 방합(方合)을 원하여 손짓하니, 도리어 합이불합(合而不合)의 뜻이 남았다. 여기에 다시 년지(年支) 오화(午火) 정인(正印)은 좌하(坐下) 정재(正財) 자수(子水)와 자오(子午)충(沖)의 뜻과 함께, 월지(月支) 정관(正官) 묘목(卯木)과는 오묘(午卯) 파(破)의 뜻을 가졌으니, 정인(正印)의 뜻이 어찌하여 본신(本身)의 재관(財官)을 상(傷)하고자 하는 것인가. 더하여 자수(子水)는 묘목(卯木)을 삼형(三刑) 즉 자묘(子卯)로 형(刑)을 일으키고자 하는 뜻을 지녔으니, 이는 모두가 내 수중(手中)의 재물(財物)과 관련된 일들을 말하는 것이라 판단된다. 그러나 이런 중에도 일지(日支) 자수(子水)의 움직임이 시지

(時支) 진토(辰土)를 만남에 자진(子辰)합화(合化)수(水)하여 탐합(貪合)망충(忘沖) 하고 합이불형(合而不刑) 하니, 이는 오히려 재생관(財生官) 관생인(官生印)의 아름다움을 도리어 남긴 것이라!

이로써 비록 멀리 있다 하여도 정인(正印)이 또한 그 올바름을 얻어 본신(本身)을 생(生)함에 진력(盡力)할 수 있게 됨은 참으로 기묘(奇妙)함이 된 것이다. 이는 모두 자식 후사(後嗣)와 함께 그 뜻을 얻게 된 것이니, 귀(貴)하구나! 자식들이 곧 나의 큰 힘이 된 것이다. 이럼에도 불구하고 본(本) 명조(命造)에 있어 하나의 아쉬움은 식상(食傷)의 금기(金氣)가 잘 보이지 않는다는 데 있다.

기운(氣運)의 시발(始發)은 그 원류(原流)인 좌하(坐下) 자수(子水) 정재(正財)로부터 출발하여 묘목(卯木)을 거쳐 정인(正印)에 이르러 수화기제(水火旣濟) 하고, 년지(年支) 정인(正印)은 년간(年干)의 무토(戊土)를 만나 생(生)하니 년(年)·일간(日干)으로 무토(戊土) 본신(本身)이 동합(同合)을 이루는 형상(形象)에서, 재관인(財官印)의 기운이 본신(本身)에 맺히는 수기(秀氣)유행(流行)을 이루는 것이다. 다만 여기에 유통(流通)의 핵심이 될 식신(食神)상관(傷官)의 본(本) 글자가 없어 하나의 아쉬움이 되었다.

그런데 37 대운(大運) 신해(辛亥)를 만나니, 갑자기 본신(本身)의 움직임을 재촉하게 된다. 여기에 주의할 것은 상관(傷官) 신금(辛金)이 정관(正官) 을목(乙木)을 상(傷)하는 것인데, 다행히도 대운(大運)의 천간(天干) 지지(地支)가 상관(傷官)생재(生財)의 기운으로 생합(生合)하여 들어오니, 오히려 사주(四柱) 전체의 오행(五行)연주(連珠)를 완성케 된 것이다.

여기에 해수(亥水) 편재(偏財)는 오해(午亥)로 상합(相合)하고,

해묘(亥卯)로 반합(半合)하며, 다시 해자(亥子)로 방합(方合)하니, 다시 근심할 일이 무엇이겠는가. 다만 진해(辰亥)원진(怨瞋)은 본신의 뿌리와 관계할 뜻이 남게 되었으므로, 이는 재물 때문에 그 몸을 상하게 하지는 말아야 함을 말해주는 것이다. 이후 경술(庚戌) 대운(大運)부터는 식상지(食傷地)로 향후 30년 흐름을 밝히고 있으니, 가상(嘉祥)타 하겠다!

3. 소아(小兒) 여명(女命)

壬	乙	辛	丙
午	未	丑	申

71	61	51	41	31	21	11	1
癸	甲	乙	丙	丁	戊	己	庚
巳	午	未	申	酉	戌	亥	子

가. 四柱 五行 : 목(木)1, 화(火)2, 토(土)2, 금(金)2, 수(水)1.

나. 四柱 陰陽(運氣) : 陽 4, 陰 4 → 陽 3, 陰 5.　　氣 ≦ 運

다. 通變 基準 : 丑月乙木, 丙辛合, 時上正印, 煞印相生, 傷官佩印. 丑未沖, 午未合, 木庫 食神生財, 時柱暗合, 官庫, 財格偏官.

라. 六親 / 十神 : 年 – 傷官/正官, 劫煞.　月 – 偏官/偏財, 月煞.
　　　　　　　 日 – 偏財, 天煞/華蓋.　時 – 正印/食神, 六害.

마. 四柱 原局 分析 :

을목(乙木) 일간(日干)이 축월(丑月) 소강절(少强節)에 태어났다. 년간(年干)으로 상관(傷官) 병화(丙火), 월령(月令)으로는 편관(偏官) · 칠살(七殺) 신금(辛金)을 얻고, 년지(年支)로 정관(正官) 신금(申金), 월지(月支)로 축토(丑土) 편재(偏財)를 놓아, 많은 변화가 일어나는 형상(刑象)을 얻었다. 말하자면 년주(年柱)에서는 상하(上下)로 상관견관(傷官見官)하고, 월주(月柱)에서는 재생살(財

生煞)의 뜻을 일으킨 것이다. 그런데 아름다운 것은 년(年)·월(月)의 천간(天干)으로 병신(丙辛)합(合)에 약간의 화기(化氣)가 남아 상관(傷官)이 합살(合殺)함을 이미 얻었고, 월지(月支) 편재(偏財) 축토(丑土)가 생(生)관살(官煞)하여 문제를 일으키고자 함에 일지(日支) 미토(未土)가 도리어 축미(丑未)로 충(沖)하고 형(刑)하여 개고(開庫)의 뜻을 얻었음이다. 다만 시주(時柱)로는 정인(正印) 임수(壬水)와 식신(食神) 오화(午火)가 상하(上下)로 암합(暗合)하여 겁재(劫財)로 변할까 두려운데, 여기서도 도리어 오미(午未)로 지지(地支)육합(六合)을 이루어 식신(食神)생재(生財)의 뜻을 얻으니, 오히려 가상함이 되었다.

일주(日柱)의 본신(本身) 간지(干支)로는 일간(日干) 을목(乙木)이 일지(日支)로 목고(木庫)인 미토(未土)를 놓아 강왕(强旺)함을 얻으니, 인비(印比)로 용(用)식재(食財)의 흐름을 취하고 있다. 이는 성년(成年) 이후 재물의 얻음이 있을 것임을 암시한다.

전체적으로는 을목 일간이 축월에 태어나 기본 편재격(偏財格)을 얻었는데, 이런 가운데 축중(丑中) 신금(辛金)을 월령(月令)에 띄워 칠살격(七殺格)으로 변하려는 중, 년간(年干)의 병화(丙火)를 보니 도리어 시상(時上)정인(正印)으로 격(格)의 변화(變化)를 일으킨 것이다. 이로써 년(年)상관(傷官)은 시지(時支) 오화(午火)에, 월(月)칠살(七殺)은 년지(年支) 신금(申金)에, 시(時)정인(正印)은 축중(丑中) 계수(癸水)에 뿌리를 두며, 본신(本身)은 미토(未土) 목고(木庫)에 자리한 것이다. 따라서 투간(透干)한 칠살(七殺)은 도리어 편관(偏官)으로 작용할 준비가 되었으며, 관(官)·인(印)·식(食)이 두루 강왕(强旺)함을 얻게 된 것이다.

대운(大運)과 관련하여 원국의 상태를 보면, 근묘(根苗)로는 식

(食)·재(財)·관(官)이 상관(傷官) 편재(偏財) 관살(官煞)의 흐름으로 뒤섞이므로 약간의 혼란함을 보이고 있다. 그러나 화실(花實)의 자리에서 수(水)목(木)화(火)토(土) 즉 정인(正印) 비견(比肩) 식신(食神) 편재(偏財)로 상호 교류하면서 최종적으로 일지(日支) 목고(木庫) 미토(未土)에 맺히고자 하는 순조로움이 있으니, 결과적으로 아름다움을 얻은 것이다.

더욱이 대운(大運) 지(地)가 초년(初年) 인방지(印方地)로부터 출발하면서 20년을 담당하여, 관인(官印)상생(相生)과 재인(財印)불애(不碍)의 뜻을 취하니, 실로 열심히 공부하여 중·장년의 성취를 이룰 기틀을 닦은 것이 귀하다. 다만 초년(初年) 자(子)대운(大運) 천을(天乙)귀인(貴人)의 운(運)이 지지(地支)로 계속하여 합(合)·살(煞)·충(冲)을 만들고 있음으로 심리적인 흔들림이 약간 있게 된다. 이는 팔자(八字)에 오행(五行)이 전비(全備)되어 있음으로 하여 많은 곳에 관심을 기울일 뜻이 나타남으로 인한 것인데, 요점은 본신(本身)의 충실(充實)함이 많은 것을 해소하게 된다는 것이다. 따라서 그 마음의 분주함을 털어내고 열심히 학업에 매진하게 되면, 원국의 아름다움을 충분히 향유(享有)할 수 있는 명조(命造)가 될 것이다.

대운(大運)의 흐름을 보면 초년(初年) 인방지(印方地)를 필두로 차차 관방(官方) 및 재방(財方)으로 거슬러 나아가는 순조로움이 있다. 안분(安分)자족(自足)함과 더불어 본인의 성실함에 힘을 쓴다면, 그 아름다움이 더욱 빛을 발휘할 것이다. 혹 청년 시절 지나친 재물에 대한 탐착(貪着)은 어려움을 내포할 수 있으니, 결국 재물(財物)은 한순간이요·배움은 평생토록 영원할 것임을 잘 기억해 주기를 바란다.

여기서는 명주(命主)의 기운(氣運)이 전체적으로 중화된 가운데서도, 인비(印比)의 세력이 다소 약한 느낌이 있다. 또한 지지(地支)로도 식(食)·재(財)·관(官)의 순세(順勢)를 역(逆)으로 취함이 있어 칠살(七殺) 편관(偏官)의 뜻이 강해지니, 역시 인비(印比)의 움직임을 유의하지 않을 수 없는 것이다.

4. 소아(小兒) 남명(男命)

丙	壬	庚	戊
午	午	申	戌

77	67	57	47	37	27	17	7
戊	丁	丙	乙	甲	癸	壬	辛
辰	卯	寅	丑	子	亥	戌	酉

가. 四柱 五行 : 목(木)0, 화(火)3, 토(土)2, 금(金)2, 수(水)1,

나. 四柱 陰陽(運氣) : 陽 8, 陰 0 → 陽 6, 陰 2.　氣 ≫ 運

다. 通變 基準 : 申月壬水, 煞印相生, 時上偏財, 偏印格, 陽八 通. 午戌合而不合, 午午自刑, 申中戊土, 申中庚金, 坐下祿馬同巢.

라. 六親 / 十神 : 年 – 偏官/偏官, 華蓋.　月 – 偏印/偏印, 驛馬.
　　　　　　　　日 – 正財, 將星/將星.　時 – 偏財/正財, 將星.

마. 四柱 原局 分析 :

임수(壬水) 일간(日干)이 신월(申月) 장생(長生)지로 소강(小强) 절에 태어났다. 원국은 기본 양(陽)팔통(八統)으로 양기(陽氣)가 특출하다.

월간(月干)으로 신중(申中) 경금(庚金)에 뿌리를 둔 편인(偏印) 을 투출(透出)하여, 기본적으로 편인격(偏印格)을 정한다.

이에 더하여 다시 월지(月支) 申과 년지(年支) 戌에 근(根)을 둔 무토(戊土) 편관(偏官)을 년간(年干)에 투출하였다. 따라서 편관(偏官) 무토(戊土) 역시 충분히 강왕(强旺)한데, 월령(月令)의 강왕(强旺)한 편인(偏印)이 그 힘과 기운(氣運)을 받아 본신(本身) 임수(壬水)에 전(傳)하니, 초년(初年) 근(根)·묘(苗)·화(花)의 흐름은 그대로 살인상생(煞印相生)격(格)을 지어, 충분한 아름다움을 얻었다.

자좌(自坐)로는 오화(午火) 편재(偏財)가 정재(正財)로 변하여 제자리를 얻었고, 다시금 녹마동향(祿馬同鄉)과 함께 일귀(日貴)와 일덕(日德)의 아름다움을 더하였으니, 그 좌하(坐下) 흐름의 의미를 충분히 짐작케 한다. 다만 여기에 시주(時柱)로 병오(丙午)의 강한 화(火)를 얻게 되니, 본명(本命) 편인격(偏印格)의 뜻을 일정하게 거스름이 있다. 그러므로 이는 평생을 살아감에 있어 그 뜻을 달리 새겨야 할 것을 알려주는데, 초년(初年)과 중년(中年) 이후의 행보가 사뭇 다르게 됨을 말한다.

이는 곧 편인격에서 종재격(從財格)의 상황으로 바뀜을 의미하는데, 이에 적절히 대응하는 길은 그대로 자신의 직업과 일에 충실하여 정도(正道)를 벗어나지 않는데 있다 할 것이다. 다만 생시(生時)가 오(午)와 미(未)로 경계에 걸쳐진 의미가 있음으로 하여, 미시(未時)로 작용할 경우 그 아름다움을 더할 수 있으며, 사주분석 또한 바뀔 수 있음을 여기에 말해둔다. 다만 기본적으로 본 命造가 먼저 살인상생(煞印相生)의 뜻을 이루었음을 고려하면, 본 명주(命主)에게 있어 어머니의 뜻이 얼마나 중(重)한지를 충분히 짐작케 한다. 그러나 비록 어머니의 사랑이라도 일방적인 애정만으로는 결코 자식의 장래에 도움이 되지 않는다는 사실을 우선 잘 이해해주시기 바란다.

본명(本命)에서 편인(偏印) 인수(印綬)의 의미는 대단히 중요한 위치를 차지한다. 따라서 본 命主께서 언제나 학업과 함께 어느 한군데 치우지지 않고, 다양한 방면의 지식과 지혜를 습득하는 일에 스스로 힘을 쓰며, 부지런히 연마하여 성실함을 버리지 않는다면, 필시 그 열매를 말하는 시기를 만나게 될 것이다.

5. 여명(女命) 20대

乙	丁	丁	甲
巳	未	丑	戌

73	63	53	43	33	23	13	3
己	庚	辛	壬	癸	甲	乙	丙
巳	午	未	申	酉	戌	亥	子

가. 四柱 五行 : 목(木)2, 화(火)3, 토(土)3, 금(金)0, 수(水)0,

나. 四柱 陰陽(運氣) : 陽 2, 陰 6. → 陽 3, 陰 5.   氣 ≤ 運

다. 通變 基準 : 丑月丁火, 食神 金庫, 三氣成象, 月比, 偏正印.
　　　丑戌未 三刑, 巳未 合, 巳丑 合, 刑沖合 混雜, 巳戌怨瞋.

라. 六親 / 十神 : 年 – 正印/傷官, 天煞.　月 – 比肩/食神, 月煞.
　　　　　日 – 食神, 華蓋/攀安.　時 – 偏印/劫財, 驛馬.

마. 四柱 分析 :

　정화 일간이 축월 최약절에 태어나 기본 식신격을 정한다. 여기에 년·시 천간으로 갑·을목 正·偏印을 투간하니, 食神佩印의 뜻을 얻었는데, 이와 같이 食傷을 用하게 되면, 바라는 것은 財星이 되고 필요한 것은 印綬가 되니, 참으로 어머니의 德을 말하게 한다. 地支로는 年·月·日에 丑戌未 三刑이 全備하니, 三刑格을 취할 수도 있는 상황이 되었다.

이는 곧 생사여탈의 權衡과 관계하는 것이라, 현실적인 삶의 흐름은 본 命主의 뜻에 따라 변화할 것이다. 혹 開庫의 뜻을 얻어 丑中 辛金이 자리하게 되면, 현실의 많은 부분에서 재물의 아름다움을 얻을 수 있을 것이다. 日·時 地支로 巳未의 方合이 있음은 형제의 인연을 암시함과 동시에 자녀의 의미가 깃든 것이다.

곧 전체적으로는 木火土 三氣成象에 食神格을 취하고, 印綬의 아름다움을 구비한 것이 본 命造의 특징이다. 三刑으로 地支를 통합하고 時支 巳火 劫財로 本身의 뿌리를 삼게 되니, 食傷格의 淸함을 구비하였다. 여기에 食傷佩印의 정당함으로 아름다움의 근거를 삼았으니, 다시금 財星의 도움이 있게 된다면 또 무엇을 더 바랄 것이겠는가. 이에 大運을 살펴보니, 이는 먼저 初年 官方地로 이와 같은 三氣格에 있어서는 마땅치 못하여 다소 거슬림이 있다. 그러나 이제 23 大運地는 甲戌로 곧바로 傷官佩印의 아름다움을 얻었고, 이후 財方地와 身旺地로 흐르니 참으로 하늘의 도움을 얻은 것이라 할 만하다. 곧 運路의 흐름으로써 天干의 水氣는 문제가 없고, 地支로는 金氣의 財方地를 바라는데, 進氣로써 충분히 그 길을 예비하고 있는 셈이다.

따라서 命主께서는 현실의 과제와 문제를 항상 直視하면서, 스스로의 노력과 부지런함을 잘 활용하시기를 부탁드리는 것이다. 여기서 本身은 印比의 幫助로 충분히 食傷을 감당할 만하니, 이제 그 이름 또한 財星을 중심으로 흐름을 구하기로 한다.

6. 여명(女命) 50대

壬	壬	辛	辛
寅	戌	卯	丑

72	62	52	42	32	22	12	2
己	戊	丁	丙	乙	甲	癸	壬
亥	戌	酉	申	未	午	巳	辰

가. 四柱 五行 : 목(木)2, 화(火)0, 토(土)2, 금(金)2, 수(水)2,

나. 四柱 陰陽(運氣) : 陽 4, 陰 4 → 陽 4, 陰 4.　氣 = 運

다. 通變 基準 : 卯月壬水, 正印, 時上比肩, 傷官佩印, 合煞留官. 丑戌刑, 卯戌支合, 寅戌半合, 寅卯方合, 丑寅暗合, 卯木月貴,

라. 六親 / 十神 : 年 – 正印/正官, 天煞.　月 – 正印/傷官, 年煞.
　　　　　　　　　,日 – 偏官, 攀安/華蓋.　時 – 比肩/食神, 地煞.

마. 四柱 原局 分析 :

임수(壬水) 일간(日干)이 묘월(卯月) 약절(弱節)에 태어났다.

년 · 월간으로 인수(印綬) 신금(辛金), 월령(月令)으로는 상관(傷官) 묘목(卯木) 천을귀인(天乙貴人)을 두어 상관패인(傷官佩印)의 아름다움을 얻고, 시간(時干)에는 임수(壬水) 비견(比肩)을 만났다. 인수(印綬)의 뿌리는 년지(年支) 축토(丑土) 금고(金庫)에 두고, 일지(日支) 술중(戌中) 신금(辛金)으로부터 부조(扶助)함을 얻는다.

다시 본신(本身)인 일간 임수는 원류(源流)의 뿌리가 자리하지는 못하였으나, 년지(年支) 축중 계수(癸水)로부터 힘을 받고, 년·월간의 정인(正印) 신금으로부터 생을 받으니, 비록 약절에 생하였어도 신약(身弱)함을 면한 것이다. 오히려 천간으로는 금수쌍청(金水雙淸)의 뜻을 얻었고, 지지로는 많은 합(合)이 늘어섬으로써 도리어 합이불합(合而不合)하여 각자가 각각의 생기를 주장하니 오히려 동합(同合)과 더불어 원원류장(源遠流長)의 아름다움으로 변하였다. 즉, 멀리 조상 궁(宮)인 년지로부터 정관(正官) 축토(丑土)가 동합하고 있는 정인 신금을 낳고, 신금은 다시금 본신인 임수를 생하는 중, 약절의 임수가 시간(時干)으로 동합하는 임수를 보니, 다시금 그 힘이 새로워져 인·묘(寅卯)의 식신·상관을 생하고 있는 것이다.

이런 가운데 드러나지 않은 편·정재는 시지 인중의 병화(丙火)를 중심으로 하여, 인술(寅戌)과 묘술(卯戌)의 합화(合化)로 자리하니, 운(運)이 닿는 대로 움직일 뜻이 생긴 것이다. 이를 따라 오히려 드러나지 않고 숨어 있는 재물을 그 누가 건드릴 수 있으리오, 곧 세상에 알리는 재물이 아니니 흔들리지 않는 것이다.

이런 가운데 년·일지로 축술(丑戌)이 형(刑)함의 뜻은 있으나, 卯木을 넘고 寅木을 무시하면서 형하기가 어려우니, 형살(刑殺)의 뜻 또한 그리 크지는 못하다. 또한 술중 무토와 인중 무토가 가세하면 임수의 범람을 막아낼 힘이 생길 것이니, 오히려 財官의 쓰임을 기대할 수 있음이 참으로 아름답게 된 것이다. 곧 드러나지 아니한 재물이 생관(生官)하는 가운데, 월지 傷官이 단순히 축토 정관을 침범코자 하는 것이 아니라, 관살혼잡으로 자리한 戌土와 도리어 탐합망극(貪合忘克) 함으로써 합살류관(合煞

留官)하여 격국(格局)을 형성한 것이 오히려 아름다움이 된 것이다. 다만 시지의 인목 식신 또한 寅戌로 합화하고자 하는 뜻이 있으니, 때로 합이불합의 특징을 드러냄으로써 食傷生財의 의미가 나타남을 지켜볼 필요가 있게 되었다.

그럼에도 불구하고 자좌(自坐) 편관 戌土가 굳이 칠살로 작용할 뜻을 버리고 오히려 병화 편재로 化하고자 하니, 이는 곧 夫宮에서 또한 財星의 움직임이 일어날 것을 암시한 것이다. 여기에 대운지로 화금의 행로를 향하니, 이미 45 중년을 지나면서는 재성의 움직임과 함께 印星의 일어남을 또한 기대하게 된다. 지금은 丁酉의 대운이라, 丁壬으로 合化木하고 유축과 유술로 合化金하여 다시금 배움으로 새로운 창조를 기대하는 시기가 되었다. 이러하니 財印이 不碍하고 印星은 傷官을 傷盡하여 스스로의 뜻한 바를 행하고자 하는 시기가 된 것이다.

※ 이상, 예를 든 명조 전체에서 각각의 신살에 관해서는 상세히 언급하지 않았으나, 본서의 각 부분을 찾아서 대입해본다면 충분히 이해할 수 있을 것으로 생각해 봅니다.

編者 後記

    대개 인간을 일러 知的 生命體라 한다. 이 경우 인간의 모든 지적 작업은 근본적으로 생명의 유지 존속에 관계한다. 그리고 이같은 지적 산물의 결과가 바로 學問이다. 학문이란 결국 삶과 관계한 인간 앎의 총체인 것이다.

    그런데 오늘의 학문은 合理性과 現實性이란 기준 아래, 다양한 인간 지성의 산물들을 비학문적인 것으로 치부하는 경향을 보이기도 한다. 사실 '學術'이란 용어는 학문과 기술의 양자를 지칭한다. 결국 學問이 學術이기 위해서는, 그 지식이 인간 삶에서 얼마나 살아 숨 쉬고 있느냐에 달린 것이다. '道教的'이라 부르는 용어는 대개 잡다성이란 말과 유사하다. 이런 가운데 도교 최대의 화두는 생명이며, 무병장수라는 가장 기본적인 자연적 생명을 향한 인간적인 기대를 보이기도 한다. 이와 가장 흡사한 것은 민간신앙이라 할 것인데, 여기에는 비집단적인 신앙과 신흥종교, 민간 의료 등이 있으며, 또한 사주팔자와 간지술을 토대로 한 命理의 세계도 자리하고 있다.

대개 명리란 주어진 하늘의 명을 알아간다는 知命의 이론을 그 근저에 두는데, 여기에 깊숙이 개입하는 것은 易學과 自然哲學이다. 이때 가장 중요한 힘은 기氣와 관련된 신神 그리고 인간에게 갈무리 된 정精이다.

곧 사회적 상황 속에서 정기신이 관계하여 만들어나가는 제 양상들을 일종의 운명이란 의미로 추론해내는 것이 명리다. 이로부터 생명과 관련한 도교와 상수역학 및 명리의 세계는 사실상 스스로 생에 대한 태도는 어떠해야 하는가를 묻고 답하는 것과 같다. 이로써 참되게 배우는 자는 자신의 삶을 해명하고 수긍하는 心學 내지 精神哲學의 상태로 들어가 자신의 생활방식을 결정할 것이다. 그러므로 이를 단순히 점복이나 비논리적 · 비학문적인 것으로 치부하는 일은 대단히 잘못된 일이다.

하지만 지금도 대학을 중심으로 한 학문 세계 또는 학문 공동체에서는 명리나 사주추명학을 하찮은 것으로 치부하는 경향이 농후하다. 이에 대한 올바른 이해를 갖추지 않았기 때문이다. 그러나 명리가 지닌 자율적 제어의 윤리적 의미를 제대로만 이해한다면, 이는 실로 그 어떤 학문보다도 훨씬 더 가까이에서 인간 삶과 선택의 마땅함을 알려주는 지침으로 활용할 수 있다. 命이 인간들과의 관계 속에서 설파되는 한, 이는 결코 倫의 세계와 떨어질 수 없기 때문이다. 여기에 이치가 없을 수 없다. 바로 그러한 이치를 배우고 이해하며 알기 위해, 우리는 지금도 분투하는 것이다.

과학이란 결국 학문의 한 영역이고, 이들은 자연과 물리법칙을 잘 설명해준다. 그러나 인간의 삶을 설명하는 데 있어, 과학은 결코 유능한 지식이 되지 못한다. 왜냐하면 인간의 삶은 결코 과학적이지 않기 때문이다. 그래서 인문학과 사회학은 인간의 행위규범과 행동 양상을 과학과는 다른 방식으로 설명하려는 것이다. 하지만 이들 학술이 지적 생명체로서의 인간이 자신의 삶과 생명을 지켜나가기 위한 주요한 도구가 된다는 것은 의심할 여지가 없다. 이들은 상호 협조하면서, 이러한 지식과 학문을 습득한 인간으로 하여금, 보다 더 잘 살아가게 도움을 주는 것이다.

과학과 도교의 세계를 비교해보자.

Immortality, 불멸성, 인간은 죽지 않는다!

신선 양생을 말하는 도교의 철학을 우리가 과학이라고 부르지는 않는다. 단 몇 가지의 명제만으로도 이를 과학이라 우길 수 없음은 자명하기 때문이다. 그러나 도교를 학문도 아니라고 말한다면, 이건 곤란한 문제다. 도교란 결국 과학이 다루지 않는 인간의 문제에 대해 좀 더 정신적 차원에서 현실적으로 접근하기를 원하기 때문이다. 그래서 도교는 그 자체로 인간의 삶과 관계하며, 수련과 수양의 세계를 통해 스스로 인간의 가치를 강화시켜 왔다. 이로써 충분한 '의미 있음의 세계'를, 도교는 스스로 만들어 왔고, 앞으로도 그러할 것이다.

그리고 어쩌면 도교에서의 도는 그 자체 실체이기보다는 인간 삶의 현실에서, 보다 실체적으로 존재해야만 하는 것일지도 모른다. 마찬가지로 오늘 과학과 인문학의 관계를 설정하는 일은 서로가 다름을 인정하는 것으로부터 시작해야 한다. 이 경우, 명리학 역시 동일한 방식으로 이해될 수 있다. 명리학은 다른 의미에서, 인간 생활의 많은 규범을 던져준다. 비록 욕심이 나더라도 그 '때와 장소'가 어긋나 있으면 사용할 수 없고, 지금 아무 의욕이 없는 중이라도 이제 때와 장소가 갖추어졌으니 움직이라고 말한다. 무리한 욕심으로 되지 않음을 가르치고, 의욕이 없어 멈추고자 하는 것을 되살리는 것이다. 여기에 올바른 이해와 참된 실천이 가미된다면, 실의에 빠진 사람들에게는 실로 희망의 철학이 될 수도 있지 않을까.

더욱이 미래의 일을 결정하지 못하고 갈팡질팡할 때 명리의 수단을 토대로 적합한 조언을 해 줄 수 있다면, 이는 동양의 심리 상담학으로서도 훌륭한 역할을 해 낼 수 있을 것이다. 실로 易과 결부한 命理學에 대하여, 우리는 보다 새로운 이해를 가질 필요가 있다. 과학과 철학 그리고 동양과 서양의 관계를 새롭게 설정할 필요 역시 가진다. 이는 결국 서로가 다른 영역의 인간 삶과 세계를 다루고 있음을 승인함으로부터 출발해야 할 것이다.

명리는 易과 만나고, 天地人 三才의 道와 만난다. 자연 운행의 도를 취하여 그 몸을 지키고 천수를 누릴 것을 요청하는 것이 명리라 하였다. 따라서 이는 도교의 양생 수련의 세계와 그 궤를 같이하는 것이라 생각되기도 한다. 또한 명리의 학문적 이해가 누군가에게는 상담학으로서의 역할을 해낼 수 있기를 기대해본다. 명리를 통해 이를 수 있는 가장 바람직한 경지는 '安分自足'의 윤리적 상태이기 때문이다.

실로 독자 여러분들의 삶과 가정에 멈추지 않는 희망의 시간이 영원하기를 빌며, 개인적으로는 '量子-氣學'의 학문적 이해

가 하루라도 빨리 주어지기를 염원하면서, 이 책의 마지막 정리
에 대신하고자 합니다.

2020. 12. 16.

중원 민영현, 拜!

참 고 문 헌

〈原典類〉

『管子』

『窮通寶鑑』

『論語』

『大學』

『道德經』

『麻衣相書』

『命理約言』

『命理正宗』

『命理探原』

『史記』

『三命通會』

『三十六部尊經玉淸經』

『書經』

『禮記』

『袁天綱五星三命指南』

『子平眞詮』

『子平眞詮評註』

『滴天髓』

『滴天髓補註』

『滴天髓輯要』

『滴天髓闡微』

『周易』

『周易本義』

『周易傳義大典』

『中庸』

『皇極經世書』

『黃金策』

『黃帝內經』「素問」
『淮南子』

金一夫.『正易』
萬育吾.『三命通會』
徐公升(徐均).『淵海子平』
邵康節.『觀物外篇』
神峰張楠.『命理正宗』
沈孝瞻.『子平眞詮』
王洪緒.『卜筮正宗』
劉伯溫.『滴天髓』
周敦頤.『太極圖說』
陳素庵 原著.『精選命理約言』

〈單行本類〉

Transnational College of LEX · 강현정 (2018). 『양자역학의 법칙』. Gbrain.
구중회 (2010).『한국 명리학의 역사적 연구』. 컨텐츠코리아.
金敬琢 (1990). 『老子』. 서울: 현암사.
金勝東 (1984).『韓國哲學思想』. 부산: 정문사.
金勝東 (1998).『周易大辭典』. 부산: 부산대학교 출판부.
金勝東 編著 (2003).『儒敎, 中國思想辭典』. 부산: 부산대학교 출판부.
金勝東 編著 (2006).『易思想辭典』. 부산: 부산대학교 출판부.
金昇辰 編著/金用淵 監修 (2008).『精說 窮通寶鑑』. 안암문화사.
金于齊 編著 (2014).『五術判斷總書』. 법문북스.
吉岡義豊/최준식 역 (1991). 『중국의 도교』. 서울: 민족사.
김기현 (2016).『주역, 우리 삶을 말하다 上 · 下』. 민음사.
김상섭 (2015).『春秋占筮易』. 서울: 성균관대학교 출판부.
김상일 (1991).『現代物理學과 韓國哲學』. 서울: 고려원.
김석진 (2015).『대산주역강해』상권. 대유학당.
김성욱 (2004).『매화역수』. 자료원.
김승동 (1996).『道敎思想辭典』. 부산: 부산대학교 출판부.
김재근 (2008).『奇門遁甲』. 부산: 무량수.
김종의 (2005).『음양오행』. 부산: 세종출판사.

김지하 (1998). 『밥』. 서울: 솔.

김진희 (2015). 『알기쉬운 象數易學』. 파주: 보고사.

김찬동 편역 (2008). 『窮通寶鑑正說』. 삼한출판사.

김치완 저/김승동 감수 (2007). 『실용 역사상』. 부산: 부산대학교 출판부.

김태곤 (1987). 『韓國民間信仰硏究』. 서울: 집문당.

南晩星 譯解 (1986). 『周易』. 靑木文化社.

노병한 (2012). 『고전사주명리학통론』. 안암문화사.

萬民英(育吾) (2016). 『三命通會』中央圖書館藏本. 育林出版社印行.

미치오 카쿠 · 박병철 (2016). 『평행우주』. 김영사

미치오 카쿠 · 박병철 (2018). 『초공간』. 서울: 김영사.

閔泳炫 (2006). 『선 생명 조화』. 서울: 모시는 사람들.

白靈觀 (1973). 『秘傳 四柱精說』. 삼신서적.

브라이언 그린 저/박병철 역 (2005). 『우주의 구조』. 서울: 승산

브라이언 그린 저/박병철 역 (2002). 『엘러건트 유니버스』. 서울: 승산.

徐樂吾 (1998). 『窮通寶鑑評註』. 武陵出版公司. 臺北.

徐樂吾 (1998). 『子平粹言』. 武陵出版有限公司. 臺北.

徐樂吾 (2004). 『造化元鑰評註』. 武陵出版公司. 臺北.

徐樂吾 (2012). 『造化元鑰評註』. 進源書局. 臺北.

徐樂吾 評註 (2012). 『造化元鑰評註』. 進源文化書局. 臺北.

徐子平/吳淸植 譯 (2008). 『淵海子平』. 大有學堂.

釋一行 (2001). 『達磨一掌金』. 竹林書局.

신과학연구회편 (1995). 『新科學運動』. 서울: 범양사.

梁湘潤 評註 (2015). 『窮通寶鑑 欄江網評註』. 行卯出版社. 臺北.

어윤형 · 정창선 (1998). 『오행은 뭘까?』. 세기.

余春台 原編/徐樂吾 評註 (2006). 『窮通寶鑑評註』. 進源書局. 臺北.

우석현 (2008). 『窮通寶鑑一讀』. 장서원.

윤찬원 (1998). 『도교철학의 이해』. 서울: 돌베개.

李能和 (1990). 『朝鮮道敎史』. 서울: 보성문화사.

이승재 (2011). 『구성기학』. 동학사.

이을로 (2015). 『窮通寶鑑』講解. 서울: 동학사.

이을호 (1986). 『한思相의 苗脈』. 서울: 사사연.

임승국 (1986). 『桓檀古記』. 서울: 정신세계사.

임채우 (1998). 『주역 왕필주』. 도서출판 길.

任鐵樵 增注. 袁樹珊 撰集/金東奎 譯 (2002). 『滴天髓闡微』. 明文堂.

張俸赫 (2011). 『周易傳義大全』. 경학연구원.

鄭志昊 (2014). 『造化元鑰 評註』. 삼한.

酒井忠夫 外 · 최준식 譯 (1990). 『道教란 무엇인가』, 서울: 민족사.

陳哲毅 · 陳力翰 合著 (2008). 『捉用神學八字』窮通寶鑑白話本. 進源書局.

車柱環 (1986). 『韓國의 道教思想』. 서울: 동화출판공사.

최길성 (1991). 『한국인의 恨』. 서울: 예진.

최창조 (1992). 『땅의 논리 인간의 논리』. 서울: 민음사.

켄 윌버 · 조효남 (2000). 『감각과 영혼의 만남』. 서울: 범양사출판부.

파드마삼바바 · 류시화 (2004). 『티벳 死者의 書』. 서울: 정신세계사.

馮友蘭 · 정인재 역 (1984). 『中國哲學史』. 서울: 형설출판사.

한국종교학회 편 (1992). 『죽음이란 무엇인가』. 서울: 도서출판 窓.

韓國哲學會 編 (1987). 『韓國哲學史』. 서울: 東明社.

한동석 (1998). 『宇宙變化의 原理』. 서울: 행림출판.

韓長庚 (2001). 『周易 · 正易』. 삶과 꿈.

『窮通寶鑑』(1986). 臺灣 宏業書局.

『李虛中命書 外 二種』(1987). 臺灣新文豊出版公司.

〈인터넷사이트〉

http://cafe.daum.net/coca/753P/581?q '사주명리학의 형성과 전개'

http://beautifullife.kr/220567572255

http://blog.naver.com/hak8244/220652752504. '사주학의 변천'

http://blog.naver.com/jmsm21/50019944671

http://blog.naver.com/lsd1969/220101152656.

http://blog.naver.com/PostView.nhn?blogId

http://cafe.daum.net/2040/MsI/47786 '사주명리학의 본원은 상수학'

http://cafe.daum.net/c21/bbs_read?grpid

http://cafe.daum.net/dnstjdkim/MWQ0/83

http://cafe.daum.net/mugong21/7mhR/4